성교육 어떻게 할까

디지털 환경에서
우리 아이를 지키는 올바른 성 이야기

성교육
어떻게
할까

이충민 지음 | **구성애** 감수

마인드
빌딩

추천사

○ 자녀의 성교육은 부모가 먼저 성에 대해 질문하지 않으면, 성교육의 방향을 세우기 어렵습니다. 성교육은 단순히 생물학적인 성 지식을 알려주는 교육이 아니고, 인간으로서 사람과 사람 사이에 배워야 할 총체적인 인간의 성숙 과정입니다. 부모와 자녀가 현실의 성 문화를 외면하지 않고, 성의 문제를 진단하고, 미디어와 음란물에 속지 않고, 성범죄의 유혹에 당하지 않아야 합니다. 그래서 건강한 성의 중심을 세우고 성숙한 인간관계를 형성할 때, 아름답고 품격 있는 우리 자녀들이 성의 비전을 품을 수 있습니다. 지금 성교육의 어려움은 급격한 디지털 성문화 속에서 '어떻게 중심을 잡아줄 것인가?'에 있습니다. 상담과 연구 속에서 단련된 전문가가 아니면 실로 어려운 일입니다. 저자는 저와 함께 10년간 상담과 연구를 함께한 동료로서 실속 있는 대안과 교육의 목표를 제시합니다. 시대에 맞는 성교육을 원한다면 많은 도움이 될 것임을 확신합니다.

구성애 • 푸른아우성 대표

○ 4세 딸을 둔 엄마입니다. 무방비 상태에서 훅 들어오는 아이의 난감한 성적 질문에 머리가 하얘지는 경험이 쌓이던 중 선물처럼 이 책을 만났습니다. 이 책은 부모들에게 당혹스러운 상황에서 이렇게 행동하라는 일률적 행동 지침을 주기보다는 아이가 건강한 성인으로 성장하기 위해 가져야 할 부모의 태도를 친절하고 재미있게 알려줍니다. 청소년기에 갑자기 성교육을 시작하는 것은 아이와 부모에게 난감한 일이지요. 아이가 유아에서 청소년으로 자연스럽게 성장하듯이, 부모도 아이의 성 그 자체를 이해하고 배워가야 아이에게 성교육이 이어질 수 있음을 알려주는 감사한 책입니다.

김근아 • 법률사무소 상상 대표 변호사, 푸른아우성 자문 변호사

◯ 이 책을 읽다 보면 성교육은 몇 사람이나 몇몇 기관의 노력만으로 되는 건 아니라는 생각이 듭니다. 모든 자녀 교육이 그러하듯 성교육도 각 가정의 부모가 자녀에 대한 관심과 존중으로 교육해야 한다는 사실을 알려줍니다. 이 책은 뉴스에서만 얼핏 보았던 내용들의 심각성을 알려주며, 자녀를 키우는 부모는 큰 책임감이 있어야 한다는 것을 알려주기도 합니다. 성교육을 추상적으로 접근하면 안 된다는 메시지 속에 우리 아이들을 존중하고 배려해야 한다는 저자의 전반적인 메시지에 깊이 공감합니다. 이 책이 같은 고민을 하는 부모들이 성교육에 조금이라도 쉽게 접근할 수 있는 계기가 되기를 바랍니다.

노석 • 포경수술 바로알기 연구회 운영자

◯ 자녀의 성교육에 도움을 얻고자 이 책을 읽는다면 더할 나위 없는 선택입니다. 저자가 몸담고 있는 우리나라에서 성 상담을 가장 많이 하는 푸른아우성의 깊이 있는 이론과 실제 성교육과 성 상담의 노하우가 적절하게 담겨 있어 부모의 인식 변화와 실천을 돕는 데 매우 유용합니다. 성평등과 혐오의 문제를 말하는 성교육이 아닌 인간이 살아가는 데 필요한 근본적인 성에 관한 인식과 분별 있는 행동에 대해 설명하고 있습니다.

방선희 • 인천 인일여자고등학교 보건 교사

◯ 우리 아이들은 자신이 신뢰하는 사람의 이야기를 듣는 것을 좋아합니다. 눈을 말똥말똥 뜨고 기대하며 어른들의 사랑과 성의 이야기를 듣고 싶어 합니다. 아이들을 존중한다는 것은 그들의 말과 행동과 생각과 경험을 평가하는 것이 아니라 있는 그대로 수용하고 그들의 선택을 지지하고, 상처가 생기더라도 도와주고 지켜주는 것입니다. 아이들이 마음에 담아 두고 평생 기억하는 다정한 말을 건넬 수 있는 어른이 되어주세요. 우리 어른들은 아이들의 삶에 자유와 자신감을 선물할 수 있습니다. 이 책을 읽으면서 성은 전문가만 가르치는 것이 아니라 일상의 경험으로 다져진 느낌과 자기 확신을 바탕으로 한 삶의 가치관이 있어야 한다는 것을 알게 되었습니다.

배유정 • 울산제일중학교 교사

성교육을 잘하는 방법

'엄마, 아기는 어떻게 만들어져?', '아빠, 아기는 어디서 나와?' 어느 날 훅 들어온 아이들의 성 질문에 혹시 이런 답변을 하지 않았나요? '하하하. 다리 밑에서 주워 왔지', '응? 엄마는 몰라. 아빠한테 물어 봐', '너, 학원 숙제 다 했어?', '검색해보면 되잖아. 유튜브에서 찾아 봐', '나중에 알려줄게. 크면 다 알게 돼.' 이것은 절대 정답이 될 수 없 습니다. 그런데 왜 이렇게 대답하는 부모가 많을까요?

부모들은 성관계를 통해 정자와 난자가 만나 수정을 이루는 과정과 태아가 엄마의 자궁에서 자라 산도라는 질에서 아이가 태어나는 것을 몰라 대답을 못하는 걸까요? 물론 이런 지식을 잘 모를 수도 있겠지 만, 대부분의 부모가 대답하지 못하는 이유는 "어디서?", "어떻게?" 라는 질문에 꽂혀 어렵게 생각하기 때문입니다.

'이걸 어디까지 알려주어야 하지?' '말해도 되나?' 부모의 머릿속에는 감정적이고 정서적인 혼돈이 시작되면서 망설여집니다. 그래서 부모는 아이의 질문에 말문이 막히고 회피합니다. 그런데 문제는 부모의 성지식이 아니라 회피하는 모습이라는 것입니다.

도대체 우리 아이 성교육을 어떻게 해야 할까요? 성교육이 어렵다고 아우성치는 부모들의 마음은 한결같습니다. 성교육이 쉽다는 사람 보셨나요? 주변에 성교육을 잘하고 있다는 분들을 보면 대단하다고 느껴지지 않나요? 제가 만나는 대부분의 부모(양육자)들은 성교육이 어렵다고 호소합니다. 어디서부터 어떻게 알려주어야 할지 성교육을 직접 하기가 막막하다고 말합니다.

부모들은 어려서부터 성교육을 제대로 받아본 적이 없기 때문에 어렵게 느낍니다. 또, 성교육을 받아본 적이 없는데 아이를 가르쳐야 하니 얼마나 어렵겠습니까? 충분히 공감합니다. 그런데 아이가 성장하면서 성 호기심이 빨라지고, 최근에 사회적으로 성교육의 중요성이 대두되면서 부모가 직접 성교육을 해보지만 잘 안 되는 것도 사실입니다. 성교육은 정말 어떻게 해야 할까요? 부모로서는 성교육을 잘하는 방법이 궁금합니다.

성교육은 아이가 태어나는 순간부터 하는 것이고, 부모는 이미 아이를 키우면서 성교육을 충분히 하고 있는 셈입니다. 그렇게 영유아기를 지나 아이들의 자아가 형성되고 의식이 자라면서 건강하고 올바른 성의식을 갖도록 하는 것이 부모의 역할입니다. 부모가 성교육의 필요성을 인식하는 순간 자녀의 성교육이 시작되고, 부모의 성교육이 시작됩니다.

부모가 자녀 성교육의 필요성을 자각하고, 부모로서 직접 성교육을 해야겠다는 생각이 중요합니다. 그것이 성교육을 어떻게 해야 할지 해답을 찾는 길입니다. 자녀에게 막상 성교육을 시도하면 부끄럽고 민망합니다. 부모가 자녀에게 억지로 성교육을 할 때, 얼굴에는 홍조로 가득한 표정으로 "성은 부끄럽지 않고 좋은 거야"라고 말해도 통하지 않을 것입니다.

아무리 부모가 성이 부끄럽지 않다고 해도 얼굴에 쓰여 있습니다. 아이들은 다 느끼고 있습니다. 부모가 먼저 부끄러운 마음을 내려놓아야 합니다. '나는 왜 성교육이 부끄러운가?' 이런 부모의 마음인 민망함을 덜어내는 일이 중요합니다. 그래야 성교육이 잘 안 되는 이유를 알 수 있습니다. 부끄럽지 않게 생각하는 부모가 서툴러도 성교육을 잘할 수 있습니다.

부모 스스로 부끄러움을 덜어낼 때 성교육을 할 수 있는 가능성이 열립니다. 하지만 끝내 부모가 부끄러움을 떨쳐내지 못하면 성교육은 어렵기만 합니다. 부모 스스로 부끄러움을 느끼는 이유가 무엇인지 고민해야 합니다. 그것이 선행되어야 합니다. 전문가의 도움을 받아도 좋습니다. 이렇게 책을 통해 부모의 부끄러움을 해석하는 노력이 필요합니다.

부모가 부끄러움을 내려놓으면 '엄마, 아기는 어떻게 만들어져?', '아빠, 아기는 어디서 나와?'라는 아이들의 성 질문에 솔직하게 답변할 수 있습니다. 아이의 수준과 연령에 맞추어 부모가 대답할 수 있는 가능성이 생깁니다. 이 질문에서 '얼마나 정확한 답을 알려주는가?'는 중요한 문제가 아닙니다. 부모는 정답을 말하는 것보다 성을 대하는 자세가 중요합니다. 아이의 어떤 질문에도 기꺼이 대답해주겠다는 자세가 바로 정답입니다.

　부모가 머뭇거리거나 회피하거나 엉뚱한 이야기를 하면 자녀들은 큰 혼란을 느낍니다. "응? 뭐지? 엄마도 모르나? 엄마는 성을 솔직하게 말해주지 않네? 아빠가 대답하기 싫어서 피하는 건가?" 정답과 관계없이 부모가 회피하고 대답하지 않는 상황을 아이들은 기억합니다. 아이들은 부모의 자세를 보고 성의 느낌을 인식합니다. 부모의 반응에 상호작용이 일어납니다. 다시 말해 아이들은 부모와 대화를 통해 성의식에 큰 영향을 받습니다.

　느낌이나 감정이 담긴 부모의 자세는 자녀에게 큰 영향을 미치고 자녀에게 그것이 오래도록 기억됩니다. 차라리 답변하기 어려우면 잘 모르겠다고 솔직하게 말하는 게 낫습니다. 성 호기심이 발동한 금쪽같은 아이들의 질문이 시작되는 때 필요한 것은 어떤 질문이라도 들어주는 부모의 자세입니다. 성 지식이나 답변의 수준은 그 다음이라는 것을 기억하시길 바랍니다.

　"응? 갑자기 물어보니 엄마도 생각을 해봐야겠네?", "응? 아빠도 잘 모르겠네. 하지만, 같이 찾아볼까?", "지금은 모르지만 알아보고 다음에 알려줘도 될까?", "잘 물어봤어. 그런 질문은 얼마든지 해도 돼", "아빠도 진짜 궁금했거든. 성교육 책 보면서 설명해줄까?" 다시 강조합니다. 아이들은 부모의 정답이 아니라 성을 대하는 부모의 태도와 자세를 기억합니다. 부모의 솔직한 태도가 아이들의 성 의식을 키워줍니다.

　성교육은 어떻게 해야 할까요? 부모가 성을 부끄럽게 느끼는 원인을 찾아보고, 아이가 물어보는 성에 대해 기꺼이 대답해주는 자세를 갖는 것이 우선순위입니다. 그것을 깨우치는 것이 부모 성교육의 핵심입니다. 그 가치를 깨닫다면 이미 성교육을 하기에 충분한 자격을 갖추셨습니다. 이 책은 부모가 성을 바라보는 자세와 마음을 바꾸어줄 것입니다. 자, 준비되셨나요? 어떻게, 성교육 할까요? 이렇게, 성교육 해볼까요!

이충민 드림

아이의 안전을 걱정하는 부모들에게

언제부턴가 저는 성교육에 대한 오지랖이 넓어졌습니다. 제 아내는 그냥 지나치지 못하는 오지라퍼 남편에게 그러지 말라고 잔소리를 합니다. 그럴 때면, 몇 번을 다짐해도 어느 순간 성에 대한 고민을 말하는 자리에 앉아 침이 튀도록 누군가와 성교육에 대해 이야기를 하고 있습니다.

이렇게 된 배경에는 10여 년 동안 성교육 분야에 종사하고 있어서 그럴지 모릅니다. 때와 장소를 가리지 않고 열강을 펼치다가 다른 사람들의 따가운 시선을 받게 됩니다. 하지만 제 주변에서 성교육을 하기 힘들다는 부모들의 아우성이 들려오는데, 제 오지랖이 넓어지지 않을 수 있을까요? 그래서 이 책은 지금 이 순간에도 성교육의 어려움과 고민을 토로하는 부모들을 위해 쓰였습니다.

디지털 환경 속 MZ세대, 부모들에게 당당히 성을 묻습니다

부모들은 MZ세대로 일컬어지는 자녀를 키우며 빠르게 변화하는 인터넷과 스마트폰 시대에서 세대 차이를 느낍니다. 성교육의 필요성은 익히 알지만 내 아이의 성교육은 어디서부터 해야 할지 도무지 감을 잡기 힘듭니다. 누군가 대신 해주기를 바라는 마음은 어느 부모나 똑같을 것입니다.

이제는 디지털 성폭력 예방 교육이 반드시 필요하다는 것에 이견이 없습니다. 모두가 성교육의 중요성을 말하며, 안전에 대한 이야기를 하고 있습니다. 디지털 환경 속에 유해 콘텐츠 노출에 대한 우려는 깊어지고, 피해 연령이 낮아지고 있다는 것을 인식합니다. 이렇게 모두가 성교육의 필요성을 한목소리로 외치지만, 여전히 우리 성교육은 더디며 변화되지 않고 있습니다.

사춘기에 접어드는 초등학교 자녀를 둔 부모들은 성교육 강사의 의존성을 대놓고 드러냅니다. 그래서 성교육 시장의 강사들이 때 아닌 호황을 누리고 있습니다. 그러다 보니 성교육 강사꾼들이 등장하기도 합니다. 이러한 부모들의 마음을 상술로 이용하는 사람이 많아지고 있습니다. 어느 유명한 일타강사의 쪽집게 과외로 자녀 성교육이 완성되지 않습니다.

저는 이 책을 읽는 부모들에게 오지랖을 마음껏 펼칠 예정입니다. 그래서 왜 성교육을 부모가 해야 하는지 제대로 알려드리고 싶습니다. 지금의 디지털 환경은 호락호락하게 넘어갈 수 없습니다. 부모들이 자란 시절처럼 '다 그렇게 크는 거야'라는 말이 통하지 않을뿐더러 아이들은 저절로 크도록 만들지 않습니다.

부모가 '음란물의 심각성'을 인지하지 못하는 순간 우리 아이는 아무런 방어 없이 음란물을 클릭하고 문제의식 없이 정보로 인식할 것입니다. 어느 순간 성범죄의 피해자나 가해자가 될 수 있고, 그러한 비극적인 일이 우리 자녀에게 일어날 수 있습니다.

일상에 깊숙하게 침투한 디지털 성폭력의 경계를 알지 못하면 스스로 감당해야 할 책임의 무게가 상상하기 어려울 만큼 큽니다. 이러한 현장을 목격하고 있는 제가 더욱 조급하게 오지랖을 펼치는 이유입니다. 이 책은 그러한 부모들에게 디지털 성폭력·성범죄의 경각심을 제대로 알리는 경고가 될 것입니다.

저는 청소년기에 성을 어떻게 바라보는 사람이었을까요?

디지털 성폭력의 경각심을 알리는 저는 어떤 사람이었을까요? 이렇게 디지털 환경 속에 성교육의 중요성을 외치는 메신저인 저의 이야기를 해야 할 것 같습니다. 누구보다 성적 가치관이 훌륭하기 때문에 당당하고 떳떳하게 부모에게 말하는 것이 절대 아닙니다. 윤리적인 잣대가 높아 완성형 인간으로서 성교육의 중요성을 외치는 것이 아닙니다.

저는 가부장적인 가정의 맏아들로 태어났습니다. 아버지가 일찍 돌아가시며 스스로 어른스러운 모습을 만들고자 부단히 노력을 했습니다. 그래서 온전히 인간다움을 갖추기 위한 싸움보다 성과와 인정을 받기 위한 오래된 싸움을 하며 자랐습니다. 지금은 꼰대스럽지 않은 어른이 되고 싶어 노력하지만, 학창 시절엔 빨리 성장하기 위해 성숙한 척을 하며 성의 사각지대에 놓이게 되었습니다.

어머니는 일을 해야 했고, 저는 누구의 간섭도 받지 않는 환경에서 미디어를 만나게 되어 쾌락을 즐겼습니다. 부모의 간섭과 통제 없이 성적인 쾌락에 파고들었습니다. 그 위험성을 판단하지 못하고, 오랜 시간 과사용으로 남용하고, 성 중독에 쉽게 이르게 되었습니다. 미디어 중독, 게임 중독, 음란물 중독에 빠져 상당히 많은 시간 속에서 저를 잠식시켰습니다.

성의 사각지대는 음성적인 문화를 빨리 흡수하고 '성적 대상화'에 익숙해지는 것입니다. 어떤 판단 없이 성인만화, 수위 높은 영화, 성인 애니메이션, 19금 영상까지 일찍부터 여과 없이 접하게 되었습니다. 이는 곧 또래 친구들 사이에서 관심을 끌고 인기를 차지하게 되었습니다. 또래 집단에서 선정적인 정보는 자신의 우월성으로 인정받기 쉽습니다.

디자인을 전공하고 웹과 만화를 그리며 영상 검색이나 디지털 기기를 다루는 기술까지 갖추게 되니 성 의식에는 무기력하고 윤리적인 판단이 연약했습니다. 지금도 느끼는 것이지만 미숙한 상태에서 자율성이 주어지고 통제가 없을 때는 일탈의 속도가 빨라지는 것을 알게 되었습니다. 경계가 사라진 순간, 죄의식이 무감각해지고 회피가 익숙해집니다. 성인이 되어 각성하기까지 저에겐 오랜 흔적들이 남아 있게 되었습니다. 그것이 깊은 후회가 됩니다.

부모가 전해주는 '성적인 울림'은 자녀의 삶에 '해답'이 됩니다

학창 시절 자율적인 '문화 사치'를 즐겼던 저는 마음속에 이유를 알 수 없는 공허함이 흘러나왔습니다. 연애를 하고, 사랑을 했지만 여전히 내 안에 자리 잡은 성이라는 문제는 해결되지 않았습니다. 죄의식과 마주하며 스스로 묻기도 했고, 상당히 오래도록 저를 괴롭히는 질타가 시작되었습니다. '나는 왜 음란물에 의존하는가?' 후회는 무기력으로 이어지고 낙담은 포기를 만들었습니다.

성적 자극을 주는 영상물에 의존하지 않는 방법을 찾아보려고 부단히 노력했지만 매번 실패했습니다. 자존감이 낮은 아이는 그 외로움을 극복하지 못하며 미디어가 주는 쾌감을 찾아다녔습니다. 그것의 또 다른 이름은 결핍이었습니다. 사랑에 대한 그리움입니다. 결핍을 충족하기 위해 찾았던 것에 중독된 것입니다. 위로를 얻으려던 잘못된 선택에 중독된 것입니다.

바닥을 치며 성에 대한 자존감이 무너진 제게 어떤 터닝 포인트가 있었을까요? 그날은 어머니가 병원에 입원하신 날이었습니다. 늘 아버지 없는 가정에서 생존을 책임지던 어머니가 쓰러지셨습니다. 그리고 나약한 어른의 모습을 처음으로 마주했습니다. 어머니는 한 인간으로서 책임감에 갇혀 스스로를 채찍질하며 생존의 삶을 살아오셨습니다.

어머니는 평생 자신이 가진 책임과 희생에 대해서 후회를 하셨습니다. 아들은 그런 인생을 살지 않길 원하셨습니다. 한 인간으로서 책임감으로 살아가는 것이 아니라 진짜 행복할 수 있는 선택을 하기를 바라셨습니다. 그 순간 '어른'의 마음이 채워졌습니다. 그 온도는 음란물이 주는 재미와 달랐습니다. 결핍을 채우는 것은 마음이었습니다. 누가 가르쳐준 것이 아닙니다. 갈증이 나서 찾아간 것입니다. 내가 잘되길 바라는 어른의 존재는 가상현실 속에 없습니다. 나의 행복을 바라고 채워주는 것은 어른이라는 존재입니다.

모니터만 바라보던 나의 마음에서 아들을 바라보는 어머니의 마음을 바라보게 만들었습니다. 자각은 스스로 방법을 찾게 하는 동기부여가 됩니다. 그래서 자각은 자강하게 만들어줍니다. 어떤 면에서 스스로 돌파하고 강해질 수 있는지 부딪치고 넘어지며 그 길을 스스로 찾게 해줍니다.

어머니의 울림은 나 자신을 스스로 위로하는 방법을 찾으라고 메시지를 주었습니다. 저는 스스로 떳떳한 쾌감을 찾는 여정을 시작한 것입니다. 저는 음란물이 주는 쾌감에 빠졌던 시간만큼 오랜 시간을 감내하고 자신과의 싸움을 시작해야 했습니다. 실제로 느낄 수 있는 인간의 감정과 사랑에 집중하고, 살아가는 자양분이 되었습니다. 그리고 더욱 인간애를 추구하는 삶으로 전환되었습니다. 결국 사람이 줄 수 있는 쾌감에서 삶의 안정감을 찾게 되었습니다.

가장 좋은 솔루션은 자신을 사랑하는 법을 찾는 것입니다

저의 성장 과정은 스스로 결핍을 진단하는 과정이었고, 미디어의 위로를 받던 저를 스스로 불쌍한 존재라고 연민하는 과정이었습니다. 스스로를 용서하고, 인간관계의 부족함을 인정했습니다. 미디어와 음란물을 통해 알았던 성 지식과 정보에 대해서 의구심을 갖게 되었습니다. '저는 정말 성을 모르는 사람'이라고 인정하는 과정에서 새로운 성을 바라보는 동기가 되었습니다. 성인이 되어서도 올바른 성 의식을 제대로 배우지 못해 다시 '의식의 사춘기'를 늦게나마 겪게 되었습니다.

그러한 앎에 대한 배고픔이 푸른아우성이라는 곳으로 안내했고, 구성애 선생님과 김애숙 이사님과 푸른아우성 선생님들과 함께할 수 있었습니다. 저는 운이 좋게 건강하게 성을 바라보는 멘토들을 만난 것입니다. 참되고 바른 성을 바라보는 것이 익숙해져야 합니다. 이미 미디어에는 상품적인 성을 바라보는 시각이 가득합니다. 저는 시각을 뒤집는 일을 경험했습니다. 그것의 이름을 '성의 성숙함'이라고 말하고 싶습니다. 비판적 사고를 갖는 성숙한 시각이 필요하다는 것을 이 미디어 환경에서 더욱 크게 느끼고 있습니다.

미숙하던 시각과 성장의 시간은 자라나는 청소년들뿐만 아니라 우리 어른들에게도 필요한 것입니다. 우리 모두 성적으로 자신을 용서하고, 사람들과의 관계를 회복해야 합니다. '성을 안다'는 의미를 다시 세우고 성을 재정의하는 시간이 누구에게나 필요합니다. 저는 저의 경험을 나누는 직업을 선택했습니다. 이제 저는 그 시각을 갖추어가고 아이들 앞으로 걸어가고 있습니다.

그 모든 변화의 시작은 나를 포기할 수 없는 어머니라는 존재였습니다. 부모는 자녀를 포기할 수 없으며 자녀의 인생 전환을 만들어내기도 합니다. 저는 그 힘을 믿고, 부모들에게 전하며 이제 우리 자녀들을 바라봅니다.

디지털 시대, 따뜻한 '인간관계'를 찾아 행복해야 합니다

미디어는 철저하게 이윤과 상업적 목적으로 돌아갑니다. 미디어 환경에서 성은 아주 매력적인 돈벌이가 됩니다. 그 대표적인 음란물은 성적 행위를 부각하며 자극과 쾌락으로 돈을 벌 수 있는 구조를 만듭니다. 감정이나 인간관계를 생략하고 직관적인 외설이나 선정성을 띄워 산업이 되었습니다.

디지털 환경 속에는 아이들이 느끼는 인간애의 결핍을 채우는 다양한 밥상이 차려져 있습니다. 메타버스 공간과 디지털은 그 결핍을 SNS, 틱톡, 제페토, 모바일 게임, 인터넷 소설, 웹툰, 영화, 동영상, PC 게임 등 스마트폰 속에서 찾으라고 부추깁니다. 실제로 재미와 위로가 됩니다. 하지만 그 근본적인 결핍을 해결하지 못하게 당장의 화려하고 반짝이는 위로로 채워줍니다. 가정과 부모에게 위로를 얻지 못한 아이들은 인스턴트 위로의 타깃이 되어갈 것입니다. 알고리즘은 스마트하게 아이들을 메타버스의 세계로 안내할 것입니다.

미디어의 위로는 지금의 현실을 잊게 합니다. 나는 제자리에 서 있지만 마약처럼 황홀하게 현실을 망각하게 합니다. 스마트폰 과사용, 게임 중독, 음란물 중독, 디지털 성폭력·성범죄는 아이들에게 현실을 도피하라고 합니다. 미디어 환경에 중독되어 있는 아이들의 외침은 '살고 싶다'는 울부짖음입니다. 저도 그렇게 외쳤기 때문입니다. 지금 당장 나의 상황을 위로하는 것에 빠져 있기에 살려고 몸부림치게 됩니다.

자각은 동기와 계기가 필요합니다. 나의 각성은 '엄마'의 현실적인 눈물이었습니다. 음란물과 게임에 빠진 아이들은 부모의 사랑과 관심이 필요하다고 신음하는 것입니다. 하지만 어떻게 도와달라고 해야 할지 몰라서 신음하고 있습니다.

저는 확신합니다. 폭우처럼 내리는 디지털 시대에 요구되는 것이 '휴먼 터치'라는 사실을 말입니다. 미디어에 빠져 있는 아이들에게 사람 냄새를 맡게 해야 합니다. 지금 이 시간에도 아이들이 디지털 환경 속 성 문제로 신음하고 있습니다. 게임 속에, 유튜브 속에, 채팅 속에 차가운 디지털 공간에서 깊은 상처를 받는 아이들이 살고 싶다고 아우성치고 있습니다. 디지털 시대, 아이들의 결핍을 바라보고 마음을 읽어주고, 소통하며, 위로하는 디지털 멘토들이 나타나야 합니다.

미디어라는 바이러스에 가장 효능감 있는 백신은 부모의 관심입니다. 이 책은 그러한 마음을 담아 어떻게 미디어를 읽고, 어떻게 아이들에게 성을 바라보며, 어떤 위로를 해야 할지 그래서 아이들이 자각하도록 알려줍니다. 디지털 시대에 맞게 자녀와 소통하며 성을 행복하게 전해주고 싶은 부모들과 공유하려고 합니다.

저는 푸른아우성 부설 미디어 성문화연구소에서 일구어낸 연구와 사례를 풀어보려고 합니다. 네이버에서 지난 10년 동안 웹툰 작가로 활동하며 청소년과 소통했던 방식을 전하려고 합니다. 틱톡, 제페토, 유튜브를 운영하며 만났던 청소년 문화에 대해 부모와 솔루션을 공유하려고 합니다.

지금 이 시간에도 미디어의 위로가 전부인 줄 알고 현실을 도피하는 아이들의 신음을 외면하지 않기 위해 이 책을 썼습니다. 상담을 통해 만난 아이들의 고민은 '저 좀 살려주세요! 저 여기 있습니다. 제발 도와주세요! 살고 싶은데 어떻게 해야 할지 잘 모르겠습니다'라는 구조 신호였습니다.

디지털 환경 앞에 어떤 성을 바라보는 자녀로 키우길 원하십니까? 부모로서 자녀를 위한 어떤 준비를 하고 있습니까? 우리 아이들을 지키는 힘은 부모에게서 나올 것이고, 부모는 미디어 환경에 지배되지 않는 아이로 성장시킬 것입니다. 스스로 선택하고 결정하며 따뜻하고 행복한 성을 누리는 성의 주인이 되도록 부모의 준비가 선행되어야 합니다.

이 책을 읽고 아이들이 디지털 시대를 안전하고 건강하게 살아가도록 더욱 높은 행복의 가치를 만들어가는 어른의 역할을 세워야 합니다. 디지털 시대를 살아갈 아이는 부모의 시간과 다른 시간을 살아갈 것입니다. 디지털 시대에 인격과 관계성을 갖추게 될 우리 아이들을 위해 부모의 시작을 응원합니다. 당신은 해낼 수 있고, 아이들은 배우며 행복을 누릴 것입니다. 이제, 그 의지 앞에 선 모든 부모에게 이 책을 바칩니다.

차례

PART 2 자녀, 성교육 어떻게 할까?

PART 3 디지털 성교육, 어떻게 할까?

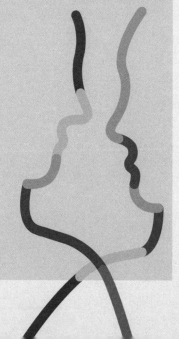

PART 1

부모, 성교육 어떻게 할까?

인간의 성은
섹스가 아닙니다

성교육을 한다는 것은 '성이 무엇인지 알려주는 것'입니다. 하지만 '성이 무엇일까?'라는 이 질문 앞에 모두 답변을 망설이게 됩니다. 저는 이 물음에 끝없이 답변하는 일을 하고 있습니다. 성은 무엇일까요? 스스로 생각해본 적이 있으신가요? 우리는 얼마나 성에 대해 생각하며 살아가고 있을까요?

2018년, 저는 유튜브 촬영을 위해 성인을 대상으로 '성이란 무엇인가?'라는 질문을 하며 길거리 리서치를 시작했습니다(푸른아우성 딸바TV 2018 유튜브 영상 리서치). 다양한 연령의 반응을 영상에 담기 위해 직접 거리로 나선 것입니다. 섹스, 성행위, 임신과 출산, 생명, 성기, 남성과 여성, 성별 차이, 젠더 갈등, 성폭력, 성평등, 성범죄 등의 다양한 답변이 나왔습니다.

특히 연령이 높은 분들이나 아이들과 함께 있는 어른들은 부끄럽고 민망하게 표현하셨으며, 성은 성범죄에 대한 우려로 인해 '안전하게 지키는 것'으로 강조하셨습니다. 대체적으로 성을 모르면 모를수록 좋은 것으로 인식하고, 옳고 그름의 윤리적 기준으로 검열하고, 가부장제적인 기준으로 지켜내야 한다고 생각했습니다. 그래서 성을 아끼고 보호하며 가리는 부끄러운 정서로 표현했습니다. 편안하고 밝은 느낌이 아닌 부정적인 느낌의 답변이었습니다.

그렇다면 성인들과 다르게 아이들은 성에 대해 어떤 생각을 갖고 있을까요? 부모나 성인처럼 '부정적인 느낌'이 담겨 있을까요? 우리는 초등학교에서 성교육을 진행하며 아이들에게 '성이란 무엇일까?'라는 질문을 했습니다. 처음에는 장난을 치는 친구도 있고, 관심이 없는 친구도 있고, 잘 모르는 친구도 있었습니다. 민망해서 그런지 엉뚱한 대답을 하는 친구들도 있었습니다.

주로 아이들은 성을 영어로 캐슬castle이라며 말장난을 했습니다. 스카이캐슬, 남한산성 클래시 오브 클랜(성이 나오는 게임), 남자여자, 남녀 구별, 이씨, 김씨, 박씨 등을 말하며 우문현답으로 즉답을 피해가는 친구가 많았습니다. 아이들끼리 무엇을 알고 있는지 키득키득하며 성을 희화화해 대답하는 경우도 있었습니다.

그래서 조사 방식을 바꾸었습니다. 포스트잇을 건네주고 자신이 생각하는 성을 익명으로 적어내도록 했습니다. 비밀 보장을 약속하자 참여율이 높아졌습니다. 그리고 남학생과 여학생의 좀더 진지하고 솔직한 생각을 들어보았습니다.

남학생 섹스, 소시지, 거기, 고추, 고자, 여자남자, 파이어에그, 콘돔, 기모찌, 섹스 온더비치……

여학생 정자, 난자, 남녀 구분, 임신, 월경, 생리대, 생리컵, 야한 거, 성폭행, N번방, 성범죄자……

학교에서 배운 생물학적 성 지식과 생식기 중심의 이
야기, 남녀 구별이나 성역할로 사회적인 성을 표현하는
아이들의 답변이 인상적이었습니다. 더 많은 성의 관점
실전 성교육
을 찾기 위해 회원이 많은 남초·여초 커뮤니티를 살펴보
고 유튜브와 SNS 등 우리가 이용하는 미디어에서 성을 어떻게 바라보
는지 빅데이터를 통해 알아보았습니다.

대부분 가슴, 성감대, 성기, 성관계, 섹스토이 등 직접적인 성기의
묘사나 성행위를 나타내는 섹스로 바라보는 시각이 만연했습니다. 또,
여성들에게 도드라지게 성 인권 문제나 성범죄의 심각성, 성평등, 성
역할, 젠더 이슈, 성적 혐오나 비하 같은 사회적인 성역할의 젠더적 관
점이 새롭게 부각된 것을 발견했습니다.

리서치와 분석을 종합해보면 우리는 성을 바라볼 때 생물학적인 '섹
스의 성SEX'과 '사회적인 성(젠더)'의 두 시각으로 바라본다는 것을 알
수 있었습니다. 그리고 이러한 관점은 개인마다 성적인 정보를 습득하
고 타인의 영향을 받으며 겹겹이 쌓이는 것입니다. 자신의 성 개념이
정리되지 않은 채, 다양한 성의 시각을 접하고 타인의 영향을 받으며
혼란스러움 속에 스스로 정의하기 쉽지 않은 것으로 분석되었습니다.
'야하다', '불편하다', '더럽다'라는 정서는 우리도 모르게 쌓여온 무의
식 속 성의 모습이 '부정적인 요소'로 표현되었고, 이러한 부정적인 요
소는 타인과 다양한 정보로 인해 형성된 것입니다. 최근 아이들의 문
화 안에서도 이러한 부정적인 요소가 깊게 깔려 있는 것을 느끼게 됩
니다.

결국 '성은 무엇일까?'라는 질문에 많은 사람이 '섹스'를 떠올립니

다. 부모들은 섹스라고 하면 무엇이 연상되나요? 남녀의 알몸과 성행위 장면이 떠오르지 않을까요? 섹스와 같은 행위가 연상시키는 것은 성기와 성행위라고 생각합니다. 왜 성은 섹스에서 벗어나서 생각하기가 어려울까요?

성교육에서 원론적인 개념을 성의 3요소로 설명합니다. 생명, 사랑, 쾌락이라는 3요소로 누가 정해준 것이 아니라 인간이 오랜 세월 터득하고 발전시키며 개발해온 성의 원초적인 개념입니다. 대한민국 대표 성교육 기관인 푸른아우성 대표이자 성교육 전문가인 구성애 선생님은 성의 3요소를 통해 그동안 알기 쉽게 성교육의 개념을 대중적으로 설명해왔습니다.

첫 번째 생명은 인간이 태어나고 존재함으로써 삶과 죽음을 말하는 생명의 근원이고, 두 번째 사랑은 인간이 살아가는 삶에서 관계, 만남, 친밀함, 우정, 헤어짐, 연애 등 인간의 총체적인 관계 속에서 이루는 의미를 나타내며, 세 번째 쾌락은 성적인 즐거움을 포함한 몸으로 느끼는 절정, 감각의 마찰, 쾌감, 황홀감 등 감각적인 면에 나타나는 행복감을 표현했습니다.

이러한 철학으로 푸른아우성은 인간의 성을 이해하는 성의 3요소로 성교육을 펼쳐왔습니다. 하지만 성의 개념이 자본과 결합되어 경제 논리에 의해 섹스의 쾌락만을 강조하는 것은 성 상품화와 성 산업이라는 문제점을 야기했습니다. 특정 부분이 전체를 대신하는 현상을 정신분석학에서는 페티시즘이라고 합니다. 성의 개념이 오직 쾌락으로 페티시즘화한 것을 우려하는 것입니다. 현대에는 주로 성적 취향을 나타내는 표현으로 페티시즘이 쓰이고 있지만, 이 페티시즘을 대표적으로 표현한 미디어가 포르노그래피입니다. 성의 쾌락을 극대화해 그것을 성의 전부로 페티시즘화한 것이 바로 음란물입니다. 그렇게 우리의 성 개념이 왜곡되어왔습니다.

생명과 사랑이 무시된 채 몸의 말초적인 자극과 성적 흥분으로 성이 쾌락으로 전락하는 것입니다. 그래서 생명을 말하면 복잡해합니다. 사랑을 설명하면 지루해합니다. 성을 다양하게 묘사하고 설명하면 돈이 되지 않습니다. 성의 개념을 쾌락으로 좁혀 여성의 몸을 대상화하고 강조해서 산업이 된 것입니다. 섹스의 전후 과정을 생략하고 행위나 자극에 집중하면 돈이 됩니다. 이러한 성적 쾌락화는 오히려 몸의 성 감대를 죽이고 충동적 흥분만 기억하게 됩니다. 그래서 성의 페티시즘화가 현실이 되었습니다.

자본화와 산업화는 금기를 향해 갑니다. 성적 왜곡의 끝은 성폭력을 미화하고 미성년자를 사고파는 조건만남이 됩니다. 성 착취가 산업이 되고, 일상의 성이 무너져 데이트 폭력, 스토킹, 디지털 성범죄가 쾌락으로 이어지는 결과를 초래합니다. 이미 우리가 우려했던 성 착취 산업이 만들어진 결과를 N번방 사건으로 확인했습니다. 성은 결코 섹스만 있는 것이 아닙니다. 우리는 성의 개념을 제대로 넓혀주어야 합니다. 섹스로 한계를 짓지 말아야 합니다. 그래야 미래 세대의 건강한 성 개념을 세울 수 있습니다.

성이란
무엇일까요?

성이란 무엇일까요? 저는 이 단순한 질문으로 성의 개념을 시작하고 싶습니다. 성은 무엇입니까? 이 질문 앞에 어떤 생각이 들었고 어떻게 결론을 내렸을까요? 결론 내리기 힘들고, 답변하기 어렵고, 정의하기 힘든 일인가요?

성性이라는 단어는 사전적 의미로 '마음 심心' 자와 '낳을, 생명生'의 조화로움입니다. 성은 '마음과 몸'을 다하는 '인간'의 전체를 이룬다고 해석할 수 있습니다. 동양에서는 인간이 살아가며 음양의 에너지가 교류되는 삶으로 보고, 서양에서는 호르몬의 분비라는 인간의 반응으로 묘사합니다. 몸과 마음을 온전히 다스리는 성숙한 인간의 성을 나타내는 의미입니다.

영어로는 '섹스SEX'라고 표현합니다. 성SEX의 어원이 라틴어 'Sexus'에서 유래된 것으로 'Seco(자르다, 나누다 : cut)'라는 동사의 파생어입니다. 그대로 풀이하면 모성에서 '탯줄을 자름'으로써 완전한 성적 존재로 '독립된 인간'을 의미합니다. 쉽게 말해서 생물학적인 인간(남성과 여성)으로 태어나 독립된 주체이며 사회적으로 성숙하는 존재인 섹슈얼리티를 의미합니다. 영어의 의미와 한자의 의미가 통합니다. 엄밀히 말하면 '섹스'를 육체적인 성의 결합만으로 의미하지 않고, 인간의 '존재'로 표현하는 것이 옳은 해석일 것입니다.

하지만, 우리 삶에서 이런 의미적 해석보다 '남녀를 구분하는' 섹스의 성별적 구분 표기로 더 많이 사용되고 있습니다. 여권에 적힌 남녀 구별로 사용됩니다. 최근에는 이러한 섹스를 더 넓은 의미로 해석해 사회적인 '남성 역할'과 '여성 역할'을 의미하는 '젠더'로 사용하고 있습니다. 아직 젠더라는 개념이 낯설기도 합니다. 사회적인 성 역할을 말하고 있는 것입니다.

이렇게 인간의 성에 대해 이해할 때 용어적인 해석과 사전적인 의미를 넘어 더욱 큰 철학적 해석 속에 인간관계에 필요한 성의 개념을 찾게 될 것입니다. 부모가 성의 개념을 정리하듯이 자녀들의 성 개념도 정리가 되어야 합니다. 우리는 각자가 이러한 성을 찾는 성찰을 경험할 것입니다.

성의 개념을 찾다 보면 '생명'이라는 숭고한 이해로 시작할 수 있습니다. 인간은 누구나 죽을 수밖에 없는 운명을 갖고 태어났습니다. 그러한 탄생이 '성의 기초'입니다. 생명이라는 '성의 기원'으로 인간의 성이 시작됩니다. 그래서 인간의 생사가 담긴 삶의 모든 총체적인 의미를 성은 지니고 있습니다. 생물학적인 성의 의미로 동식물은 모두 공통적으로 생식 능력을 갖고 번식을 합니다. 그것이 '태어나고 죽고'를 설명하는 생명의 의미입니다. 인간의 성은 탄생을 시작으로 '임신과 출산'이라는 생식에 기초해 생물학적 성의 원리를 설명해야 합니다. 그래서 성교육 시간에 임신과 출산을 가르칩니다.

인간은 그 생식 역할에 따라 여성과 남성으로 나뉘고, 여성은 에스트로겐과 프로게스테론, 남성은 테스토스테론이라는 호르몬의 차이를 보입니다. 물론 남녀 모두에게 존재하는 호르몬이지만 더 많이 분비되는 차이가 나타납니다. 『성경』에서 인간을 창조한 재료가 아담은 흙이며 하와는 아담의 갈비뼈인 것처럼 분명한 생물학적 차이가 존재합니다.

남녀의 성별적 차이가 담긴 창조 재료가 다르게 상징되는 것처럼 인간은 생물학적인 구별의 역사 속에 사회적 성역할의 구분이 만들어졌습니다. 진화심리학의 성별적 개념과 페미니즘의 사회적 성역할에 대한 논쟁은 지금도 계속 되고 있지만, 분명히 여성과 남성은 이 '성별적 성징性徵'을 가지고 태어났습니다.

인간은 태어나서 성장하고 생을 마감하는 본질적인 삶이 있습니다. 바로 '생명적 성의 원리'가 기원이 됩니다. 이러한 탄생과 죽음의 원리는 아기가 만들어지는 과정에서 고스란히 적용됩니다. 수정을 하기 위해 여성의 체내에 들어간 정자는 생명을 건 여정을 하며 찾아가지만 난자를 만나지 못하면 그대로 소멸되어 죽음을 맞이합니다. 하지만 난자를 만난 정자는 그 순간 새로운 생명이 부여되어 삶이 시작됩니다. 인간의 생명적 원리를 보여줍니다.

엄마 뱃속에서 10개월의 여정 속에 1차 성징을 맞이합니다. 태아는 호르몬이 쏟아지는 치열한 성장 과정을 통해 엄마 뱃속에서 1차 성징을 이루어냅니다. 결국 생명의 연장이 1차 성징으로 이어지고 여자나 남자로 성장해 생물학적 차이를 갖고 멋지게 태어납니다. 생명이 시작되면 성별의 구별이 생기고 삶이 시작되는 것입니다.

부모의 양육을 통해 자란 아이들은 사춘기에 접어들면 '2차 성징'을 겪게 됩니다. 성별의 차이가 극명하게 나타나는 뚜렷한 성장 시기를 겪게 되는 것입니다. 이러한 성숙의 과정 속에 인간은 혼자서 살 수 없는 '사회적 동물'로 생명적 관계로 설명하는 또 다른 생명과 관계를 맺습니다. 즉, 생명이 기원이 되어 관계를 찾아 맺게 되는 사회적 성역할이 부여되는 것입니다. 나와 다른 타인의 존재를 알아가고 존중하고 배려하는 사회적 관계를 배우는 것입니다.

인간은 부모와 자식, 형제와 자매, 친구와 동료 등 다양한 사회적 관계를 형성합니다. 누군가를 사랑하고 만나고 헤어지며 관계 속에 커다란 사회를 이루고 살아갑니다. 그 속에서 자신의 욕망을 통제하고 이성적 판단을 하면서 어른이 되어갑니다. 더불어 다양한 사회적 이데올로기를 겪으며 관습과 제도 속에서 사회의 구성원으로 살아갑니다. 이렇게 인간은 생명의 근원 속에 사회적인 성을 이루어가는 것입니다.

그래서 성교육은 '생물학적인 성'과 '사회적인 성'을 균형 있게 갖추도록 교육하는 것입니다. 성숙한 인간의 태도, 사고, 감정, 가치관, 이해심, 환상 등 인간으로서 섹슈얼리티라는 성숙한 의미의 성을 배웁니다. 이것이 우리가 생물학적인 성과 사회적인 성을 포괄한 성교육이라고 말합니다(유네스코 포괄적 성교육Comprehensive sexuality education). 인간은 누구나 정신과 신체의 성숙을 통해 섹슈얼리티적 존재로 살아갑니다.

그리고 자신의 세계관을 형성하며 성인으로 완성해 나아갑니다. 그래서 성교육은 정자와 난자를 가르치는 교육이 아니라 '인격의 성숙'을 배우는 성찰 과정이라고 말합니다. 먼저, 나를 배웁니다. 나의 몸과 마음을 알아가고, 탐구하고, 경험합니다. 그리고 나와 타인이 조화롭고 행복하고 건강하게 살 수 있는 가치관과 태도를 가르치는 관계 교육이어야 합니다. 타인의 몸과 마음을 배우며 존중하고 배려하는 사회적 과정을 총체적으로 배웁니다.

자녀 성교육에서 부모는 이렇게 중요한 성장 과정을 함께 돕는 역할을 합니다. 육아와 양육의 궁극적인 목적은 자녀가 주체적인 성적 존재로 독립하도록 하는 것입니다. 성교육의 목적은 자녀가 성적인 성찰을 통해 성숙한 주체로 부모에게서 서서히 독립된 성인으로 자라도록 돕는 것입니다. 하지만 이러한 과정 속에 환경과 조건이 만들어졌습니다. 디지털 시대와 뉴미디어의 환경은 많은 사회 변혁과 함께 개인의 성장에 영향을 줍니다. 성교육은 이러한 디지털 환경의 많은 영향 속에 건강한 성숙과 주체적인 존재로 자라도록 교육하는 것입니다. 앞으로 성교육은 미디어 환경 속에서 주체적인 아이로 성장시키는 중요한 교육이 될 것입니다.

디지털 시대의 부모는 환경과 조건 속에 아이들의 미래 수업을 책임지는 중요한 역할을 감당해야 합니다. 교육은 앎으로 끝나는 것이 아닌 행동으로 이어지는 것입니다. 당신에게 성의 의미는 무엇입니까? 우리 아이들에게 어떤 성을 전하고 싶은가요? 이 질문을 스스로 하고 성이란 무엇인가? 자신만의 답을 찾아야 합니다.

성교육은 언제부터
해야 할까요?

성교육 질문에서 빠지지 않는 단골손님으로 단 하나의 질문을 꼽으라고 한다면, 단연코 '성교육은 언제 하는 게 좋을까요?'라는 질문입니다. '성교육의 적정 시기'에 대한 질문은 언제나 빠짐없이 나옵니다. 도대체 우리 아이에게 성교육하기 좋은 시기는 언제일까요? 과연 그런 적정 시기가 있을까요? 성교육의 '좋은 시기'를 정해놓고 기계적으로 나누는 것은 결코 좋은 방법은 아닙니다. 우리 아이에게 성교육하기 '알맞은 시기'는 언제일까요? 그 해답은 알맞은 시기를 알아가고, 적정한 시기를 찾아야 하는 것입니다.

유네스코에서 발간한 『국제 성교육 가이드라인』에는 성교육 시기를 5세부터라고 권장하고 있습니다. '요람에서 무덤까지'라는 세계인들의 교육 철학이 성교육에도 반영된 것입니다. 이를 받아들여 유럽의 여러 나라는 유아기에 성교육을 시작합니다. 스웨덴에서는 1955년부터 이미 모든 아이의 성교육을 5세부터 의무화해 이 가이드라인을 지키고 있습니다. 또, 스웨덴을 포함한 북유럽 국가들은 이미 5세부터 가정과, 공교육에서 성교육을 시행하고 1년에 30시간 이상을 교육하고 있습니다. 이 연령의 중요성을 인정하고 아이들이 성교육을 흡수하고 받아들이는 좋은 시기라고 판단한 것입니다.

최근에 우리나라도 어린이집이나 유치원에서 이 시기에 성교육을 다양하게 시작하고 있습니다. 교육 정책도 아이들의 성적 발달에 맞는 5~6세를 시작으로 국제적 지침에 따라 성교육을 시행하고 있습니다. 그래서 유치원 교육에서 성교육의 비중이 높아졌습니다. 성교육의 대표적인 교육은 5세반부터 시행되는 '성기 명칭 교육', '성폭력 예방 교육', '성인지 감수성 교육' '성평등 교육' 등이 시행되고 있습니다. 연령에 맞춰 신체 발달에 따라 성교육을 진행하고 이 시기에 민감한 경계교육을 통해 '유아 성 행동'에 따른 지침대로 성교육이 진행되고 있습니다.

점차적으로 우리나라는 영유아기를 지나 국제 가이드라인에 맞는 5세를 성교육에 적합한 시기로 보는 것으로 모두가 동의하고 있습니다. 유아기는 아이들의 흡수가 빠른 시기이므로 성에 대한 옳고 그른 것도 빠르게 배울 수 있는 분명히 알맞은 시기라고 볼 수 있습니다.

이제 이 중요한 시기에 어떤 성교육을 해야 할지 모두가 주목할 것입니다. 유아기의 성교육은 '교육'이 목적이 아니라 아이가 '느끼게 하는 것'입니다. 지식을 주입식으로 가르치는 것이 아니라 아이가 '체험'하면서 느끼게 하는 것입니다. 그래서 방법도 강의식이 아니라 아이들의 활동이 필요한 것입니다. 따라서 유아 성교육의 핵심은 지식이 아니라 '느낌'이라고 표현합니다. 아이가 성을 어떻게 느끼게 해주어야 할지 고민하는 것입니다.

많은 부모가 실수하는 것이 개방적인 것이 곧 진보적인 것이라고 생각합니다. 아이에게 많이 알려주면 잘 안다고 생각하는데 절대로 착각하면 안 됩니다. 개방적인 방식은 서구식이며 우리의 정서가 아닙니다. 아이에게 많이 보여주는 것이 결코 좋은 영향을 주지 않습니다. 지금 우리는 이 서구식 교육이라고 착각하는 개방형 성교육으로 몸살을 앓고 있습니다.

"선생님, 유럽에서는 엄마가 실제로 벗은 몸을 보여주며 아들에게 자연스럽게 교육하던데요. 이런 성교육이 좋다고 하던데요." 실제로 많은 부모에게서 받는 질문입니다. 그렇게 질문하는 분들에게 저는 그것이 좋은 교육이면 그렇게 하실 것인지 묻습니다. 부모가 아무것도 걸치지 않고 자연스럽게 보여주면 아이의 성적인 터부(금기)가 사라질까요? 그렇다면 모두가 적용해야 할 좋은 방법 같습니다. 하지만 그런 방식이 우리에게 자연스러운 것인지 생각해봐야 합니다. 과연 가정이 에덴동산이 되면 자녀들에게 자유로운 성 의식이 만들어지는 것일까요? 아이들은 부모를 보며 자랍니다. 부모의 자극에 반응하며 소통을 통해 성장하게 됩니다. 이 자연스러운 자극과 반응 앞에 느끼고 행동으로 나타납니다.

어느 날 아이가 부모와 함께 목욕을 하다가 부모의 몸을 빤히 쳐다보기도 하고 부모의 음모나 성기에 유독 관심을 보이기도 합니다. 또, 호기심이 작동하면 동생의 성기를 만지려고 합니다. 나와 다른 몸에 대해 자연스러운 관심이 생겨나기 때문입니다. 자신과 타인의 몸을 비교하기도 하고 그 차이에 대해 궁금해하며 돌발적인 행동을 보이기 시작합니다.

 이런 현상은 아이들의 성적 발달에 따른 성적 표현과 성 행동입니다. 누가 보여주고, 자극을 주어서 생기는 것이 아니라 그 시기에 맞는 행동을 보이는 것입니다. 특히 유아기에 들어서 '관찰 욕구'를 보입니다. 여기저기 쳐다보고, 만지고, 직접 확인하는 것입니다. 관찰 욕구와 함께 자신의 몸을 보여주는 '노출 욕구'가 생깁니다. 성적 발달에 따라 성적 호기심이 생겨 다양하게 이러한 욕구를 표출하는 것입니다. 그래서 이러한 욕구가 발산되면서 표현하고 잘못된 것과 가려야 할 행동을 구분하는 것입니다.

 부모는 이때 어떻게 표현해야 하는지 기준을 제시하고 바른 행동을 알려줍니다. 그렇게 관찰 욕구와 노출 욕구가 드러나는 유아기를 잘 흘러가도록 돕는 것입니다. 나쁜 느낌으로 남지 않도록 성적 발달에 맞게 부모가 기준을 갖고 아이의 성장을 돕는 것입니다. 이때 개방적인 것이 아닌 부모의 기준과 성적 행동의 규칙이 중요하고 그것이 일정하게 작동해야 합니다.

 유아기에 시작되는 성교육은 부모가 많은 영향을 주기 때문에 더욱 신중하게 시작해야 합니다. 이미 태아일 때부터 성적인 존재로 태어난 아이입니다. 부모가 할 수 있는 최선을 가지고 아이의 표현과 행동을 인정하고 존중하는 것입니다. 성교육의 첫 시기보다 알맞은 시기를 찾는 것이 더 중요합니다. 성교육은 언제 하는 것이 좋을까요? 우리 자녀에게 성교육이 중요하다고 깨닫는 '지금' 하는 것입니다.

아이에게 질문하기(추천하는 낱말 놀이)

성교육에 관한 여러 낱말을 준비하고 아이가 고르는 단어에 대해 부모가 천천히 대답해줍니다. 미리 대답을 준비할 수도 있고, 부모도 단어에 대해 의미를 생각하며 부끄러움을 떨칠 수 있습니다. 단어에 따라 아이가 질문하도록 유도할 수 있습니다. 단, 아이가 관심이 없거나 부모가 표현하기 어려울 경우 계속 이어가지 마세요. 아이가 받아들일 수 있는지 파악하는 것도 부모가 성교육을 하기 위한 과정입니다.

성교육의 골든타임은
영유아기입니다

    언론에서 보도되어 뜨거운 감자가 된 '조기 성교육이 필요하다'는 주장과 '조기 성애화는 문제가 될 수 있다'는 논란을 보고 있으면 답이 없는 논쟁을 하고 있는 것 같습니다. 하지만 이러한 사안은 부모들에게 큰 관심을 받기에 충분하고 자주 언론에서 보도됩니다.

    과연 성교육은 일찍 받으면 좋은 것일까요? 오히려 잘못된 인식이 일찍부터 자리 잡히는 것이 아닐까요? 이 논란에서 중요한 것은 영유아기의 아이들에게 성교육을 잘해야 한다는 것입니다. 그리고 가만히 들여다보면 영유아기에 성교육이 필요하다는 전제에는 모두가 동의하는 것 같습니다. 다만 그 방식에 대한 갈등과 대립일 것입니다. 이러한 논란에서도 증명되듯이 영유아기의 성교육은 방식을 떠나 필요한 것이고 중요한 것입니다.

    연령을 기준으로 3세 이전을 영아라고 일컬으며 그 이후를 유아라고 하여 1세에서 5세까지를 영유아기라고 부릅니다. 이 영유아기의 성교육은 말로 다 할 수 없을 만큼 중요하며, 성교육에서도 기초를 세우는 중요한 시기입니다. 영어와 수학을 잘하려면 기초가 매우 중요하듯이 성 의식의 기초가 잡히는 영유아기야말로 성교육의 골든타임이라고 말합니다.

'잘 키워야 한다.' 아이가 태어나고 부모가 되는 순간부터 무겁게 찾아오는 책임감입니다. 마치 구호가 되듯이 모든 부모는 아이를 잘 키우기 위한 여정을 시작합니다. 성교육 도서 논란이나 조기 성애화 논란도 어찌 보면 이런 이유에서 쟁점화된 것입니다. 부모로서 아이를 잘 키워야 하는 것은 당연한 목표입니다. 모두가 동일하게 바라는 마음입니다. 그래서 다양한 커뮤니티에서는 자녀를 어떻게 키워야 하는지 부모들의 걱정이 잘 나타나고 있습니다. 각종 맘카페마다 '우리 아이 잘 키우는 방법'이 도배되어 있고, 아이를 잘 키우는 육아법이나 그런 유의 도서는 베스트셀러가 되어 부모들의 관심을 대변하고 있습니다.

뇌 과학에서도 영유아기에 인간의 뇌가 형성되어 기초를 만들어놓는다고 말합니다. 뇌를 구성하는 전두엽, 후두엽, 두정엽 등 뇌의 기본적인 구조가 영유아기에 형성되는 것은 인간의 삶에 필요한 모든 기초가 만들어지는 것으로 볼 수 있습니다. 그러니 3세 이전의 돌봄 속에 아이는 뇌 발달에 필요한 모든 것을 부모의 보살핌 속에서 얻게 되는 것입니다. 즉, 뇌의 성장과 마음의 성장에 가장 중요한 토양은 가정에서 만들어진다고 할 수 있습니다.

성의 기초를 쌓는 것도 뇌가 형성되는 영유아기가 중요한 시기가 되는 것입니다. 뇌에 기초공사가 되는 알맞은 시기에 맞춰 성교육을 받게 되면 삶 속에서 성 의식에 영향을 미치게 되는 것입니다. 뇌는 영유아기에 뇌의 골격을 모두 만들어놓고 나머지 30%의 후반 작업은 청소년기까지 서서히 완성에 이르게 됩니다.

유아기에 이미 인지성, 심리성, 사회성, 도덕성 등 아이가 자라며 필요한 것을 습득하는 지혜를 받아들일 수 있도록 뇌의 기초가 세팅되는 것입니다. 그래서 놀랍게도 우리 선조들의 '세 살 버릇 여든까지 간다'는 말이 이러한 지혜를 보여줍니다.

영유아기에 뇌의 발달과 더불어 인격적인 면, 지적인 면, 성격적인 면, 사회적인 면에서 발달을 가져오기 때문에 무한한 가능성을 갖고 모든 경험을 시작합니다. 첫 경험과 첫 인식이 이루어지고 경험을 쌓는 것입니다. 먹는 것, 입는 것, 노는 것, 심지어 싸는 것을 비롯해서 보고, 만지고, 느끼는 오감이 발달하며 아이의 인생에 모든 영향을 주는 기초가 영유아기에 만들어집니다.

그래서 영유아기는 성을 대하는 태도와 자세를 심어주는 시기라고 말합니다. 이는 부모의 태도를 보고 아이가 습득하고 학습하게 되기 때문에 부모에게도 아주 중요한 시기가 됩니다. 부모가 성을 은밀하게 대하는지 장난스럽게 대하는지 또는 더럽다고 느끼는지 아니면 정말 밝고 건강하게 느끼는지 이때 부모의 영향이 중요하고 아이는 부모를 통해 학습된 시각과 자세를 형성한다고 할 수 있습니다. 성 지식은 초등학교에 가서도 학습할 수 있습니다.

하지만, 성에 대한 태도나 자세는 어떠한 형태든 이 시기에 남아서 인생에 영향을 끼치기 때문에 반드시 영유아기의 성 의식 형성은 중요합니다. 그래서 부모나 교사의 성에 대한 올바른 자세와 긍정적인 태도는 중요할 수밖에 없습니다. 인생의 첫 단추라고 할 수 있는 영유아기의 성교육에 부모와 교사의 성을 대하는 자세와 태도가 요구되는 것입니다.

자세와 태도는 어디서 나오는 것일까요? 이미 성의 완성을 만든 부모이기에 쾌락이나 욕구 해소로만 볼 것이 아니라 '좋은 성'으로 바라보도록 만들어줄 수 있습니다. 어릴 때부터 감각이 바로 세워지고 시각이 바른 성적인 존재로 키울 수 있습니다. 영유아기에 부모가 성의 좋은 것, 긍정이라는 머릿돌을 세워야 아이의 긍정적인 성 의식의 기초가 만들어지게 됩니다.

유아 성교육은
어떻게 해야 할까요?

유아 성교육은 어떻게 해야 할까요? 부모가 준비해야 할 것은 두 가지인데, 바로 성을 긍정하는 마음과 부끄러움을 내려놓는 마음입니다. 이 두 가지 마음을 준비하면 부모는 좋은 성교육을 할 수 있습니다.

첫 번째로 긍정성을 가진 부모의 성교육입니다. 아이가 표현하는 성 행동에 긍정성으로 다가가는 것입니다. 영국의 대안학교 서머힐 학교 Summerhill School의 알렉산더 서덜랜드 닐Alexander Sutherland Neill(영국의 아동 심리학자이며 급진적인 자유주의 교육의 실천자)은 "아이들이 선한 존재라는 완전한 믿음을 가지며 아이들에게 스스로 맡겨두면 최대한 발전한다"는 교육사상으로 아이들의 성장을 도왔습니다. 아이들을 선한 존재로 믿는 것이 아이들을 발전시키는 시작이라고 말했습니다. 또, 위기를 극복하는 힘도 선함을 키우는 것에서 시작한다는 철학으로 교육했습니다.

성교육은 이러한 선함의 기초에서 그 진가가 발휘됩니다. 우리 자녀들에게 부모가 줄 수 있는 긍정의 영향력이 필요합니다. 일상에서 육아를 통해 아이에게 '믿는다, 사랑한다'고 하는 특급 칭찬과 긍정성이 영향을 주어 자녀에게 최고의 긍정적 신호탄을 쏘아 올리며 성 행동과 사고에서 굉장히 긴밀하게 선한 영향을 끼치게 됩니다. 긍정성을 주는 교육은 유아기에 최고의 성교육이 됩니다. 부모의 말 한마디로 아이가 과연 바뀔 수 있을까요? "네, 바뀝니다."

　부모의 영향력은 우리가 생각하는 것보다 강력하고 큽니다. 아이들은 부모가 옆에 있는 것만으로 큰 안정감을 느낍니다. 이런 안정감을 줄 때 아이들은 편안함 속에 자신을 드러낼 수 있는 용기가 생겨납니다. 이것은 자녀들에게 부모만이 줄 수 있습니다. 부모를 의존할 수밖에 없는 영유아기 자녀에게 '믿는다', '사랑한다'는 초긍정의 말 한마디는 아이에게 엄청난 자존감을 불러일으키는 불쏘시개가 됩니다. 그 효력은 서서히 아이가 자라며 나타나게 됩니다.

　부모는 얼마나 긍정적인 말을 하고 계신가요? 아이를 키우며 충분히 하고 계신가요? 긍정적인 말을 듣고 자라난 아이는 그렇지 않은 아이와 확연한 차이를 보입니다. 특히 자존감과 애착 형성의 차이를 보여줍니다. 부모에게서 자존감을 공급받고, 자신을 믿게 되고, 사랑할 수 있는 아이로 자라게 됩니다. 이 긍정의 마법은 부모가 만들어낼 수 있습니다. 지금 해보세요. 부모의 말에서 시작된 긍정의 효력은 아이에게 누적되어 어느 순간 발현됩니다.

　우리는 그렇게 부모에게서 받은 긍정의 효력을 지니고 있습니다. 그러한 긍정의 효력은 언제 꺼내 쓸 수 있을까요? 바로 아이들이 미래의 성적인 위기 속에 꺼내 쓸 수 있습니다. 위기를 극복하기 위해 버텨내고 견디는 힘의 차이는 이 긍정성에 있습니다.

　자신감은 누군가와 비교해 우위에 서려는 것이지만, 자존감은 그저 스스로를 인정하는 것입니다. 실망과 좌절에 갇힐 때 스스로 자신을 인정하는 모습의 원동력이 됩니다. 부모가 '선한 존재'로 아이를 인정하면 자존심을 세우는 아이가 아니라 그저 자신을 인정하는 아이로 성장할 것입니다. 그리고 자존감이 높아진 아이는 위기 속에 강한 아이로 성장할 것입니다. 영유아기의 모든 성적 표현과 행동을 일단 긍정의 마음으로 인정하고 출발해야 합니다.

두 번째로 부모가 가진 성적인 부끄러움을 내려놓는 것입니다. 제 딸은 유치원에 다닐 무렵 '성적 호기심'을 표현하기 시작했습니다. 갑자기 샤워하고 나오는 저를 욕실 앞에서 기다리기 시작했습니다. 몹시 불편했지만 딸아이 연령에 나타나는 자연스러운 '성적 호기심'이라고 생각하고 성적 욕구를 인정하되 행동을 교육하기로 했습니다. 하지만 아내는 이 상황이 재미있었나 봅니다. "한 번 시원하게 보여줘. 그럼 더 보여달라고 하지 않겠지"라며 저를 놀리며 이 상황을 웃어 넘겼습니다. 아내의 말처럼 편해지기 위해 아빠의 스트립쇼를 시원하게 펼쳐 보일 수는 없습니다.

저는 아이가 어렸을 적부터 목욕을 시킬 때면 꼭 속옷을 갖춰 입고 아이를 씻겼기 때문에 갑자기 아빠의 몸을 보여준다고 좋은 교육이 되는 것은 아니라고 생각했습니다. 그것이 궁금하다고 해서 보여주면 안 되는 이유도 알려주고, 직접 보여주지 않고 간접적으로 알려줄 수 있는 방법을 찾아보는 것도 교육이라고 생각했습니다.

저는 딸에게 아빠의 몸이 어디가 궁금한지 물어보고 아이가 알고 싶다고 말한 곳을 그림으로 그려주었습니다. 그것이 제가 가진 부끄러움을 내려놓는 방법이었습니다. 몸이나 성기를 직접 보여주지 않고 아이가 받아들이기 쉬운 그림을 그려 설명해주었습니다. 저는 이런 시각적인 자료를 보여주며 교육하는 방법을 제 강의에서 자주 추천했고, 실제로 딸에게도 그림을 보여주었습니다.

그동안 아이가 궁금했던 '고추'를 그려서 보여주고, 궁금한 것을 이어서 직접 그리도록 지도했습니다. 나중에 아이의 집중력이 떨어지면 낙서로 변하기도 하고, 더이상 성교육이 진행되지 않아도 아이는 재미있고 편안하게 생각했습니다. 아이의 성적 호기심을 마음껏 표현하도록 하고 제한 없이 그리도록 했습니다. 여기서 중요한 점은 저의 부끄러움을 많이 내려놓은 것이고, 부모가 불편하지 않은 편안한 상태로 성을 말하는 것입니다.

'성은 부끄러운 것이 아니다'는 말은 하고 있지만 이미 부모의 얼굴은 홍조로 가득합니다. 부끄러우면서 가르치기 위해 아닌 척하는 것, 말과 행동이 일치되지 않습니다. 이후에도 제 딸은 지속적으로 궁금한 것을 물었고, 그때마다 저는 피하지 않
고 그것을 그려서 보여주었습니다. 그리고 성교육 도서에 있는 그림을 찾아 설명해주기도 했습니다. 아이가 흥미 있어 할 장난감을 준비해 쫀득쫀득 액체 괴물이나 슬러시, 고무 클레이를 활용해 만들기를 하며 궁금했던 것을 알려주었습니다.

부모가 부끄럽지 않게 말하는 '편안한 분위기'는 아이의 성교육을 잘하도록 만들어줍니다. 이제 아이가 성적 호기심이 생길 때마다 질문하기도 하고 표현하기도 할 것입니다. 이때 부모가 자연스럽게 말할 수 있는 준비가 되어 있는지에 따라 유아 성교육의 승패는 달려 있습니다. 성에 대해 늘 긍정적으로 자연스럽게 말해주고 부끄러움 없이 기꺼이 대답하는 자세가 된다면 유아 성교육에서 더할 나위 없는 좋은 것입니다.

성공 방식이 아닌
우리 아이에게 맞는 '맞춤 성교육'

성교육을 어려워하는 부모들을 종종 만나게 됩니다. 그런 부모들은 성교육을 잘하고 있는 다른 부모들의 교육법을 매우 궁금해합니다. 어떤 부모는 저의 성공 사례를 듣고 싶어 합니다. 저의 그림 그리기 성교육 방식

성교육 카드 놀이

은 언제든지 공유해드릴 수 있습니다. SBS 〈동상이몽 2〉에 출연해 소개하기도 하고 성교육을 놀이처럼 하는 카드 게임이나 보드 게임도 누구나 알 수 있게 공개하고 있습니다. 성을 놀이처럼 설명하는 것, 고무 클레이로 만들기를 활용해 자연스럽게 놀이로 성을 배우도록 알려주는 방식입니다.

그런데 아무리 성공 방식이 있더라도 다른 부모가 교육하기 불편하면 그것은 맞는 방식이 아닙니다. 성교육은 부모가 불편할 때 아이들의 반응은 뻔히 나타납니다. 그 분야의 전문가, 고수, 달인의 방식을

그대로 적용한다고 무조건 우리 아이와 나에게 좋은 방법이 되지 않습니다. 타인의 성공 방식을 일반화하기에는 매우 어렵습니다. 부모마다 '고유의 방식'을 찾고 우리 아이에게 맞는 방식을 찾고 그 방법을 경험하는 과정이 필요합니다. 그래서 저는 부모들에게 이러한 방향을 제시합니다.

부모마다 고유의 방식을 찾는 첫 번째 방법은 '쉬운 방식'을 선택하는 것입니다. 부모와 자녀에게 쉬운 교육 과정이 되면 재미있고 즐거운 일이 될 것입니다. 기준 자체가 시도해보기 쉬운 것이면 좋겠습니다. 저는 그림 그리기가 쉬웠던 것처럼 부모가 다루기 쉬운 것을 찾아보시기 바랍니다. 성교육은 다양한 감정이 표출되기 때문에 무엇보다 쉬운 방식을 선택해야 아이들에게 잘 전달됩니다. 그렇게 해야 부모도 소화하기 편합니다.

이를테면 '성은 소중하다'는 성교육을 살펴보겠습니다. 대부분 부모들은 소중하다는 표현을 하기 위해 어떤 방식을 취할까요? '소중한 성'을 자녀들에게 어떻게 이해시킬까요? 이 '소중하다'는 뜻은 아이들이 듣기에 굉장히 추상적입니다. 하지만 부모들은 '소중하니까 잃어버릴 수 있다', '성은 소중한 것이니 너는 특별히 조심해야 한다'는 방식을 선택합니다. 부모의 윤리적 바람이 담긴 금기를 사용하게 되고 무의식적으로 아이에게 강력하게 학습시킵니다.

이렇게 강력한 '금기' 교육은 소중한 성에 대해 어떤 이해를 주는 것일까요? 쉬운 방식은 익숙하게 내재된 '하지 마라'는 금기 교육을 하라는 것이 아닙니다. 영유아기 아이들은 '소중하다'는 말보다 소중한 느낌을 전하는 부모를 느낍니다. 메시지보다 '메신저'의 감정을 느끼고 감정을 전달받습니다. 아이는 엄마의 말보다 엄마의 기분을 먼저 느끼고 알게 됩니다. "엄마가 기분이 좋은가?", "아빠가 기분이 나쁜가?"를 짐작하며 알아차립니다.

그래서 영유아기 성교육은 메신저가 되는 부모의 자세와 말하는 분위기가 중요합니다. 그것이 아이들의 언어로 아이들이 이해하는 감정을 전달하는 교육 방식입니다. 아이는 이미 엄마 뱃속에서 이 성적인 감각을 통해 '감정'을 익혔고 좋은 느낌이나 싫은 느낌을 구별합니다. 이것이 아이가 쉽게 이해하는 성교육 방식입니다.

오스트리아의 신경과 의사이자 정신분석학자인 지그문트 프로이트 Sigmund Freud는 성적 에너지인 리비도를 신체 기관에 따라 심리적 발달 단계를 다섯 단계로 나누었습니다. 그중에 구강기, 항문기, 남근기는 감각으로 익히고 감정과 행동으로 표현하는 유아기의 성적 발달을 나타낸 것입니다. 아이들이 어떻게 성을 이해하는지 성적 발달 단계를 통해 쉽게 보여줍니다. 구강기에는 입에 넣고, 빨고, 입으로 탐색하며 자신의 의사를 표현합니다. 개인차는 있지만 생후 18개월 전까지 이 모든 과정이 빠르게 입으로 인지하며 지나갑니다. 그리고 항문기를 겪으며 소화를 시키고, 쉬를 하고, 방귀를 뀌고, 배변 활동을 하며 생리적 활동 속에서 성을 이해합니다. 그리고 3~6세에 이르러 여아나 남아 모두 성기에 집중되는 남근기(성기기)를 겪는데, 이때 아이는 자신의 몸을 어떻게 사용하게 될지 느끼면서 알게 됩니다.

이 시기는 유독 생식기에 관심이 생겨서 성적인 표현을 직접 하는 아이도 나타납니다. 나의 몸에 대한 관심뿐만 아니라 내 것, 네 것, 우리 것, 가릴 것 없이 타인의 몸과 생식기에 관심이 많아집니다. '엄마는 왜 고추가 없어?', '누나는 왜 앉아서 쉬를 해?', '아빠는 왜 엄마보다 털이 많아?', '아빠는 왜 고추가 튀어 나왔어?' 다른 사람의 몸을 보며 비교하고 생식기에 대해 호기심을 나타냅니다. 남근기는 자신의 몸을 탐구하며, '감각이 주는 느낌'을 알아가고, 타인의 생식기에 대한 관심이 증폭되는 시기입니다. 이러한 성적 발달을 이해하고 부모는 그에 맞는 대응을 준비합니다.

부모마다 고유의 방식을 찾는 두 번째 방법은 아이가 궁금해하는 것은 이야기해주는 것입니다. 아이가 물어본 것은 아이가 알고 있는 수준에 맞게 이야기해주면 됩니다. 아이가 질문한 영역에서만 설명하는 방식입니다. 아이가 '엄마, 아기는 어디로 나와?'라고 물어봅니다. 이때, 아이가 물어본 '어디로 나오는지'만 알려주면 됩니다. 아기가 나오는 길을 물어보면 '엄마 몸에는 다리 사이에 아기가 나오는 길이 있어'라고 대답하며 답변의 영역을 정합니다. 여기서 부모가 앞서 나가거나 더 자세하게 성기를 묘사할 필요는 없습니다. 아이가 물어본 것만 대답합니다. 과유불급에 빠지면 부모들은 더 어려운 상황에 빠지게 됩니다.

물론, 아이들마다 직접 보여달라거나 궁금한 영역이 다를 것입니다. 이때 계속 질문하는 아이에게 버럭 화를 내고, 아이를 크게 혼내는 훈육은 쉬운 방법이지 좋은 방법이 아닙니다. 아이들은 언제나 부모의 예측과 다르기 때문에 부모가 질문의 영역을 정해주는 것입니다. 아이의 질문에 적절하게 대응하고 질문의 범위를 넓히지 말고 아는 것만 대답해주면 됩니다.

당황스러운 것과 오버하는 것은 다릅니다. 잘 모르겠다면 솔직하게 모른다고 말해도 됩니다. '엄마가 갑작스러운 질문이라 조금 놀랐

네?', '아! 그게 궁금했니? 충분히 궁금할 수 있어', '아빠도 예전에 비슷하게 궁금했어!', '궁금한 게 이거였구나!', '그런데 아빠도 잘 몰라서 찾아보고 알려줄게' 등 부모가 솔직하게 대답하면 아이도 충분하게 느낍니다.

질문을 하면 무시하거나 장난치지 않고 온몸으로 진지하게 대응하는 부모에게 아이들은 마음을 열어줍니다. 어떤 질문이든 희화화하지 말고 공감하고 맞장구쳐주세요. 또, 아이가 물어보는 성적인 질문을 절대로 부정하지 마세요. '쪼그만 녀석이 벌써부터 그런 걸 물어봐!'라고 말하기보다 '그게 궁금했구나', '궁금할 수 있지' 등 전적으로 아이의 질문을 인정해주는 것이 필요합니다. 부모의 맞장구가 분위기, 자세, 긍정적 신호를 만들고 아이는 그것으로 이미 충분한 답변을 얻었다는 느낌을 받습니다. 아이는 '기분 좋아 안아주는 엄마', '신이 나서 뽀뽀하는 아빠'의 감정으로 이미 충분히 답을 얻습니다.

지식은 그다음에 설명해도 괜찮습니다. 아이에게 쉽게 설명해줄 수 있다면 좋겠습니다. 최고의 성 교육자를 '부모'라고 말하는 것은 이 일을 부모가 본능적으로 아이에게 제일 잘할 수 있기 때문입니다. 부모는 일상생활 속에서 아이의 감정의 언어를 파악하는 데 아주 적절한 존재입니다. 백번의 성교육 강의보다 부모의 한 번의 스킨십이 아이를 인정해주는 길이 될 것입니다. 성공 방식이 아니고 우리 자녀에 맞는 맞춤성교육이 성공합니다.

성기 명칭 교육이 옳고 그름을 재단해서는 안 됩니다

"우리 몸은 소중해요!"

"따라 해보세요! 음경! 음순!"

"고추가 아니에요! 음경이에요! 잠지가 아니에요! 음순이 맞아요!"

한 유치원에서 성교육 수업하는 광경입니다. 어떤 생각이 들까요? 2000년대 후반부터 어린이집과 유치원에서 폭발적으로 늘어난 성폭력 예방 교육과 더불어 '성기 명칭 교육'은 어느덧 성교육의 대표성을 갖는 교육이 되었습니다. 수많은 어린이집과 유치원에서 성교육을 진행하며 성기 명칭 교육을 빼놓지 않고 시행합니다. 그런데, 유아 성교육에서 성기 명칭을 올바르게 알게 하는 교육에 대해 전문가들마다 의견이 분분합니다.

제가 어느 유치원에 방문 교육을 갔을 때, 6세반의 여자아이가 쉬는 시간에 어디가 불편한 얼굴로 찾아와 이런 말을 하는 것입니다. "선생님, 저 대음순이 가려워요"라며 생식기를 가리켰습니다. 아이가 대음순이라는 표현을 자연스럽게 쓰는 것에도 놀랐지만, 저와 눈이 마주친 새로 부임한 담임선생님의 당황한 표정을 잊을 수가 없습니다. 이 유치원에서 어떤 성교육이 진행되었는지 유추해볼 수 있는 대목이고, 오래도록 자리 잡혀온 유치원의 한 풍경을 본 것 같았습니다.

성기 명칭을 제대로 배우는 교육은 아주 중요합니다. 하지만 그것이 유치원 아이들을 대상으로 한 성교육의 대표적인 교육으로 인식되고, 유아 성교육의 전형이 된 것은 조금 놀랍습니다. 이름을 외우고 의미를 배워가는 것은 일상적으로 중요한 학습이지만, 유아 성교육에서 올바른 성기 명칭 교육만이 강조될 필요는 없습니다. 올바른 성기 명칭 사용은 사실 어른들의 정서적인 시각에서 나온 것입니다. 아이들이 생식기를 말할 때 '음경과 음순'이라고 정확히 표현해야 올바른 성 의식이 형성되었다고 판단해서는 안 됩니다.

이러한 성기 명칭 교육이 유아 성교육에 실제로 도움이 되었을까요? 아이들이 성장하면서 이 명칭을 그대로 사용하고 있는지 그 교육의 효과를 확인해보면 됩니다. 근본적으로 이름에 국한된 교육보다 의미를 제대로 아는 것이 좋은 교육일 것입니다. 성기 명칭 교육은 부모들에게는 반응이 매우 좋습니다. 그래서 자칫 성기 명칭을 잘 외우면 좋은 교육을 받았다고 생각할 수 있는 것입니다.

아이들이 성교육을 받은 후 가정에서 음경이나 음순이라는 표현을 사용하면 왠지 성교육을 제대로 받은 것이라고 생각합니다. 하지만 실제로 아이들이 비속어를 더 많이 사용하는 모습을 보게 됩니다. 아이들은 성장 시기가 지날 때마다 사용하는 언어도 바뀝니다. 그래서 사전적 의미보다 중요한 것이 성기 명칭을 제대로 이해하는 것입니다.

이미 학교 성교육에서 초등학교 저학년부터 고학년에 이르기까지 성기 명칭 교육이 집중될 것입니다. 진학을 해도 여전히 성기 명칭 교육이 성교육에서 중요한 비중을 차지할 테니까요. 앞으로는 성기 명칭의 이해를 넘어 성의 느낌을 바르게 잡아주는 것이 더 중요합니다. 아이들이 '고추와 잠지'라고 표현하면 정말 이상한 걸까요? 어떤 유치원에서 OX 퀴즈 형식으로 고추는 오답이고 음경은 정답이라고 가르치는 것을 보게 되었습니다. 옳다고 알려주는 교육을 보며 '고추'라는 표현이 잘못되었다는 기준은 도대체 누구의 기준인지 생각하게 되었습니다.

신체 발달 교육 중 신체의 명칭을 배우는 수업에서 성기 명칭을 알려주기 위해 팔꿈치, 인중, 미간 등을 배우는 것은 자연스러운 것이라고 설명합니다. 그리고 다른 신체 명칭처럼 성기도 올바른 명칭이 있

다는 논리입니다. 이러한 교육이 터부를 사라지게 하고 '소중이'와 같은 성기의 애칭을 쓰지 못하게 하여 정확한 명칭을 인식하도록 교육하는 것입니다. 물론 그것이 교육하기 적절한 연령이 있을 수 있습니다. 그러한 고정관념을 뛰어넘는 교육이 될 수 있을 것입니다.

하지만 영아와 유아를 구분해 성기의 별명을 부르는 것이 잘못된 일일까요? '소음순'이나 '대음순'을 몰라도 '잠지'라고 불러도 괜찮습니다. 남자아이가 '부고환'이나 '고환'을 모르고 '불알'이라고 말해도 괜찮습니다. 아이가 그냥 고추나 잠지라고 표현하더라도 그것은 고쳐야 할 문제가 아닙니다. 아이들의 언어를 사용한 것이고, 그 용어는 아이들만의 상상력을 살려주는 언어입니다. 성기 명칭을 편하게 사용한다

고 그 의미를 더럽게 생각하고 터부시하지 않습니다. 오히려 부모가 재단하지 않으면 아이들은 자신들의 언어로 부릅니다. 정확한 명칭을 배우고 사용하는 연령이 있다면, 자신의 언어로 표현하는 시기도 필요합니다.

고추나 잠지라는 표현을 쓰는 아이들에게 틀렸다고 하는 것은 오히려 어른의 시각을 주입하는 것입니다. 유아기는 성기 명칭의 옳고 그름을 알려주기보다 성에 대해 자연스러움을 길러주는 시기입니다. 그것을 가르치는 데도 시간이 모자랍니다. 당연히 본질은 성기 명칭 교육이 아니라 아이들이 성을 어떻게 느끼도록 하는지 알려주는 것입니다. 성기 명칭을 제대로 쓰지 못한다고 해서 성 의식이 잘못된 것이 아닙니다. 음경과 음순이라는 명칭이 사회적으로 옳은 것이라고 '라벨화'하는 교육만 옳은 것이 아니라는 것입니다.

그런 논리로 고추를 영어로 '페니스'라고 부르면 옳다고 채점할 문제가 아니라는 것입니다. 포털사이트에서 순우리말로 표기된 'ㅈ'으로 시작되고 'ㅂ'으로 시작되는 단어는 공공장소에서 마음껏 사용할 수 없는 이유는 무엇인가요? 유아기에는 음순과 음경의 사용 여부로 잘못되었다고 혼내는 것이 아니라 아이들이 표현하는 언어의 의미를 넓혀주는 것입니다. 충분히 그 느낌으로 상상하고 자연스럽게 표현하도록 받아주면 됩니다.

푸른아우성의 상담 사례입니다. 유치원에서 성교육을 받은 6세 아이가 부모의 스마트폰으로 '음경'을 검색한 일이 벌어졌습니다. 상담을 통해 아이가 '음경'이라는 명칭을 어떻게 알게 되었는지 그 경로를 조사해보니 유치원에서 받았던 성교육을 통해 익힌 것입니다. 마치 뇌에 스티커로 성기 명칭을 붙인 것처럼 음경을 기억하고 스마트폰에서 검색한 것입니다.

스마트폰의 유튜브 '음성 인식'을 눌러 '음경'이라고 말하고 유튜브 알고리즘에 의해 음경 관련 동영상들이 검색되었습니다. 인공지능은 연령에 관계없이 연관 검색 동영상을 찾아주었습니다. 아이는 음경에 해당되는 음란물까지 보게 되었습니다. 그 후 아이는 '음경'이라는 단어를 들을 때 야릇하고 이상한 기분이 들었다고 말했습니다.

이러한 상담 사례에서 알 수 있듯이 성기 명칭 교육은 자칫 올바른 명칭 사용에만 '초점화焦點化'되는 역효과를 불러옵니다. 이 과정에서 아이들은 전달자의 분위기와 표정에서 자연스럽게 음경이나 음순이라는 단어를 이해해야 합니다. 이러한 분위기를 감지한 상태에서 성기 명칭 교육이 반복적으로 이루어지면 어떤 교육이 되는지 돌아봐야 합니다. 가정에서 부모가 교육할 때도 마찬가지입니다. 입에 붙지 않는 단어로 얼굴이 붉어지며 단지 옳은 명칭을 아이에게 알려주는 것이 맞는지 고민해야 합니다.

유아 성교육에서는 성기 명칭을 올바로 사용하는 능력이 그 사용 여부보다 중요한 것이 아닙니다. 아이들의 언어를 그대로 인정해주고 그속에서 아이들의 느낌과 표현을 어른들이 재단하지 않는 것입니다. 앞으로 아이가 성장하면서 언어는 달라질 수 있습니다. 영유아기를 지나 적절한 시기에 성기 명칭 교육은 얼마든지 할 수 있습니다. 우리는 아이들이 받아들이는 입장을 생각해야 합니다. 부모나 선생님도 아이에게 얼굴이 빨개지며 '음경'이라는 단어를 말하는 것을 고수하지 않아도 됩니다. 아이가 사용하는 단어를 인정해주고 아이의 상상력을 넓혀주면 됩니다. 아이가 처음부터 편하게 사용하는 단어 그대로 자연스럽게 이해하고 받아주면 됩니다. 성기를 어떤 단어로든 표현하는 아이가 되면 좋겠습니다.

아이가 이해하는 단어로 부모도 장단을 맞추고 그 후에 얼마든지 정확한 뜻의 교정이 이루어져도 늦지 않습니다. 밥을 '맘마'라고 부르던 아이는 이후에 '밥'이라는 단어를 배우고, '지지'라고 표현하던 아이도 성장하며 '더럽다'라는 단어를 서서히 익혀갑니다. 그것이 옳고 그름으로 재단하지 않고 아이가 이해하는 성의 세계를 살피면서 교육하는 것입니다.

기원전 5세기 이미 『도덕경』에서 노자는 성기의 이름을 알려주며 생명을 만드는 신비하고 깊은 원리로 자녀를 만드는 긴 막대기로 남성의 성기를 표현했고, 잠잠하게 잠긴 연못이나 보배로운 연못으로 여성의 성기를 표현했습니다. 성기 명칭의 중요성을 넘어 뜻을 담아낸 의미에 중요성을 둔 것입니다. 이름이 빛나는 사람이 아니라 그 사람의 인품이 이름을 빛나게 하는 것처럼 우리의 성교육도 성기 명칭 교육을 넘어 성의 깊은 뜻이 빛나야 합니다.

우리 아이들이 사용하는 단어를 보며 아이를 바라보세요. 그리고 그것을 고치려고 할 것이 아니라 아이의 표현을 살려주고 그 의미를 설명해주세요. 나는 얼마나 성기 명칭에 대해 옳고 그름으로 재단하려고 했는지 스스로 평가해보세요. 그것이 유아 성교육에서 성기 명칭을 바라보는 부모의 건강한 관점입니다.

성교육에서 긍정성과 부정성의 균형이 필요합니다

　모든 교육에서 균형이 중요하듯이 성교육에서도 균형이 중요합니다. 아이들은 성장하면서 긍정적인 성과 부정적인 성을 균형 있게 배울 때 성에 대한 올바른 기준과 균형이 생기는 것입니다.

　유아 성교육은 성의 '좋은 느낌'을 알아가는 과정임을 앞에서 강조했습니다. 유아기에 긍정적인 성적 느낌만 알려주어도 절반은 성공이라고 합니다. 유아기를 지나 아이들의 성장 속도가 붙고 조금씩 인지 능력이 향상되면, 좋은 느낌을 넘어 '싫은 느낌'을 배우는 것도 필요하고 '싫은 표현'을 잘하는 것도 필요합니다. 한마디로 부정적인 느낌을 표현하고 수용하도록 스스로 관리해야 하는 것입니다.

　또, 싫은 것은 거절할 수 있어야 합니다. 반대로 상대가 싫다고 하면 거절의 의사로 받아들이는 것도 필요합니다. 긍정 교육의 다음 단계는 균형 교육입니다. 성적 발달에 따라 유아기를 지나면 성의 긍정과 부정을 익혀 균형 있는 성 의식을 갖추는 것이 필요합니다. 아이의 성적인 성숙은 이러한 조화 속에 이루어집니다.

　아이가 아동기에 접어들면 초등학교 입학을 앞두고 배워야 할 '거절

교육'과 '경계 교육'의 중요성은 점점 커집니다. 아이들은 이제 인간관계를 본격적으로 배우는 시기가 되었기 때문에 거절하고 싶을 때 거절을 잘하고 그런 의사를 표현하고, 상대방의 거절 의사를 수용하는 훈련이 필요합니다. 이 시기에 이러한 훈련이 미흡할 경우 어른이 되어도 관계성의 문제가 발생하거나 수용력이 부족한 모습으로 나타납니다. 그래서 어린 시절부터 싫고 좋음을 잘 표현하고 상대방의 의사를 존중하는 교육이야말로 필수입니다.

아이들은 가정에서 상대방이 동의하지 않는 것에 대해 수용하고 그 의사를 존중할 수 있는 마음을 부모를 통해 배우게 되고 그것이 또래 친구들과 의사소통에서 나타나게 됩니다. 그래서 부모와 관계를 잘 형성할 때 또래 친구들과 소통 능력이 길러지는 것입니다.

친구와 놀고 싶은데 그 친구는 놀고 싶지 않을 수 있습니다. 자신이 좋아하는 장난감을 갖고 놀고 싶은데 친구는 다른 장난감을 더 좋아합니다. 놀이터에서 놀고 싶은데 친구는 우리 집에 오고 싶어 합니다. 때로는 원치 않는 상황을 맞이하고, 수용하고, 타협하며 받아들이는 훈련이 되어야 합니다.

이러한 감정을 배우며 서로의 의사를 존중하는 경험이 쌓여야 합니다. 그 과정에서 부모가 미리 나서게 되면 아이는 성장할 수 있는 기회를 놓치게 됩니다. 부모가 알아서 해주면 아이는 거절을 해야 할 때 주저하게 되고, 머뭇거리는 행동을 하며 제대로 된 의사소통을 미루게 됩니다.

이러한 성향은 성 행동과 스킨십에서 비슷하게 나타납니다. 나의 몸을 만지거나 친구의 몸을 만질 때 자신의 성적인 성향이 드러납니다.

친구에게 성적인 표현을 하거나 친구가 나에게 성적 표현을 할 때 머뭇거립니다. 아이들은 어떻게 반응해야 하는지 망설이게 됩니다. 이러한 반응은 경험을 통해 나타나는데, 그 경험이 없을 때 반응하지 못하는 것입니다. 거절 교육도 매우 중요한 교육입니다. 그렇다면 아이들의 마음을 온전히 표현하지 못하게 만드는 방해물에 대해 알아보겠습니다.

첫 번째, 우리는 내면 깊이 '거절하지 못하는 정서'를 갖고 있습니다. 친절을 베풀고 상대방의 요청에 거절하지 않는 것이 미덕처럼 자리 잡혀 있습니다. 이러한 문화가 교육에도 영향을 주고 있습니다. 어른들도 쉽지 않은 거절 표현을 잘 가르치지 못하게 되는 것입니다. 싫은 것은 싫다고 말해야 상대방이 자신의 의사를 분명하게 알아들을 수 있습니다. 거절하지 못하는 부모나 아이는 그 원인을 분명히 알아야 합니다. 그래야 극복할 수 있습니다.

두 번째, 유치원 교육에서 대부분 '모르는 사람'에 대한 '경계 교육'을 많이 배우게 됩니다. '낯선 사람을 조심하라'는 예방 교육이 중심이 되어 학교 교육에 이르기까지 아동 성폭력이나 유괴 예방 교육은 모르는 사람은 절대로 따라가지 말라는 교육으로 편향되어 있습니다. 물론 낯선 사람을 경계하는 교육은 필요하지만, 성폭력 사건처럼 '아는 사람'에게 당하는 경우가 많이 발생하기 때문에 이에 맞는 적절하고 균형 있는 교육이 필요합니다.

세 번째, '힘든 사람을 돕는 착한 어린이가 되어야 한다'는 윤리적인 교육이 아이들의 범죄 예방 교육에서 아이러니를 만들어냅니다. 모르는 사람이나 낯선 사람을 조심해야 한다고 가르치며 위험에 빠진 사람을 돕는 착한 어린이로 길러냅니다. 이러한 양면성이 위험 상황에 직면한 아이들에게 엄청난 혼란을 불러일으킵니다. 낯선 사람이 접근해 오면 '경계를 해야 하는지' 아니면 '위험에 처한 사람을 도와줘야 하는지' 그 판단의 모호함이 아이들이 제대로 대처하지 못하는 원인이 되기도 합니다. 실제로 가해자들은 아이들에게 접근해서 먼저 도움을 청합니다. '도와달라', '함께 해볼까?', '같이 먹을래?', '같이 가볼까?'라는 상황에 대해 혼란스러운 아이들은 어떤 경계심도 가질 수 없습니다. 가해자들은 그 경계선을 교묘하게 알고 있으며 그 혼란을 틈타 아이들을 꾀어냅니다.

네 번째, 부모들의 잘못된 판단으로 '상황을 정리'하는 것입니다. 성적인 접촉이 일어나서 놀란 아이가 부모에게 사실대로 말하더라도 돌아오는 해결책은 '아이들끼리 친해서 장난으로 벌어진 일'이라고 무마해버립니다. '그거 때렸다고 울기는~ 울지 마! 그런 일로 울면 친구가 속상해하잖아', '네가 울어서 친구들이 갑자기 놀랐잖아?', '울면 분위기가 가라앉아서 못 놀잖아?' 등 피해를 입은 아이의 감정을 헤아리지 않고 상황을 정리해버립니다. 부모들이 친한 사람들과의 관계 속에서 많이 하는 실수 중 하나입니다. 울고 있는 아이의 마음이나 감정을 읽는 것이 아니라 혹시 그 사실이 알려질까봐 상황을 처리하는 데 급급해하는 부모들의 모습은 아이에게 큰 상처를 남깁니다.

이는 가정에서 빈번하게 일어나기도 하고 형제자매 사이에 주로 나타납니다. '오빠가 크니까 동생 좀 봐줘', '동생은 어리고 네가 언니잖아? 그러니까 네가 참고 이해해줘'. 성 행동이 일어난 상황에도 동일하게 나이의 높고 낮음으로 상황이 끝나버립니다. 정확한 헤아림이나 상황 판단은 내려지지 않고, 아이들의 의사는 묵살되어버립니다. 그런 식으로 숨기고 싶은 부모의 행동은 아이들이 감정을 솔직하게 표현하지 못하고 저항하지 못하게 만듭니다.

부모에게 묵살 당한 아이가 어떻게 다른 어른이나 또래 친구들에게 솔직하게 이야기할 수 있을까요? 아이들은 교육을 통해 배움이 쌓입니다. 그런데 이런 참아야 하는 분위기가 아이들에게 거절하지 못하는 방해물이 되어버립니다.

이러한 요소들이 아이들의 거절 교육을 막고 경계 교육의 방해물이 되는 것입니다. 그렇다면 어떤 방법으로 균형을 잡아야 할까요? 부모는 아이들에게 어떤 경계 교육을 해야 할까요? 인물을 보는 것이 아니라 상황에 대처하는 아이로 키우는 것입니다. 낯선 사람, 아는 사람의 구분이 아니라 어떤 상황에 놓이는지 대비하고 교육해야 하는 것입니다. 이런 사람은 위험하고 조심하라고 인식시키지 말고 이런 상황은 위험하니 '네가 어떻게 하면 좋겠니?'라며 도움을 청하거나 직접 실행하도록 아이들을 가르치는 것입니다. 그리고 경계를 만드는 것은 '경계가 무엇인지 정확히 인지하고 파악'하는 것입니다. 그러한 균형교육은 어려서부터 상황을 제대로 볼 수 있도록 가르쳐야 하는 것입니다.

거절의 표현과 수용은
좋은 경계 교육이 됩니다

성폭력 예방 교육에서는 기본적으로 '거절'의 표현과 '수용'에 대한 중요성을 말합니다. 그만큼 인간관계에서 '동의'의 중요성을 말하는 것입니다. 특히 이러한 '동의'가 실행되려면 올바른 '거절 교육'이 기초가 되어야 하고, '싫다'는 개념을 어려서부터 스스로 잘 표현하도록 훈련시켜야 합니다. 또한 상대방의 거절을 잘 수용하도록 가르치는 것이 필요합니다. 존중 교육은 존중하고 존중받는 관계 맺음을 가르치는 교육입니다.

부모와 자녀 간의 스킨십에서 아이가 싫다고 의사를 밝히면 그 의사를 수용해주는 것이 필요합니다. 이때 부모가 멋대로 경계선을 넘나들면 아이는 혼란을 겪게 되고 경계가 사라집니다. 부모가 동의와 거절의 경계선을 허무는 꼴이 됩니다. 상대가 '안 돼!', '싫어'라고 분명히 거절의 의사를 밝히면 '멈추는 것'을 알게 하는 명확한 교육이 되어야 합니다.

상대방이 침묵했다고 동의한 것이 아닙니다. 확실한 '긍정의 의사'가 아니면 무조건 거절로 받아들이고 즉각 멈춰야 합니다. '싫으면 싫은 것No Means No'으로 받아들이는 교육이 필요합니다. 최근에 알려진 '예스 민스 예스Yes Means Yes' 룰(미국 안티오크대학에서 캠퍼스 내 성폭력 사건의 판결 기준으로 처음 도입된 원칙)은 '노No'의 부재가 아닌 '예스Yes'의 발화를 의미합니다. 즉, 동의의 기준을 확실하게 '좋아YES'라는 표현이 있어야 동의라고 인정하는 것입니다.

거절과 동의의 원칙을 지킬 때 아이는 관계성이 뚜렷해지고 분명한 판단을 가진 아이로 성장합니다. 유치원에서 '댕댕이' 인형을 가지고 놀며 심하게 괴롭히는 아이가 있습니다. 아이의 행동이 과격해 선생님이 제지하려고 하면 아이는 더 크게 반항합니다. 친구들이 쳐다보거나 집중된 분위기가 싫어서 더욱 과격해집니다. 하지만, 이때 선생님이 "○○가 화가 많이 났구나? 무슨 일이 있었니?"라고 아이의 마음에 먼저 공감해야 합니다. "그랬구나! 하지만 화가 나서 댕댕이를 괴롭히면 댕댕이는 기분이 어떨까?"라고 다가가며 아이에게 상황을 객관적으로 보여주려고 노력해야 합니다. 아이의 화를 누르고 감정을 느끼도록 묻는 것이 필요합니다.

아이 스스로 "댕댕이가 많이 아플 것 같아요"라는 말을 하도록 기회를 주는 것입니다. 자신의 행동을 보고 자기감정을 표현하게 만드는 훈련입니다. "그렇지? 많이 아프겠지?" 아이는 선생님이 언급하거나 말하는 분위기로 자신의 행동을 바라봅니다. 어떤 순간에 알고 있지만 행동이 통제되지 않을 수 있고, 왠지 모를 감정 표현이 되기도 합니다. 싫은 감정을 아이가 잘 표현하도록 지도하는 것은 매우 중요합니다. 이것이 아이의 변화를 만들어냅니다. 성적인 행동도 마찬가지입니다.

아이가 직접 느끼는 감정이 있어야 변화를 보일 수 있습니다. "이렇게 안아주면 싫었어?", "그랬구나! 그렇게 안 할게. 다음에 싫거나 불편하면 하지 말라고 꼭 말해주렴", "그럼, 아빠도 안 할게. 약속해!" 아이가 고개를 끄덕이고 거절하는 방식이 익숙해지도록 해줍니다. 이러한 거절의 표현과 거절을 받아들이는 행동이 나와 타인의 다른 점을 존중하는 개념에서 균형을 만들 수 있습니다.

아이가 옷을 벗고 밖으로 나가려고 떼를 쓰면 어떻게 제지해야 할까요? 아이를 붙잡고 소리 지르고 힘으로 막으면 그런 행동을 하지 않던가요? 부모는 매번 지치고 한계를 느낍니다. 옷을 벗고 나가려는 짱구에게 "짱구가 옷을 벗고 나가면 옆집 짱아가 보면 어떡하지?"라고 말합니다. 이렇게 아이는 타인의 반응을 생각하지 못하고 행동할 때가 많습니다. "놀라고 불편하겠지?" 반대로 "짱아가 벗은 모습을 짱구가 보면 어때? 놀라겠지?" 상황이 보이고 상대방이 보입니다.

이렇게 객관화가 되면 서서히 아이의 생각이 드러납니다. "보지 말라고 해!", "옷을 내리고 나가면 되지?", "짱아가 본데?", "짱아가 만지면 싫다고 했는데 짱아를 또 만지면 기분이 어떨까?" 짱구는 생각합니다. "당연히 싫을 것 같아." 아이들은 어떤 대답을 해야 할지 스스로 느끼고 알아갈 것입니다. "그렇지? 짱아가 또 기분 나쁘겠지?" 부모가 상대방의 입장을 대변해주세요. "짱구가 그런 상황이라면 어떨 것 같아?"라고 묻고 상대방의 입장을 이해하도록 해서 타인을 배려하고 존중하는 법을 알려줍니다. 부모를 통해 아이가 상황을 객관적으로 보게 됩니다.

　교육은 앎에서 끝나지 않고 실천하게 만드는 것입니다. 거절을 표현하고 수용할 수 있는 관계가 진짜 건강한 관계이며 그런 관계가 건강한 사회를 만듭니다. 이러한 균형을 잡아줄 때 아이들은 분명한 경계 속에 자신의 의사를 확실하게 표현할 것입니다. 성폭력 예방 교육은 수동적인 자세를 배우는 것이 아닙니다. 능동적이고 적극적인 자신의 거절 표현과 수용을 길러가는 교육입니다. 이러한 '자기 통제'를 배워야 함께 살아가는 것을 배울 수 있습니다. 거절을 잘하는 아이는 거절을 잘 수용하는 아이로 자랍니다.

　싫다고 확실하게 표현하지 못하는 사람도 있고, 표현하더라도 작게 말하거나 대답하지 않거나 어색한 미소를 지으며 대답을 회피할 수도 있는데, 이 모든 것을 타인의 거부 의사로 판단하는 것입니다. 즉각적으로 나의 행동을 멈춰야 하는 것입니다. 거절은 타인의 의견이나 생각에 반대하는 것일 뿐이지 나의 존재를 부정하는 것은 아닙니다. 상대방이 거절했다고 속상해하거나 의기소침할 필요가 없으며, 어떤 의견이나 생각은 언제든지 바뀔 수 있으니 매번 상황마다 물어보고 판단하는 것입니다. 이러한 과정이 우정을 발전시키고 정서적 감정을 배우는 경험이 쌓여 결국 타인을 존중하고 공감력을 갖추는 좋은 경계 교육이 될 것입니다.

아이는 성적 쾌감을 통해
삶의 행복을 배웁니다

'우리 자녀도 성으로 즐거움을 느낀다.' 부모들이 가장 염려하는 것은 자녀 성교육에서 성의 쾌락에 대한 내용이 들어 있다는 사실입니다. 성교육을 통해 성적인 자극을 받아서 어떤 행동으로 이어질지 염려하는 마음은 충분히 이해합니다. 하지만 가르치는 일을 염려하는 것이 아니라 쾌락을 왜곡해서 잘 못 배우는 것이 더욱 위험한 일입니다. 지금 우리 아이들은 쾌감을 왜곡되게 알고 있기 때문입니다.

아이는 성적인 존재입니다. 그러므로 우리 아이는 성적 쾌감을 느끼는 존재입니다. 부모는 아이가 성적 쾌락을 느끼는 존재로 이해하기 어렵습니다. '쾌감＝성적인 문제'로 인식하는 경우가 많기 때문에 '안전'이라는 브레이크, 즉 보호해야 하는 부모의 심리가 작동되는 것입니다. 하지만, 부모가 이러한 사실을 거부하고 이해하지 못하면 아이의 성적 쾌감은 부정당합니다.

그렇게 되면 부모와 아이의 성적인 대화는 진전되지 않습니다. 그리고 부모가 모르는 음성적인 영역에서 발전될 것입니다. 성적 쾌감은 바르게 아는 것이지 부정당해서는 안 됩니다. 아이는 이미 엄마 뱃속에 있을 때부터 생생하게 온몸으로 성적 쾌감을 느끼며 자랐습니다. 태어나기 전부터 '쾌감을 누리고 즐겼던 아이'는 성적인 본성을 갖고 태어났습니다. 아주 순수한 감각이고 욕구입니다.

씨앗과 열매로 비유를 들자면, 씨앗은 열매를 맺는 속성을 가지고 있습니다. 그래서 식물이 싹이 틀 때부터 열매를 맺기 위한 활동, 즉 성장을 하는 것입니다. 씨앗처럼 인간도 생명을 잉태할 속성을 갖고 태어납니다. 생명을 잉태하기 위한 탄생에서 시작되었습니다. 생명이 태어나는 과정을 보면 정자는 난자를 만나기 위해 엄청난 운동을 하게 됩니다. 난자를 만나지 못한 정자는 소멸됩니다. 하지만 난자를 만난 정자는 소멸되지 않고 수정을 통해 새로운 생명을 탄생시킵니다. 이때 엄청난 쾌락의 성호르몬이 분비됩니다. 어쩌면 생명은 이 쾌락 속에서 만들어지는 것입니다.

정자와 난자가 만나 수정이 되면 세포분열을 통해 새 생명이 탄생합니다. 그것이 '살아 있는 생명'의 연속성입니다. 정자와 난자가 만나서 기적의 생명력으로 새로운 생명을 만들어내는 연속성을 갖습니다. 놀랍게도 Y염색체와 X염색체를 가진 태아는 수정된 지 8~11주 만에 몸에서 성호르몬이 돌기 시작합니다. 태아는 성별이 나뉘고, 생식기가 생겨납니다. 그러니 성적 쾌감을 느끼는 생식기는 성적 존재로서의 본성일 것입니다.

2010년 미국 필라델피아 드렉셀대학의 이스라엘 샤피로Israel Shapiro 박사가 촬영한 3D 입체 영상은 태아의 성적 활동을 그대로 보여준 것으로 유명합니다. 이 영상이 공개되면서 엄마 뱃속에서 자라고 있는 태아의 다양한 성적 표현을 보게 되었고, 태아가 성적 행동을 하게 된다는 사실을 알게 되었습니다. 남자 태아가 자신의 발기된 성기를 오랫동안 주물럭거리고 입으로 빨고 있는 장면이 목격되었습니다. 태아가 성적 존재로서 감각을 느끼고 표현하며 심지

어 즐기고 있는 모습을 영상을 통해 우리에게 여과 없이 보여준 것입니다. 이것은 태아가 성적 존재라는 것을 증명합니다.

태아는 엄마 뱃속에서 손가락을 빨고 탯줄을 감으며 놀게 되는데, 이 태중 놀이를 통해 다양한 생존 능력을 키웁니다. 앞으로 살아갈 의사소통을 위한 연습이고 자신의 감각을 찾아가는 과정입니다. 아기가 태어나자마자 엄마 젖을 물고 빠는 행동은 수많은 태중 시뮬레이션에서 나온 결과일 것입니다. 그리고 아이가 엄마 젖을 물고 있을 때 가장 안정된 표정을 짓습니다. 태아는 이러한 생존 능력을 엄마 뱃속에서 이미 준비한 것입니다.

출산 시에 가장 큰 두개골이 먼저 나오고 마지막에 귀가 걸리는데, 이때 몸을 비틀고 고개를 돌려서 엄마의 골반을 빠져나옵니다. 이것은 태중에서 수많은 놀이를 통해 훈련으로 쌓은 노하우입니다. 우리가 흔히 생일을 '귀 빠진 날'이라고 말하는 것도 위대한 생존 과정의 결과에서 유래된 것입니다.

수많은 시뮬레이션 속에서 쾌감을 익히는 것도 분명히 중요한 본성일 것입니다. 엄마는 아기가 태어나면 젖을 물리면서 성적 교감을 합니다. 아기의 몸에서는 옥시토신과 성호르몬이 요동칠 정도로 성적 에너지가 넘칩니다. 이것은 엄마의 성적 쾌감이 태아에게 전달되고 아이

가 이 성적 쾌감을 통해 교류되고 있는 것입니다. 그래서 젖을 물릴 때면 엄마는 성적인 욕구가 사라질 정도로 엄청난 성호르몬을 사용하기 때문에 성적인 해소도 경험하게 됩니다.

젖을 물고 있는 아이는 온몸으로 엄마와 성적 쾌감을 교류합니다. 구성애 선생님의 표현을 빌려 말하자면 아이가 마치 '자연산 뽕'을 맞은 것처럼 황홀감에 빠져 성호르몬으로 충만한 모습을 보입니다. 이것이 성 에너지로 느끼는 성적 쾌감, 즉 오르가슴입니다. 성적인 존재가 느낄 수 있는 특권입니다. 이렇게 성적인 쾌감으로 성호르몬을 사용하는 존재를 인정하지 않을 수 없습니다.

프로이트의 심리 성적 발단 단계에서 나타나듯이 구강기의 아이는 구강(입)으로 모든 쾌감을 느낍니다. 모든 것을 탐구하고 탐색하며 욕구가 생기면 입으로 해결합니다. 이 시기에 입의 쾌감을 제대로 느끼지 못한 아이는 자라면서 욕구불만으로 입에 무엇을 넣고 빠는 퇴행적 행동을 멈추지 않습니다. 항문기에는 배설과 배변 훈련을 통해 쾌감을 배웁니다. 그래서 배변 훈련은 고통 속에 쾌감을 배우는 훈련이 됩니다.

남근기에 해당되는 시기가 되면 성적 쾌감(리비도)가 성기에 집중되어 생식기의 촉감이나 기분이 전달된 아이는 자위 행동으로 이어지는 경우도 있습니다. 생식기를 통해 쾌감을 알아가는 아이는 성적인 존재로 자라는 것입니다. 자위도 잘 살펴보면 성기를 통해 욕구 해소가 안된 아이들에게 유아기적 형태가 남아 심리적으로 이상이 있는 것도 아닌데 불안하면 여전히 그 행동을 반복해서 남근기에 고착된 형태를 보이게 됩니다. 또, 불안감을 느끼는 아이들이 자신의 몸을 통해 안정을 취하려고 생식기를 만지는 행동을 하게 되는 것입니다.

우리는 성인이 되어도 성적 발단 단계에 머무는 무의식의 고착 형태를 보이기도 합니다. 부모도 어렸을 때 유아 자위를 했지만 기억을 못하는 것일 수 있습니다. 유아 자위는 아무도 모르게 흐르듯이 지나가는 경우가 대부분입니다. 그 당시에는 잘 안 보였어도 어떤 계기를 통해 발화되고 나타나는 것입니다. 단순히 만지면 기분이 좋으니 그냥 만지는 것입니다. 하지만 부모가 생식기를 만지는 아이의 자위 행동을 문제로 보는 순간 그것은 문제 행동이 되는 것입니다. 성적 쾌감을 알고 느끼는 것이기에 이것은 자연스러운 행동으로 인식해야 합니다. 부모가 아이와 24시간 붙어 있는 환경이다 보니 성기로 감각을 느끼는 행동이 자주 목격됩니다. 부모가 딱 붙어 있는 양육 환경은 부모 눈에 더 자주 띄어 민감한 문제가 됩니다.

아이는 유아기에 스스로 쾌감을 뿜내고 누립니다. 성적 발달에 따라 나타나는 쾌감을 느낍니다. 그리고 성적 쾌감을 배우고, 행복감을 누리는 존재로 성장할 것입니다. 이제, 부모가 아이를 인정하는 길만 남았습니다. 그것이 아이에게 올바른 성적 쾌감을 가르칠 수 있는 기회이며, 성적 쾌감을 통해 행복감을 느끼는 자녀를 인정할 때 아이의 행복한 삶의 방향을 읽게 되는 것입니다.

세르주 시코티의 『내 아기를 더 잘 이해하기 위한 심리실험 100』에서 밝힌 성적 존재인 유아 정보

1995년 방사선과 의사들은 태아의 발기를 확인하기 위해 임신 36~39주까지의 태아 50명의 음경 사진을 실시간으로 관찰해 태아의 음경 길이를 측정했는데, 실험 결과 태아 중 22%가 발기를 했습니다(보통 태아의 음경 길이는 16밀리미터, 발기된 태아의 음경 길이는 평균 21밀리미터).

1995년 두 의사는 5개월 반 된 태아의 초음파 검사 과정에서 놀라운 태아의 행동을 발견했습니다. 태아가 자신의 음경을 입에 넣었다가 빼는 장면을 되풀이하는 것이었습니다. 이것을 실시간으로 관찰했고 2분 30초 동안 태아가 음경을 입에 넣고 빼는 행동을 지속했으며 의사들은 사진을 찍었습니다. 이 흥미진진한 사진은 『피임, 성, 출산』에 게재되었습니다. 이후 의사 중 60% 이상이 남자 태아와 여자 태아 모두에게서 손으로 성기를 만지는 것을 목격했다고 보고했습니다.

성교육에서도
'애착 관계'의 형성은 중요합니다

육아가 쉽다고 하는 분을 본 적이 있으신가요? 육아는 하면 할수록 어렵게만 느껴집니다. 나는 잘하고 있다고 생각했지만, 아이의 모습을 돌아보면 참 나쁜 부모가 되어 있을 때가 많습니다. 육아는 노력의 대가가 따라주지도 않습니다. 주 양육자로서 아이에게 그동안 쏟은 노력이 한순간에 물거품이 되는 경우도 많이 겪게 됩니다.

하루 종일 아이를 위해 헌신하지만 한 번 만난 이모에게 마음을 확 빼앗겨 버리면 부모로서 감정의 허무함을 느낍니다. 그런 애착 형성이 꽤 오래가는 아이들도 있습니다. 엄마가 주 양육자지만 아빠나 이모, 삼촌에게 달라붙는 아이를 보며 엄마를 싫어하는 것 같이 느껴져 한숨이 나오기도 합니다. 이런 애착 형성뿐만 아니라 부모와 자녀의 애착 관계는 중요합니다.

애착 관계 형성은 아이들이 감정을 배울 수 있는 소중한 기회입니다. 1969년 영국의 정신의학자인 존 볼비John Bowlby는 애착이라는 개념을 처음으로 제안했습니다. 그는 가까운 사람, 즉 부모와 자녀 사이에 형성되는 강한 감정적 유대를 애착이라고 말했습니다. 아이는 태어나자마자 부모와 애착 관계를 형성하고 이것을 통해 세상을 바라봅니다.

아이는 애착 관계가 형성된 대상과 친밀한 관계를 유지하며, 그 대상을 통해 안정감을 찾으려는 욕구를 갖습니다. 가족 구성원 중 주 양육자는 반드시 부모가 아닐 수 있습니다. 조부모 혹은 할머니나 돌봄을 해주는 가족처럼 실제로 양육하고 오랜 시간을 보내는 사람에게 아이는 애착을 형성해나갈 수 있습니다.

아이들은 개인차가 존재하지만 대략 태어난 지 12개월이 지나면 걷기 시작합니다. 첫돌쯤에 걷기 시작하면 다른 세상으로 진입합니다. 호기심이 발동하고 궁금한 것을 찾아 스스로 걷기 시작합니다. 호기심은 뇌를 성장시키는 도구입니다. 자신이 속한 세계를 호기심으로 발견하고 채우고 싶어 주변을 탐색합니다. 마음껏 뛰어놀 수 있는 넓은 공간을 보게 되면 신이 나서 어쩔 줄 몰라 합니다.

힘껏 소리를 질러 감정을 표현하거나 흥에 겨워 춤을 추고, 걷고 뛰고 마음껏 구릅니다. 스스로 무언가 하고자 하는 욕구를 발산하며 부모와의 분리를 경험하는 것입니다. 그렇게 세상을 탐색하고자 하는 모험 욕구가 한꺼번에 소용돌이칩니다. 한마디로 아이가 제 세상을 만난 것입니다.

공원에 가면 유모차에서 내리기도 전에 이미 신이 나서 몸을 비틀며 나가려고 발버둥치는 아이들을 흔히 보게 됩니다. 아직 안전벨트도 풀지 않았는데 유모차에서 발을 마구 흔들어댑니다. 빨리 풀어달라고 온몸으로 아우성을 치는 것입니다. 또 어떤 아이는 아기 띠를 하고 있는 아빠의 배를 마구 걷어찹니다. 아이는 걷고 싶고 달려가고 싶어 다리에 힘을 줍니다. 그리고 땅에 발을 딛자마자 흥분해서 앞으로 내달립니다. 그런 아이가 행여 다칠까봐 엉거주춤 따라가는 부모들의 모습이 목격되기도 합니다.

아이는 흥이 나서 내달리다 보면 부모에게서 멀어지는 순간 자리에 멈춥니다. 그리고 뒤돌아서서 두리번거립니다. 제 힘으로 세상을 다 가질 것처럼 달리다가도 한순간 불안감을 느끼고 부모의 모습을 확인하려고 합니다. 부모를 발견하면 부모가 있는 쪽으로 냅다 달려옵니다. 이것이 애착 행동입니다. 아이는 부모를 통해 심리적으로 안정감을 찾는 본능을 발현합니다. 부모는 아이에게 그 자체로 절대적인 안정감을 주는 존재입니다.

아이는 자신의 이름을 부르는 부모를 향해 감정을 표현하고, 부모의 표정을 살피기도 합니다. 원하는 것이 이루어지지 않으면 온갖 떼를 쓰기도 하고 울음을 터트립니다. 부모의 반응을 보며 아이가 안정을 찾아갑니다. 아이는 이런 일을 반복하며 부모와 거리를 늘 확인합니다. 부모도 당연히 이러한 돌봄이 지치고 힘들지만 아이에게 안정감을 주기 위해 아이 옆에 자신이 있다는 것을 확인시켜줍니다. 이것이 애착 과정입니다.

애착의 유형에는 세 가지가 있습니다. 첫 번째 애착은 '안정 애착'인데, 가장 이상적인 것이라고 할 수 있습니다. 낯선 곳에서 잘 놀다가 엄마와 잠시 떨어지게 되면 불안해할 수 있지만, 다시 만나게 되었을 때 금방 안정감을 되찾는 자연스러운 과정입니다. 기본적으로 주 양육자에게 안정 애착 형성을 보이는 경우가 많습니다.

두 번째 애착은 '불안정 애착'입니다. 이 경우에는 부모가 옆에 있어도 낯선 환경에서는 불안해하고 탐색을 하거나 놀이를 하지 못하고 부모 옆에만 딱 붙어 있으려고 합니다. 그리고 엄마가 자리를 못 뜨게 하거나 심지어 화장실도 못 가게 만듭니다. 엄마가 잠시라도 자리를 비우게 되면 불안감으로 울음을 터트리는데, 엄마가 돌아오더라도 한동안 아이는 울음을 쉽게 그치지 않습니다. 한 번 발생된 불안으로 인해 그것이 계속 유지되는 것입니다. 아이는 버림받을까봐 두려워하는 행동을 보입니다. 성인이 되어서도 이러한 성향이 유지되는 사람들도 있습니다.

세 번째 애착은 '회피 애착'입니다. 주 양육자에게 별로 관심이 없습니다. 양육자가 있어도 그만 없어도 그만인 아이들을 말하는 것입니다. 낯선 공간에서 혼자 잘 있고 부모가 없어도 딱히 불안해하지 않고 돌아온다고 해서 반가워하지도 않습니다. 잘못 이해하면 '아이 키우기 참 쉽겠다'라고 생각하지만, 주 양육자에게 애착을 형성하지 못한 유형입니다. 이러한 유형을 파악하고 아이들을 정서적으로 대해주면 아이들과 자연스럽게 애착을 형성하고 소통이 가능할 것입니다.

그러면 우리 아이와 어떤 육아를 통해 애착을 형성해야 할까요? 애착은 일관된 행동으로 안정감과 신뢰를 쌓는 것이 중요합니다. 잘 놀아주는 것과 꾸준히 함께하는 것은 다릅니다. 애착은 오래도록 쌓인 과정 속에 만들어집니다. 일정하게 안아주고 사랑한다고 쓰다듬어주는 애정이 자라는 시간이 필요합니다. 육아의 정답은 없지만 노력의 시간은 배반하지 않습니다.

그런데 대부분 애착 형성이 불안정하게 되는 이유를 꼽으라고 한다면, 부모와 자신이 분리될까봐 불안 행동을 보이고 두려움에 휩싸여 부모에게 집착적인 행동을 보이는 불안이 주원인입니다. 이때부터 '부모 껌딱지'가 되는 현상이 두드러지는데 부모에게 지나치게 의존하고 떨어지지 않으려 하는 현상은 분리 불안감에서 비롯되는 것입니다. 하지만, 문제는 '부모 껌딱지'로 인해 부모의 심신이 지쳐간다는 것입니다. 부모 의존성이 높은 '껌딱지'일수록 부모들의 심신의 피로도가 높아져 번아웃 증후군burnout syndrome(미국의 정신분석의사인 허버트 프뤼덴버그Herbert Freudenberger가 처음 사용한 심리학 용어. 어떠한 일에 몰두하다가 신체적·정신적 스트레스가 계속 쌓여 무기력증이나 심한 불안감과 자기 혐오, 분노, 의욕 상실 등에 빠지는 증상)에 이릅니다. 부모에게는 자신의 뇌가 지쳐 의지조차 없는 하얗게 불태워진 상황이 발생합니다. 즉, 아이도 불안한 상태인데 부모가 전혀 돌볼 수 없는 상황이 되어버리는 것입니다.

흔히 불안감에서 나타나는 성적 행위 중 대표적으로 유아 자위 행동이 있습니다. 아이들은 대체로 불안감이 생기면 부모에게 더 집착하고 떨어지지 않으려고 합니다. 특히 동생이 생기는 시기와 같이 변화의 시점에 샘이 많아지고 부모에게 관심을 받고 싶어 합니다. 이런 유아적 퇴행 행동은 아이에게 불안과 결핍이 찾아왔다는 신호입니다. 이런 불안감 속에서 부모에게 얻지 못한 안정감을 찾기 위해 자신의 몸으로 향하는 것입니다. 불안감을 떨치고 안정감을 찾으려고 자위 행동을 하는 것입니다. 그래서 애착 형성이 안 된 아이들은 유아 자위를 합니다.

성 행동의 변화는
'애착 관계'의 형성에서 시작됩니다

　유아 성 상담의 사례들을 살펴보면 유독 아이가 자위 행동을 하면 엄마가 반응하는 것을 알아서 더욱더 자위 행동에 집착하는 사례가 있습니다. 엄마가 아이의 자위 행동을 보고 놀라고 소리치고 반응하는 것을 보며 아이는 안정감을 찾게 됩니다. 그래서 엄마의 관심을 끌려고 자위의 횟수가 오히려 늘어나는 아이들도 있습니다. 이는 심리적으로 부모에게 사랑과 관심을 받기 위해 반사적으로 나오는 집착 행동 중 하나입니다. 이러한 집착적 자위 행동도 결국 애착이 형성되지 않은 불안감에서 나타나는 것입니다.

　이러한 집착적 성적 행동은 다양하게 나타나기도 합니다. 엄마 가슴을 집착적으로 만지려는 아이도 있고, 자신의 성기를 집요하게 만지는 아이 등이 있습니다. 실제로 부모들은 아이가 성기를 만지거나 자위를 하게 되면 반응을 보이기 때문에 이러한 부모의 반응이 크면 클수록 아이들은 자신을 향한 관심으로 오인해 그 횟수가 늘어나거나 성적 행동이 고착되기도 합니다. 이렇게 불안정한 성 행동을 보이고 애착이 필요한 아이들에게 부모는 어떻게 다가갈 수 있을까요?

중요한 것은 절대적으로 아이와 함께하는 시간이 필요하다는 것입니다. 당장 먹고사는 일이 바쁘고, 지금도 아이와 하루 종일 붙어 있는데 아이와 함께하는 시간이 필요하다는 것에 동의하지 못할지 모릅니다. 이러한 요구에 부모들의 한숨이 나올 법합니다. 하지만, 아이가 성적 행동으로 불안감을 표시하는 것은 긴급 상황으로 인식해야 합니다. 나중으로 미루지 않고 모든 우선순위에서 첫째가 되어야 합니다.

그냥 같이 있는 게 아니라 아이와 함께하는 시간을 보내야 하는 것입니다. 그것이 부모가 긴급하게 취해야 할 조치입니다. 부모가 집에서 아이와 정해진 시간에 일관성 있게 함께할 수 있는 놀이시간을 보내는 것입니다. 어떤 것도 좋습니다. 절대적으로 필요한 시간, 함께할 수 있는 시간을 확보해야 합니다. 이것이 성적 행동의 변화를 이끌고 아이를 치료하고 회복시키는 최우선 조치입니다. 하지만, 부모들은 의문을 갖기도 합니다.

6개월 동안 공개적인 장소에서 자위를 하던 7세 남자아이의 엄마에게 절대적으로 함께하는 시간 만들기 솔루션을 내렸습니다. 망연자실한 엄마에게 시도 가능한 '밀가루 반죽 놀이'를 추천했습니다. 엄마에게 방법을 가이드하고 아이와 함께하자고 유도하고, 아이에게 재료를 하나하나 소개하고 함께 만지며 반죽하는 놀이입니다. 처음에 거부하던 아이가 요리를 통해 엄마와 놀이시간을 충분히 갖게 되었습니다. 요리를 하고 치우는 일이 만만치 않지만 엄마는 매일 아이와 그 시간을 보내기 위해 노력하기 시작했습니다.

어느 순간 아이가 엄마의 요리를 지켜보고 질문하고 집중하기 시작했습니다. 요리의 시작과 끝을 엄마와 함께하는 시간이 쌓이게 되었습니다. 그동안 아이가 혼자서 성적 행동으로 보낸 시간만큼 엄마와 함께하는 새로운 시간을 보내야 하는 것입니다. 처음에는 저항하고 관심을 갖지 않으며 집중하지 못했지만, 엄마는 꾸준히 아이에게 음식을 만들자고 제안을 합니다. 아이는 서서히 재미를 느끼고 지금은 요리 시간을 기다립니다. 이렇게 아이와 함께하는 시간의 총량이 필요한 것입니다.

성적 행동을 무리하게 고치는 것이 아니라 엄마와 다른 것을 함께 해보는 시간을 충분히 갖고 그동안 결핍된 애착의 시간을 만드는 것입니다. 아이가 반죽을 할 때 성 행동을 잊게 되고 그런 행동이 나타나거나 생각나더라도 그 횟수가 늘거나 확산되지 않았습니다. 엄마는 서서히 아이와 여러 가지 대화를 시작하고, 공감대가 만들어집니다.

6개월의 시간이 흐른 후 자위 행동은 몰라보게 줄어드는 변화를 보였습니다. 아이가 변화되는 시간만큼 자위 행동을 싫어하던 엄마도 마음의 안정을 찾을 수 있었습니다. 물론 지금도 자위를 아예 안 하는 것은 아니지만, 이제 아이와 엄마 사이에서 자위는 문제 행동이 되지 않습니다. 아이가 조절 가능한 상황이 되었기 때문입니다. 이처럼 인간에게서 성만 똑 떼어내어 생각하고 수정할 수 없습니다. 성 행동만 고치는 치료는 없습니다. 근본적인 원인을 찾고 충분한 교정의 시간이 필요합니다.

아이가 변화하기를 바란다면 엄마와 새로운 애착 형성으로 그 행동이 수정되고 관리되도록 노력해야 합니다. 아이와 눈을 맞추며 일정한 시간을 보내는 것이 쌓일 때 애착 형성의 시간이 만들어지는 것입니다. 우리는 아이들과 얼마만큼의 시간을 보내고 있을까요? 얼마나 아이와 대화를 하고 있을까요? 절대적인 시간이 필요하고 그 시간 속에 중요한 교감이 필요합니다. 키즈 카페에서 아이와 놀아주고, 보드 게임을 하고, 유튜브를 보며 대화를 나누어도 좋습니다. 체험 활동이나 강습 활동에 참여하는 것도 도움이 됩니다. 그 시간이 쌓이며 부모가 함께 있다는 마음이 축적되었을 때 아이의 마음이 움직입니다. 그리고 아이의 마음이 열려야 성적 반응에 대한 변화를 보입니다.

성 행동의 교정은 이러한 부모의 애착 형성이 병행되지 않으면 결코 쉽게 호전되지 않습니다. 아이들의 성 행동의 원인은 마음의 문제라는 것을 먼저 파악해야 합니다. 우리 아이가 집착적인 성 행동을 보인다면 우리 아이의 마음에 결핍과 불안감 때문이라고 생각해야 합니다. 그렇게 마음이 열린 아이는 천천히 안정감을 찾습니다. 부모가 없는 곳에서도 스스로 하고 있는 일에 집중하고 몰두하며 성 행동을 해소하는 방식을 찾아갑니다. 이 애착 관계의 새로운 형성이야말로 성교육에서도 중요한 치트키cheat-key가 되는 것입니다.

우리 아이는 다 커서 애착 형성이 끝났다고 생각하십니까? 감정과 마음은 새롭게 매일매일 형성됩니다. 부모는 자녀의 애착 형성에 여전히 중요한 역할을 하는 사람이 되어야 합니다. 애착 형성은 우리 아이의 미래에 영향을 주고 부모와 함께한 시간의 총량만큼 아이가 세상을 밝은 감정으로 바라봅니다. 이제 부모와 아이의 애착 형성은 아이들이 인간관계를 쌓으며 세상을 향해 주체적으로 살아가는 원동력이 될 수 있음을 기억해야 합니다.

(알)아두면 (쓸)데 있는 신비한
(유)아 자위 (잡)학사전

"유아가 벌써 자위를 한다니? 말도 안 돼!"

"자위는 사춘기 때나 하는 거 아냐?"

"왜 저래, 누구를 닮아 저래?"

"쪼그만 녀석이 벌써부터 음란하게 자위라니?"

"저러다 사고치는 거 아닐까?"

대부분 아이가 자위하는 모습을 보면 부모들은 큰 충격을 받습니다. 그리고 어떻게 대처해야 할지 막막합니다. 누구에게도 말을 못하고 마음속으로 끙끙 앓습니다. 아이의 자위는 부모에게 당황스러움 그 자체입니다. 부모가 대응하기 어려워 해결책을 찾기 힘듭니다. 그래서 자위하는 아이를 발견한 부모의 초동 대처가 엉망입니다. 당황한 나머지 아이를 혼내기도 하고 놀이치료센터에 데려가거나 심리 치료 상담실을 찾게 됩니다. 결국 성 행동의 문제로 푸른아우성까지 상담하러 오는 경우가 많습니다.

부모들은 아이의 자위를 목격하면 엄청난 문제 행동을 한 것인 양 흥분해서 찾아오는 경우가 대부분입니다. 우리는 유아 자위에 관한 상담에서 가장 큰 전제를 깔게 됩니다. 바로 '유아 자위는 자연스러운 행동'이라는 것입니다. 이러한 전제에 부모들은 놀라기도 하고, 한편으로 안정을 찾기도 합니다.

그래서 유아 자위에 대해 부모는 제대로 공부를 해야 합니다. 그래야 정확하게 대처할 수 있고, 아이를 건강한 시각으로 바라볼 수 있습니다. 예비 부모나 아이를 키우는 부모라면 반드시 '유아 자위에 대한 상식'을 갖고 있어야 합니다. 육아에도 중요한 요소이기 때문에 '알아두면 쓸데 있는 신비한 유아 자위 잡학사전(알쓸유잡)'을 통해 유아의 발달 과정을 배우고 자연스럽게 대비한다면 당황스러움은 줄어들 것입니다.

2019년, 푸른아우성은 '유아 자위 세미나'를 개최했습니다. 그동안 성교육 기관으로서 유아 자위 상담을 통해 푸른아우성만큼 상담 사례를 연구한 곳은 없을 것입니다. 구성애 선생님과 푸른아우성은 오랜 시간 유아 자위 상담을 진행했고, 유아 자위 사례와 동향을 분석했습니다. 푸른아우성은 30만 건의 누적 상담 중 자녀 성 상담 분야의 유아 자위에 대한 영역을 공유하는 취지로 유아 교육 종사자와 아동 교육자를 대상으로 '유아 자위 세미나'를 열었습니다. 그리고 그 연구 결과를 토대로 유아 성적 발달의 양육 방법을 제시하고, 상담을 통해 연구된 사례를 공유하며, 유아 자위의 인식을 바꾸는 일을 해오고 있습니다.

이 세미나에서는 지난 10년(2009~2018년) 동안 쌓인 유아 자위 상담을 추려내고, 총 1,225건을 분석한 보고서를 만들었습니다. 그래서 세미나를 통해 '영유아 자위행위 실태와 부모의 대처 반응 및 인식 분석'을 내놓게 되었습니다. 실제 상담에 근거한 보고서이므로 큰 반향을 이끌었고, 우리나라 유아 자위 관련 통계를 정리하는 유의미한 기회가 되었습니다.

또, 그동안 유아 자위에 대한 정확한 실태가 없어 활용되지 못한 현실을 바로 보고 양육에서 잘못된 대처로 애를 먹었던 사례를 거울삼아 유아 자위의 골든타임과 새로운 관점으로 회복과 치료 방법, 현실적인 대처 방법을 내놓게 된 것입니다. 그래서 이 보고서의 내용을 몇 가지로 요약하며, 유아 자위에 대한 부모들의 현실 공부가 되길 바랍니다.

첫 번째, 유아 자위 여부를 알아보는 성별 조사에서 여아가 더 많이 하고 있었습니다. 여아 72.2%, 남아 27.8%로 여아가 남아에 비해 3배 정도 자위행위를 많이 하는 것으로 나타났습니다. 많은 사람이 남아가 많을 것이라는 예상을 뒤엎고 이 연구 결과를 통해 새롭게 알려진 사실에 놀라운 반응을 보였습니다. 실제로 2018년 푸른아우성 유아 상담 통계에서 유치원과 어린이집 사례를 살펴봐도 여아가 남아보다 2배 더 많이 나타나는 것을 볼 수 있습니다. 조사 범위를 넓혀도 성별에서 여아의 자위행위가 더 많다는 것을 알 수 있습니다.

또 외국의 여러 논문에서도 여아의 비율이 더 높은 것으로 나타나는데, 이러한 실태를 제대로 입증한 통계가 되었습니다. 여아가 많다는 것은 부모가 여아의 자위에 대해 더 잘 알아야 한다는 이야기일 것입니다. 부모가 여아의 자위에 무지할 경우 부정적인 인식이 어려서부터 더 강할 수 있음을 시사합니다. 부모 중 여아의 자위를 목격하면 제지하게 되는 경우가 많은 것도 이러한 부정성을 입증하는 이유입니다.

두 번째, 유아 자위 행동이 나타나는 연령은 대체로 1~7세이며, 4~5세에 급격히 높아지는 추이를 보이고 7세에 가장 많은 빈도수를 보였습니다. 그래서 유치원에서도 연령이 높아질수록 상담 사례가 증가했으며, 전체 조사에서 7세의 상담 사례가 가장 많은 것으로 나타났습니다. 이는 전체 비율 중 21.6%에 해당하며 학교에 들어가기 전 7세 아이들의 상담 사례가 집중되고 있는 것도 이를 반영하고 있습니다.

그리고 자위를 시작하는 연령이 '1세부터'라는 것에 대해 많은 사람이 질문을 합니다. 그렇게 어린 아이들도 성기를 만지고 자위를 하는 것일까요? 푸른아우성의 상담 사례 중에서 3개월 된 아이도 자위를 하는 사례가 확인되었습니다. 즉, 자위 연령 시기보다 전 연령에 관계없이 아이는 성기 해면체에 피가 몰리고 만지며 감각을 느끼는 것으로 나타났습니다.

우리 몸의 성기는 해면체 조직이 구멍 뚫린 스펀지와 같은 모양으로 동맥피가 흐르고 성적·물리적 자극을 주거나 자연적으로 피가 모이면 발기가 됩니다. 남성 성기는 눈으로 보이지만 여성 성기는 음핵만 눈으로 볼 수 있고 음순 밑으로 가려져 있어서 육안으로 확인하기 어렵습니다. 생식기는 혈액이 들고 나가는 반복 과정을 통해 기능을 유지하고 혈액이 계속 들어가지 않거나 피가 차 있으면 문제가 발생합니다. 따라서 수면 동안에도 5~8회 정도 발기와 이완이 되는 것입니다. 성기 구조 자체가 이미 이러한 자위

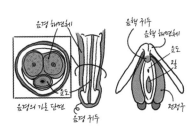

놀이를 하게끔 감각을 갖고 태어난 것임을 확인할 수 있습니다.

세 번째, 자위행위의 빈도를 조사한 것에서 청소년 자위와 다른 통계가 나왔습니다. 아이들마다 개인차가 분명하게 나타나지만 유아 자위는 하루 2회 이상이 54.5%로 월등히 많았습니다. 즉, 유아 자위는 2~3번 정도 나타나기 때문에 부모들이 알게 되고 그 빈도수가 많은 것이 아니라 일반적인 것을 알 수 있습니다. 이 조사는 성별적 특징도 있지만 대체적으로 하루에 2번 정도 하는 아이들이 반 이상인 것으로 나타났습니다.

네 번째, 자위행위의 방법입니다. 앞에서 조사된 대로 여아의 빈도가 많기 때문에 사물에 성기를 비비거나 문지르는 행위가 37.5%로 나타났습니다. 그리고 직접 손으로 성기를 만지거나 압박하는 방법이 29.5%였으며, 다리를 꼬며 힘을 주거나 엉덩이를 들썩이는 행동이 24.8%로 나타났습니다. 즉, 유아 자위는 직접 성기를 비비고 만지며 압박하는 형태를 취하는 것입니다.

다섯 번째, 부모가 아이의 자위를 목격했을 때 취하는 행동을 조사한 결과입니다. 1위는 무시하거나 모른 척한다(50.3%)로 나타났고, 강압적으로 제지한다(29.5%)가 2위로 나타나 당황한 나머지 아이들의 자위를 제지하는 경우입니다. 3위는 관심을 분산시키거나 전환시킨다(20.2%)입니다. 부모들이 유아 자위를 발견하면 어떻게 대처해야 할지 몰라 모르는 척하는 방법을 선택하는데, 방관이나 회피나 모르는 척하되 지켜보는 것은 다른 대응입니다. 분명히 부모의 초동 대처가 필요합니다. 상담 사례에서 유아 자위는 반복적으로 목격되는 경우가 많은데, 이때 부모들의 심리적 상처가 크기 때문에 대처에 어려움을 호소하는 것은 당연한 것입니다.

　대부분 부모들은 자위 문제에 대해 나름 여러 가지 대처를 하게 됩니다. 조사된 내용을 살펴보면 말귀를 알아듣는 아이라면 신체 안전에 대해 설명한다(24%), 공격적인 행위를 제지한다(20.3%), 대안을 제시한다(19.8%), 자위에 대해 질문한다(10.9%), 특정 장소에서만 허용한다(8.1%), 부정적인 감정을 표출한다(7.1%), 전문가의 도움을 요청한다(3.4%) 등의 순으로 나타났습니다. 실태조사에 나타난 부모들의 대처 방법이 우리 부모들의 모습을 보여주고 있습니다.

　실제로 전문가에게 도움을 요청하는 비율이 상당히 낮은 것을 알 수 있는데, 상담을 받아도 전문가를 믿지 못하는 경향이 두드러지게 나타나는 것으로 분석되었습니다. 이는 유아 자위에 대한 잘못된 부모의 인식으로 인해 유아 자위를 끊어버리고 싶은 부모의 마음과 이미 고착된 아이의 성 행동이 부딪쳐 발생되는 문제점입니다.

　특히 부모들이 자위를 하는 아이를 강압적으로 제지하는 경우는 "하지 마!", "안 좋은 거야", "고추에 벌레 들어가" 등으로 아이를 직접 혼내는 경우가 많았습니다. 이는 부정적으로 혼을 내는 경우가 많아 이후 아이가 성을 바라보는 부정적인 관점으로 이어진다는 사실을 알 수 있습니다. 그렇기 때문에 유아 자위에 대해 부모가 어떻게 대처해야 할지 그림을 그리지 않으면 이러한 관성에 따라갈 수밖에 없음을 인지해야 합니다.

　마지막으로 유아 자위에 대한 부모의 감정을 나타내는 조사에서는 두려움(34%), 놀람(23.2%), 분노(8%), 괴로움(7.8%), 도움 받고 싶음(7.6%), 후회(5.9%), 대수롭지 않음(4.7%), 민망함(2.3%) 등의 순으로 나타났습니다. 이것이 부모들이 수용하기 어려운 감정의 바로미터가 되는 것입니다. 부모는 두려움에 놀라게 되어 이성적인 대응이나 대처가 잘 안 되는 상황, 현타(현실자각타임)가 와서 충격적인 상태에 놓인다는 것입니다. 즉, 부모도 상담을 통해 이러한 심리 상태에서 벗어나고 안정을 찾을 수 있어야 유아 자위를 개선시킬 수 있는 동력이 생긴다는 것을 의미합니다.

이 보고서에서도 알 수 있듯이 부모는 유아 자위에 대해 제대로 알지 못하고 잘 대처할 수 없는 상황에 놓입니다. 또, 대응하기 힘든 감정의 상태에서 두려움으로 회피할 수밖에 없는 현실적인 이유들이 있습니다. 우리는 어떤 부모가 되어야 할까요? 유아 자위를 잘 아는 부모가 되어야 합니다. 잘 아는 것에 그치지 않고 잘 대처하고 실천하는 부모가 되어야 합니다. 비록 많은 부모가 잘못을 반복하지만 유아 자위의 '알쓸유잡'을 통해 다른 방향을 만들어갈 부모가 되길 바랍니다. 유아 자위는 끊는 것이 아니라 줄여가고 흘러가게 하는 것입니다. 우리 아이는 일상생활 속에서 그 해답을 부모와 함께 찾을 수 있습니다.

아이의 자위는
결코 부모의 탓이 아닙니다

'제가 아이를 잘못 키워서 아이가 자위를 하는 건가요?' 자위하는 아이 때문에 상담을 하러온 부모에게서 가장 많이 듣는 질문입니다. 대부분 부모들은 죄책감을 갖고 상담실을 찾습니다. 자신이 양육을 잘못해서 아이가 자위를 한다고 생각합니다. 왜 이런 피해의식이 만들어졌을까요? 왜 이러한 자책으로 괴로워하는 것일까요?

지식으로 알아가고 머리로 이해해도 부모는 아이의 자위를 보고 놀라고 당황하는 마음에 자책이 생기는 것은 당연합니다. 어떤 부모도 아이의 자위 행동에서 결코 자유로울 수 없습니다. 상담을 하며 만난 부모들을 조사하니 자녀가 자위를 하는 비율은 약 50%으로 나타납니다. 그렇다면 부모의 절반은 아이를 잘못 키우고 있는 것일까요? 전혀 그렇지 않습니다. 다시 생각하면 자녀 중 절반이나 할 수 있는 자연스러운 행동이라는 것입니다.

유아 자위 상담을 살펴보면 아이들이 자위를 하는 이유는 복합적인 경우가 많습니다. 생식기를 만지는 것을 좋아해서 스스로 발견한 아이, 불안감을 해소하고 싶어 안정감을 찾기 위한 아이, 분리 불안을 느끼거나 애착 관계가 잘못 형성된 아이가 집착적인 해소 방법으로 자위를 하기도 합니다. 스트레스가 쌓여 몸으로 향하는 아이도 있고, 원하는 것을 얻고 싶은데 욕구가 쌓인 아이도 있습니다. 또 동생이 생겨서 부모의 관심을 받고 싶어 돌출 행동을 보이는 아이 등 다양한 심리적 결핍이나 안정감을 찾기 위해 자위 행동을 합니다.

아이가 불안감이 생기면 손톱을 물어뜯는 것처럼, 불안감을 해소하려고 찾아낸 행동이 자위로 나타납니다. 아이들의 감각 발달이 성기 중심으로 나타나면 자연스럽게 자위를 하는 경우도 있습니다. 스스로 성기를 만지다가 우연히 자위를 하게 됩니다.

대체적으로 아이들은 욕구·환경·조건·부모·형제 관계가 발단이 되어 자연스럽게 자위 행동을 합니다. 특별히 문제가 있어서 우리 아이만 유난해서 나타나는 행동이 아닙니다. 아이는 자위를 할 수도 있고 안 할 수도 있습니다. 자위를 했다가 사라지기도 하고 성장 시기에 다시 시작하기도 합니다. 자위는 원하든 원하지 않든 아이에게 일어날 수 있습니다. 자위를 자연스럽게 바라봐야 하는 이유입니다. 우리는 교육으로 자녀들의 자위 인식을 바꾸고 있습니다. 자위를 하는 아이가 이상한 것이 아니라 자위를 바라보는 어른들의 관점이나 인식이 문제가 되고 있기 때문입니다.

부모로서는 아이의 행동이 낯설고 충격적이며 심지어 징그럽게 보인다고 말하기도 합니다. 이러한 감정은 어른들이 바라보는 관점일 뿐 아이들의 발달 과정에서 자연스럽게 나타나는 자위는 문제라고 말할 수 없습니다. 다시 말해 부모가 자위를 어떻게 바라보느냐에 따라 자녀의 자위 행동 개선의 방향이 만들어질 수 있습니다. 부모가 변하면 문제의식이 사라지고 확대되지 않을 수 있습니다. 그냥 성장 시기에 맞게 흘러갈 수 있습니다.

부모와 양육자의 인식 조사에서 자녀의 자위는 2차 성징 이후에나 나타나는 것으로 막연히 생각하는 것을 알 수 있습니다. 이것은 성적인 행동을 자녀와 연결시키고 싶지 않은 방어적인 생각에서 나온 것입니다. 호르몬이 돌고 성기에 피가 몰리는 아이들도 자위를 할 수 있다는 생각의 전환이 필요합니다. 그래야 문제를 해결할 수 있고 아이를 이해할 수 있습니다. 그런데 막상 아이가 자위를 하는 모습을 보면 굉장히 당혹스럽습니다.

부모 성교육에서 미리 교육을 해야 하고, 갑작스럽게 목격한 부모 중에 심한 경우 '저게, 내 뱃속에서 나온 것 맞나?' 하고 부정적으로 생각하게 되는데, 아이의 발달 과정을 인정하지 않으면 유아 자위의 해답을 찾을 수 없습니다. 아이는 성기뿐만 아니라 배, 엉덩이, 손가락, 발가락 등을 만지면서 안정감과 만족감을 느낍니다. 3세부터는 남근기에 해당되는 연령이라 성기에 집중합니다. 우연히 성기를 만지다가 쾌감을 느끼고 그런 행동을 반복하게 됩니다.

아이들마다 자위 양상이 다르게 나타나고 다양하게 표현됩니다. 유아 자위는 완전수면 상태가 아닌 '렘수면(수면의 단계 중 수차례 안구가 급속히 움직이는 것이 관찰되는 단계의 수면)' 상태에서 나타나게 되는 경우가 많습니다. 아이가 습관적으로 '멍'한 상태를 렘수면 상태라고 보는데, 졸린 듯한 상태에서 안정적으로 많이 하게 되는 것입니다. 정상 범주와 비정상 범주를 어떻게 나누어야 하는지 질문하는 경우가 많습니다. 일단 렘수면 상태에서 자위를 하는 것은 모두 정상으로 보길 바랍니다.

예를 들어 렘수면은 유치원 오침 시간 전후, 소아과 병동에서 기다리다가 졸려하는 경우, TV를 보다가 아이가 멍하니 있는 상태, 자고 일어난 직후 등 렘수면 상태에 돌입하는데 이때 하는 자위들은 모두 큰 문제가 없는 렘수면 상태의 자위로 간주합니다.

초동 대처 교육 시 렘수면 상태에서 자위를 시작하는 아이는 장소나 행동을 전환시키기 위해 중지시킬 수 있습니다. 전환 시도를 해도 아이가 자위에 집중하기보다 멍하게 앉아 있다면 부모가 개입해 '엄마랑 산책하러 나갈까?', '뭐 먹을래?', '자전거 탈까?', '킥보드 타러 나갈래?' 등 아이를 움직이게 합니다.

하지만 자위가 오랜 시간 습관화되었고, 중반기에 접어들면 아이의 행동을 저지시키면 크게 짜증을 냅니다. 물론, 자위가 나쁜 것이라서 전환시키는 게 아니라 엄마가 보는 게 힘들고 자위 행동을 못하도록 전환시키려고 하지만 잘 안 될 것입니다. 남아의 음경이나 여아의 음핵 역시 자극이 가해지면 피가 몰리는 해면체 조직으로 발기가 됩니다. 유아의 성적 반응도 성인처럼 메커니즘이 같습니다. 자극에 따라 성기에 피가 몰리고, 발기된 성기는 절정을 거쳐 해소되는 과정을 거칩니다.

아이는 기분이 좋아지는 것을 느끼고, 그냥 감각을 통해 해소하는 것입니다. 성기는 자극에 약한 조직입니다. 그러니 아이가 몸 놀이를 통해 자신의 몸을 탐구하고, 성적 감각을 느끼도록 해야 합니다. 유아 자위는 다양한 계기로 시작될 수 있는 몸 놀이입니다. 그것을 발견했을 때 부모가 어떻게 대처할지가 중요합니다. 유아 자위는 끊는 것이 아니라 자연스럽게 줄여가는 길 밖에 없습니다. 부모가 어떤 마음으로 대처하느냐에 따라 결과가 달라집니다.

주의할 점은 '아이가 무엇을 봐서 자위를 하는 게 아닐까?' 하는 의심입니다. 그래서 자위를 부적절한 행동으로 인식하고 못하게 하는 경우가 많습니다. 아이의 자위는 어른의 자위와 동등하게 인식되어서는 안 됩니다. 아이의 자위는 정서적인 안정을 찾기 위한 성 행동입니다. 부모에 의해 제지당하면 더욱 혼란스럽고 불안해지게 됩니다. 제지하는 것보다 잘 관리하도록 해야 합니다. 아이들이 유아 자위에 몰입하지 않고 건강하게 흘러가게 하는 방법은 무엇이 있을까요?

첫 번째는 운동을 병행하는 것입니다. 너무 교과서적인 대답이지만 성기에만 집중된 국소적인 쾌감을 운동이라는 전체적인 몸의 쾌감으로 바꾸는 것입니다. 운동을 병행하면 아이가 자위를 하더라도 이전과 다른 변화가 생깁니다. 성기를 만지다가 곯아떨어지기도 하고 운동하고 온 후에는 자위를 하지 않기도 합니다. 운동으로 에너지가 소진되면 서서히 변화되는 것입니다. 실제로 체육시간이 많은 도움이 되는데 학교에서 아이들이 앉아서 공부하고 체육시간이 줄어드는 것이 아쉽기만 합니다.

성 에너지는 활동성과 연관이 있습니다. 아이들이 유치원에서 신나게 놀 때는 자위 발생률이 낮은 것도 이를 뒷받침합니다. 잠자려고 누웠을 때나 오후에 자는 시간에 주로 만지기 때문에 앞뒤 시간에 활동이 많으면 도움이 됩니다. 또, 빈도가 잦은 아이는 아빠가 땀을 흘리도록 놀아주기도 하고, 엄마가 공을 가지고 놀아주며 몸으로 놀도록 도와줍니다. 공놀이를 하면서 룰을 지키고 공정성을 체화하기도 해서 전체적으로 활동성을 갖도록 변화를 주어야 합니다. 몸으로 활동하는 시간을 늘려야 성기로 향하는 시간이 점차 줄어듭니다. 아이가 밖에서 놀고 왔는데 여전히 자위를 한다고 혼내지 마세요. 결코 한번에 바뀌지 않습니다.

두 번째는 자연과 마주 보게 해주세요. 앉아서 공부하는 시간이 많거나 실내에 오래 있게 되면 아이들은 안정감을 찾기 위해 자위 행동을 하는 좋은 조건이 됩니다. 밖으로 나가 걷거나, 자연을 바라보게 하는 것은 매우 중요한 환경의 전환이 될 것입니다. 숲속 체험, 자연이 주는 웅장함이 아이들의 자극을 분산시키는 방법입니다. 하지만 이러한 노력은 운동과 마찬가지로 부모의 전적인 노력이 뒷받침되어야 합니다. 산책이나 운동은 아이가 혼자서 하는 것보다 부모와 같이해야 해서 초반의 노력이 매우 중요하며, 실내보다 자연과 가까워지는 것도 중요합니다. 이 시점에는 부모의 결단이 필요합니다.

세 번째는 부모의 존재를 드러내는 일입니다. 앞서 이야기한 애착 형성이 필요한 아이들의 결핍과 불안을 엄마와 아빠라는 존재로 채워주는 것입니다. 이것이 본질적인 해결이 될 수 있습니다. 대화나 소통에는 수단이 필요합니다. 부모가 인정해주고, 함께하며 대화를 할 때 아이는 결핍을 채우려는 행동을 보입니다. 같은 공간에 있었지만 함께하지 못한 시간을 이제 관심과 칭찬으로 채워주어야 합니다. 심신이 채워져야 이러한 병리적인 현상이 줄어들게 됩니다. 아이는 마음의 결핍이 오기도 하고, 몸에 집중하기도 합니다. 부모가 이러한 결핍을 채워주는 역할을 할 때 아이들의 자위는 관리할 수 있게 됩니다.

네 번째는 부모가 할 수 없는 영역일 것입니다. 유아 자위는 결핍에서 안정을 찾기 위해 시작되기도 하고 호기심으로 인해 몸 운동으로 발전하기도 하지만, 타인의 자극이나 외부의 신체 자극으로 성적 감각이 깨어나는 경우도 있습니다. 간혹 성추행이나 성폭력을 겪은 아이들이 심한 자위를 시작하기도 합니다. 또는 또래 아이들과 놀이로 성적 자극이 일어난 경우도 발생합니다. 반드시 전문가의 지도가 필요하고 아이에게 알맞은 조치를 하기 위해 상담을 받아야 합니다.

아이의 몸에서 일어나는 성적인 행동은 부모가 아이 스스로 관리할 때까지 자신의 일이 되도록 보호하고 길러주는 것입니다. 부모의 탓이 아니라 부모의 역할인 셈입니다. 돌보기는 '관심을 가지고 보살피다'라는 뜻이 있습니다. 자위는 돌보는 것입니다. 이제 부모는 자녀의 자위를 관대하게 수용하고 현명하게 '돌봄'하는 것으로 바라보길 바랍니다.

푸른아우성 전문가 상담 안내

온라인 상담(유아 자위)
https://aoosung.com/page/p_1100.php

전화 상담(유아 자위)
https://aoosung.com/page/p_1300.php

면접 상담(유아 자위)
https://aoosung.com/page/p_1200.php

아이들의 '성적 놀이'와 '성폭력'의 경계

'아이들끼리 성기를 만지고 놀았는데 이것도 성추행인가요?' 산후조리원부터 함께 아이들이 자라서 유치원에 다니는 지금까지 사이가 좋았던 관계가 아이들의 성적 놀이로 피해자와 가해자로 나뉘는 순간입니다. 아이들끼리 하던 병원놀이는 한순간에 성추행 사건으로 변질되었습니다. 그리고 이제 어른들의 싸움이 되어갑니다.

유아의 성에서 다루는 주제 중에 '유아 자위'와 '성적 놀이'는 굉장히 중요한 대표적인 사안입니다. 그만큼 많이 일어나고 그 후유증과 상처가 크기 때문입니다. 특히 아이들의 성적 발달 시기에 나타나는 '성적 놀이'를 어떻게 다루느냐에 따라 죽고 못 살 관계에서 원수지간으로 바뀌는 일이 되어버리기도 합니다. 어린 시절의 성적인 행동의 결과가 아이의 성장에 영향을 미치기도 합니다.

유아기는 많은 것을 결정짓는 시기이며 관계를 통해 인격을 배워가는 시기입니다. 건강한 인간관계를 만들어가는 것은 어린 자녀들에게 아주 중요한 관계 교육입니다. 유치원 성 상담에서 부동의 1위는 '성적 놀이' 관련 상담입니다. 그만큼 어렵고 많이 일어나는 사건이며 가장 해결하기 힘든 사건이기도 합니다. 남자아이와 여자아이의 신체 접촉으로 불거진 성 관련 문제는 이 시기에 일어날 수 있습니다.

유아들의 성적인 사건이 발생할 때 부모들은 제대로 된 결정이나 해답을 찾기가 어렵습니다. 그로 인해 아이들 싸움이 어른들 싸움으로 번져 일이 커지게 됩니다. 최근에 아동학대와 성범죄에 대한 관심이 높아진 상황에서 '성적인 감수성'의 중요성을 부모들이 공감하고 있습니다. 우리 아이가 성적 피해를 당했다면 이성적인 판단이 들기 어렵고 그 처리 과정에서 여러 가지 논란이 일어날 수밖에 없습니다. 맘카페나 보배드림 같은 커뮤니티에 종종 성적 놀이 사건이 올라옵니다. 하지만, 어디에서도 명쾌하게 해결하지 못하고 모두 싸움 끝에 상처로 남는 경우를 보게 됩니다.

성적 놀이는 흔히 소꿉놀이나 병원놀이 같은 아이들의 놀이 속에서 나타납니다. 간혹 성적 행동이 상대방에게 행해지는 놀이로 연결되는 것입니다. 그런데 아이들은 어떤 동기나 계획을 갖고 성적 놀이를 하지 않습니다. 계획적인 것이 아니라 우연히 놀다가 일어나는 것입니다.

하지만 어른들의 우려 섞인 과잉 개입이 아이들을 피해자와 가해자로 만들게 됩니다. 성적 놀이를 성추행이나 성폭력으로 인식하고 의도적인 문제로 여길 때 분별하기 어려운 성폭력 사건으로 확대됩니다. 아이들이 가해자와 피해자로 나뉘고 진술과 기록의 객관성을 담지 못하고 처벌과 치료를 위해 부모가 개입하면서 2차 피해로 이어집니다. 이러한 공방은 고스란히 아이들의 고통으로 남습니다. 어쩌면 성적 발달 시기에 일어난 아이들의 놀이가 어른들의 개입으로 성폭력 사건으로 잘못 정리되어 큰 후유증을 남기게 됩니다.

최근에 유치원 성적 행동 매뉴얼이 배포되면서 유치원이나 기관에서 성 행동에 관련된 문제가 발생하면 신중하게 대응하고 있습니다. 아이들끼리 신체 접촉이 발생하면 '사건'으로 인식해 객관적인 사건으로 '처리'하는 데 목적을 둡니다. 즉, 안전 매뉴얼은 아이들의 성장 시기에 나타나는 행동이나 감수성을 배려하지 못하고 사건을 재단하기도 합니다. 사건 처리에 급급한 나머지 영유아의 성 행동에 대한 이해가 없이 우려할 수준이라며 위험한 수준으로 재단해버리며 대응합니다.

기본적으로 성적 놀이는 확실한 강제성이 있었는지, 불확실한 경계에 놓인 상황이었는지, 강제성이 없었는지 등 3가지 유형으로 나눌 수 있습니다. 푸른아우성에서 조사한 '유아 성적 놀이 통계'를 보면, 불확실한 경계에 있는 놀이가 55%로 가장 높고, 강제성 있는 놀이가 25%, 강제성 없는 놀이가 20%로 나타났습니다. 즉, 불확실한 경계에 놓인 경우가 많은데도 어른들이 정확한 판단 없이 위험한 수준의 행동이라고 하며 처리하는 일이 많다는 것입니다.

아이들의 성적 놀이는 연령별로 6~7세의 아이들이 가장 많았고 그 대상은 친구가 82%, 친척이 12%였습니다. 성적 놀이가 사건화되어 가해자로 지목된 아이의 86%가 남자아이였습니다. 일반적으로 성적 놀이 사건은 딸을 키우는 부모가 아들을 키우는 부모를 향해 성폭력 사건으로 문제 제기하여 나타납니다.

성폭력이 일어났을 때는 아이들을 분리시키고, 피해 아이를 우선적으로 보호해야 합니다. 이때 부모가 피해 사실을 입증하기 위해 아이에게 '당한 사유'를 거칠게 심문하면 아이는 2차 피해를 입게 됩니다. 그래서 아이들의 상황과 심리적 상태를 파악하며 대처해야 합니다. 부모는 이 상황을 객관적으로 파악해야 아이를 보호할 수 있습니다.

아이들끼리 놀았다는 근거가 확인되면 성에 대한 수치심을 갖지 않도록 아이들을 다독여주어야 합니다. 일상적인 놀이로 흘러가면 영향을 받지 않습니다. 놀이의 강제성을 확인하는 과정에서도 최대한 편안한 어투로 상황을 물어보고 아이가 감정을 제대로 표현할 수 있도록 여건을 만들어서 기다려주어야 합니다. 그때 추궁하면 심각한 2차 피해가 발생할 수도 있습니다. 그러면 해결은 되지 않습니다.

모든 성적 행동에서 '존재'와 '행동'이 구분되어야 합니다. 아이의 존재는 그대로 살려주고, 성적 행동에 대해서는 바로잡는 것이 필요합니다. 가해 아이의 부모는 아이의 말에 의존하거나 아이를 몰아가지 말아야 합니다. 부모로서 최대한 피해 아이 입장에서 듣기 위해 노력을 해야 합니다. 피해 아동의 상태를 확인하고, 가해 아이가 사과할 수 있도록 나서야 합니다.

부모가 먼저 사과하라고 아이를 다그치는 것이 아닌 아이를 설득해서 사과할 수 있도록 해야 합니다. 부모가 '미안하다'며 잘못한 것을 인정하면 아이들은 솔직하게 상황을 바라봅니다. 그렇게 아이가 진정성 있는 사과의 의미를 알 때 재발할 위험이 없어집니다. 부모는 아이가 실수는 했지만, "나는 너를 믿어, 사랑해"라고 이야기할 때 아이가 용기내고 솔직해질 수 있습니다. 성적인 문제는 가해 행동이 확인되면 앞으로 반복하지 않도록 하는 것이 목적입니다.

피해 아이에게 상대 아이가 어디를 만졌는지 묻기보다는 '강제성이 있었는지'에 초점을 맞춰 질문해야 합니다. 그것이 아이들에게 성적 놀이에서 무엇을 잘못했는지 그 이유를 정확히 알려주는 방법입니다.

이러한 판단의 기준이 모호할 때는 성 전문가의 도움을 받아 결정해야 합니다.

보건복지부는 '어린이집 영유아의 성 행동문제 관리·대응' 매뉴얼을 배부했습니다. 어린이집이나 유치원에서 영유아 성교육 담당자를 지정하여 지도하고, 사건이 발생했을 때는 제대로 대응할 수 있도록 전문가 참여 제도를 적극 활용하라고 권고하고 있습니다. 여기에 일상적인 수준, 우려할 수준, 위험할 만한 수준 등 수준별 대응 솔루션과 지침이 담겨 있습니다. 그만큼 모든 아이의 피해를 줄이는 길은 얼마나 신중하게 어른들이 개입하느냐에 따라 달라집니다.

성적 놀이는 '존재'와 '행동'이
분리되어야 합니다

우리는 성적 놀이와 성추행 사건을 어떻게 객관적으로 바라봐야 할지, 이러한 문제를 해결할 때 존재와 행동을 어떻게 분리해야 할지 현재 유치원에서 운영되는 매뉴얼을 분석하며 알아보겠습니다.

첫 번째, 일상적으로 일어나는 아이들의 성적 행동에는 교사들의 현명한 성 인식 수준에서 판단하는 것이 중요합니다. 아이들 중에는 다른 사람의 관심과 주목을 끌기 위해 자신의 성기나 신체를 보여주는 성적 행동을 보이기도 합니다. 다른 아이의 성기나 신체를 엿보는 행동을 하기도 합니다. 개인 차이가 있으나 공동체 안에서 이런 성장기 행동을 보일 때가 있습니다. 이때 교사는 아이들에게 성에 대한 관심을 어떻게 자연스럽게 표현하는지 그 방법을 알려주고, 성적인 에티켓을 교육해야 합니다. 남녀 성기의 차이점에 대해 꾸준한 교육이 필요합니다. 이것은 지속 가능한 교육에서 효과를 볼 수 있고, 성적 행동을 하는 아이들과 그것을 지켜보는 아이들을 동시에 교육할 수 있습니다.

두 번째, 강제성이나 경계를 넘는 우려할 만한 수준의 성 행동으로 피해 아동이 생겼다면 교사의 정확한 판단과 개입이 중요합니다. 초반에 내린 교사의 판단이 아이들의 행동에 긍정적인 결과로 이어지기 때문입니다. 그래서 성인지 감수성에 대한 교사들의 역량이 반드시 필요합니다. 아이들끼리 놀다가 '싫다고 표현'해도 지속적인 행동이 있었는지 살펴보고 동의하지 않은 행동을 파악하여 성기나 신체를 엿보는 행동을 보인 아이들의 성적 발달 상황을 확인해야 합니다. 또 친구를 자꾸 한적한 곳으로 끌고 가거나, 신체를 만지려는 지속적인 행동을 보였다면 맥락, 시간, 장소를 기록합니다. 그리고 의도나 연관성에 대해 우려할 만한 신호라고 인식해야 합니다.

이때 교사는 문제 행동을 발견한 즉시 중지시키고, 아이를 분리시킨 후 상황을 객관적으로 판단하기 위한 절차에 들어가야 합니다. 사건을 정확하고 객관적으로 기록해 원장에게 신속하게 일어난 일에 대하여 보고해야 합니다. 그런 다음 상황을 판단하고 유치원에서 어떻게 관리할지 정확한 진단과 방향을 세워야 합니다.

전문가의 조언이 필요한 부분은 빨리 협업을 요청하고, 공동 지도나 전문가 지도 권유, 필요시 육아지원센터 자문 요청, 보육 환경 및 보육 일과 점검, 영유아나 부모 대상으로 교육을 실시합니다. 이후 부모와 면담을 진행해야 할 필요성이 있다고 판단되면 면담 계획을 밝힙니다. 자체 해결이 가능한 요소들이 있다면 교사들과 논의해서 객관적인 결론을 만들어냅니다. 초동 대처가 잘된 상황은 부모들의 항의가 있어도 해결하는 데 시간이 길지 않습니다.

세 번째, 위험 수준에 해당되는 성 문제가 발생할 경우입니다. 분명히 교사들이 발견한 상황이라면 이미 사건이 일어난 다음입니다. 다른 아이에게 성적 놀이에 참여하라고 강요하거나, 지속적으로 다른 아이의 성기를 만지려고 하거나, 성행위를 명백하게 흉내내거나, 상대방의 의사에 반해 강제로 신체의 일부를 보여주거나 만지는 행동을 확인한 상황을 말합니다. 이와 같은 위험 수준에 해당되는 행동은 성폭력에 준하는 상황으로 간주하고 대처해야 합니다.

이때는 사건의 공정성과 객관성을 위해 외부 기관의 전문가에게 도움을 요청하고 수사기관의 자문을 구하며 구체적인 확인을 위해 CCTV를 확보하거나 사건 경위를 정확히 파악합니다. 평소 아이들의 관계를 알고 상황을 주시했던 다수의 선생님들의 의견을 수렴합니다. 전체적인 피해 상황을 파악하고 후속 조치에 해당되는 징계위원회 같은 학부모들과 소통이 가능한 기구를 세웁니다. 이처럼 사안과 유형에 따라 매뉴얼은 달라지고 유기적으로 대응해야 합니다.

우리가 성적 놀이를 바라볼 때 가장 중요한 어른들의 역할은 무엇일까요? 매뉴얼에 따라 위기 상황을 잘 극복하는 것도 중요하지만 아이들에게 일어난 '성적 놀이'의 근본적인 문제를 바라보지 못한다면 오히려 이 대응 매뉴얼로 인해 양쪽 아이들은 큰 상처를 받을 것입니다. 아이들의 이야기에 공감하며 아이 입장에서 들은 것, 본 것, 행위 장면을 객관화합니다. 어른의 눈으로 단정하지 말고 아이의 상처를 최소화하도록 합니다.

아이들의 성을 보호하는 것을 우선적인 방향으로 잡아야 합니다. 본질은 성적 놀이가 벌어져도 우리 아이들이 피해를 입거나 가해 행동을 한 이후에도 올바르게 성장할 수 있도록 해야 한다는 것입니다. 그리고 나쁜 행동이 확인되었다면 그 장면을 기록하고 분리 조치 시 원내 보육 교사들의 역할을 확인하고 피해 유아의 치유와 회복, 재발 방지를 위해 부모와 긴밀한 소통을 해야 합니다.

한 유치원에서 5세반 남자아이와 여자아이가 수업이 끝나고 부모를 기다리며 바지를 벗고 놀았습니다. 이 광경을 목격한 한 교사는 두 아이가 바지를 벗고 놀았던 일을 묻습니다. "왜 바지 벗고 놀았어?" 아이들은 놀이를 하기 위해 같이 벗었다고 말합니다. '놀았다는 것'은 놓치고 '벗었다'에 꽂히면 사태는 걷잡을 수 없이 확대될 것입니다.

'바지 벗을 때 서로 물어보고 한 거야?'라는 상황을 제대로 읽어내는 물음이 있어야 합니다. 그리고 둘 다 똑같이 상황에 대한 대답을 듣습니다. 성 행동이 노골적이었지만 둘이 놀았던 것으로 인식한 상황에서 여자아이가 먼저 벗자고 말했다는 사실이 밝혀졌습니다. 성별의 문제가 아니라 '물어보고 한 것'인지 판단의 포인트를 잡아야 합니다. 어느 한쪽이 싫은데 강제적인 요소가 있었는지 질문을 통해 확인이 필요한 것입니다.

혹시 그날 물어보지 못했다면 이후에도 아이에게 물어봐야 합니다. '걔는 어떻게 생각했니? 같이하는 걸 좋아했어?', '기분이 어땠어?' 아이의 행동에 대해 교사의 어떤 생각도 담기지 않고 있었던 일에 대한 솔직한 이야기를 기록합니다. 혹시 친구에게 물어보지 않았으면 내일 가서 꼭 물어보라고 말하는 것도 필요합니다. '싫다고 하면 다음부터는 다른 놀이를 해야 해', '다음에는 꼭 물어보고 하기로 약속할까?', '만약 네가 싫을 땐 안 하면 되는 거야'라는 자연스러운 질문들 속에 아이들은 자신의 행동에 대해 살펴보고 그냥 놀았던 일과 강제적인 일에 대한 차이점을 배웁니다.

어른들의 우려와 다르게 아이들은 재미있게 놀았다고 할 수 있고,

둘 다 허락하며 놀았는지, 재미있게 놀았는지, 아이들의 마음에 어떤 감정이 들었는지, 혹시 싫었는데 참고 있었는지 등 객관적으로 상황을 바라봅니다. 상대방이 싫어하는데 그 행동을 계속 하고 싶은 아이가 있다면 교육의 기회가 됩니다. 상대가 거절의 의사로 '싫다고 하면' 행동을 멈추고 더이상 그런 행동을 하지 말아야 합니다. 아이의 행동에서 분명한 잘못이 발견되면 '사과해, 다시는 안 돼!'처럼 명확하고 분명한 어조로 아이의 행동을 지적합니다. 인지하지 못한 부분은 끝까지 설명하면서 경계선을 확실하게 교육합니다.

성교육은 성적 놀이를 통해 가해자와 피해자를 나누어 사건을 처리하는 것이 목표가 아니라 '깨닫는 과정'으로 만들어가는 것을 목표로 합니다. 앞으로 유치원 성교육의 목표는 처벌이 아니라 성적 놀이가 나타날 때 잘 대처하는 기준을 만들어내는 것입니다. 아이들은 성적 행동에서 무엇이 잘못인지, 상대방에게 무엇을 사과해야 하는지 정확히 배울 필요가 있습니다. 그것이 성적 놀이를 통해 존재와 행동을 분리하는 귀한 경험이 되는 것입니다.

자녀들의 '목욕 분리'를
언제 해야 할까요?

　목욕 분리는 언제 해야 할까요? 아직 어리기만 한 아이라고 생각하는데 부모와 자녀 간에 잠자리나 목욕을 분리해야 할까요? 아이들의 성장에 따라 형제자매 간 목욕 분리는 필요할까요? 특히 관찰 욕구로 성기에 관심과 흥미를 갖는 시기에 아이들에게 나타나는 행동을 바라보면 분리가 필요하다고 생각할 것입니다. 몸에 대한 관심이 많아진 아이는 엄마의 몸을 힐끔힐끔 쳐다보기도 합니다. 이 시기에 자녀를 키우는 부모는 목욕 분리를 고민하기 시작합니다.

　첫째와 둘째를 같이 목욕시키는데, 큰 아이가 부끄러움을 타기 시작하고 동생은 마냥 재미있어 하는데 생이별을 시켜야 할지 고민하게 됩니다. 남매를 함께 목욕시키면 어느 순간 여동생이 오빠의 고추를 만져보고 장난을 치거나 또는 오빠가 여동생의 성기를 빤히 쳐다보는 등 여러 가지 당혹스러운 일이 생기기 마련입니다. 처음에는 재미있는 놀이처럼 형제자매를 함께 씻겼지만 더이상 함께 씻기기가 힘들다는 판단이 든다면 자연스러운 분리 시기가 찾아온 것입니다.

　물론 아이들을 한번에 같이 씻기면 시간적 여유가 생기기도 하고 어쩔 수없이 같이 씻겨야 하는 상황도 있습니다. 그런 상황을 모두 고려해도 부모는 성적 발달에 맞게 점진적으로 분리 시기를 찾아야 합니다. 아이가 다른 사람의 성기에 관심을 보이기 시작하면 가족 구성원의 누군가는 불편하기 시작합니다. 아이들보다 부모가 더 불편해지기도 합니다. 이러한 정서적인 이유가 분리의 이유가 되기도 합니다.

초등학교에 들어간 이후 목욕 분리를 했는데, 아직 유치원에 다니는 둘째가 혼자 씻기 싫다며 떼를 씁니다. 오빠와 같이 씻고 싶다고 웁니다. 큰 아이가 초등학교에 입학했으니 무조건 분리를 해야 할까요? 아이들은 그러한 분위기가 이해가 안 됩니다.

아이와 같이 목욕하다가 옷을 걸치지 않고 있는 부모의 몸을 빤히 쳐다보며 살피는 것이 불편하기 시작합니다. 원래부터 속옷을 입지 않고 아이를 씻기던 부모는 속옷을 갖춰 입고 씻기게 됩니다. 하지만 아이는 부모가 숨기는 것을 더 궁금하게 생각합니다.

목욕 분리는 일반적으로 초등학교 3학년 전까지 이루어지면 자연스러운 분리가 되었다고 말합니다. 이러한 분리 기준은 절대적인 기준이 아니라 신체 발달에 따라 초등학교 저학년 시기에 맞춘 일반적인 기준이기 때문에 개인마다 차이가 발생합니다.

초등학교 저학년을 지나 아이가 같이 목욕하는 것을 재미있어 하는데, 굳이 "넌 몇 살이니까 이제 안 돼!" 하면서 제한을 두는 것은 부모로서 판단하기 어렵기만 합니다. 아이를 10세 이전에 억지로 분리해서 씻기면 된다는 말을 하는 것이 아닙니다. 자연스러운 정서적 분리가 성교육에서 필요하다는 것입니다. 아이들이 받아들일 수 있게 감정적인 상처를 남기지 않는 것이 중요합니다. 아이들에게 충분히 인지시키고 아이들의 반응을 보면서 단계적으로 분리하는 것이 좋습니다. 10세 이전은 그러한 일반적인 시기가 있다고 기준을 말한 것입니다.

앞에서 언급한 대로 가장 중요한 분리의 핵심은 '어느 한쪽이 불편함을 느끼는가?'입니다. 부모와 자녀, 가족 구성원 간에 불편함이 생겼다면 목욕 분리를 하는 것이 좋습니다. 예전에는 같이 목욕하는 것을 좋아했지만 지금은 불편하다면 표현해야 합니다. 여기서 중요한 시점은 초등학교 저학년의 나이가 아니라 불편함이 기준이 될 수 있겠습니다.

어떤 가족은 '가족 목욕'이라는 것을 해왔기 때문에 자연스러운 정서가 있다고 합니다. 아이가 어릴 때부터 지금까지 자연스럽게 가족이 같이 목욕을 합니다. 그런데 아이가 성장하다 보니 가족 목욕에 대해서 약간 걱정이 됩니다. 아빠와 딸이 함께 목욕하는데 딸은 전혀 불편함이 없다고 말합니다. 언제까지 함께할 수 있을지 궁금하다는 질문이 있었습니다. 가족 목욕이라는 것이 일반적이지 않은 그 가족만의 고유한 문화일 것입니다. 그렇다면 가족 목욕을 하다가 분리가 필요한 시점을 찾는 것도 가족이 함께 생각해봐야 할 문제입니다. 딸이 올해 6학년이 된다고 해서 저는 서서히 딸과 아빠의 목욕 분리를 하도록 권고해 드렸습니다.

지금껏 만든 가정의 정서와 문화는 존중되어야 합니다. 하지만 딸은 이제 사회를 겪게 되고 다른 가정과 비교하게 될 것입니다. 절대적인 나이로 가족 목욕을 재단할 필요는 없지만 우리 가족의 문화와 사회적인 문화의 차이점에 대해서도 배워야 합니다. 딸이 친구들과의 문화 차이를 느낄 수 있기 때문입니다. 부모가 이해하는 것도 필요하고 딸이 또래 문화와 기준에 대해 고민하는 것도 필요합니다. 허용과 기준의 다양한 선택지가 있음을 알아야 합니다.

아이가 사회를 경험하고 가족 목욕을 어떻게 할지 그에 맞는 결정을 함께해야 합니다. 가족끼리 에티켓도 있지만 사회적인 에티켓도 존재하기 때문에 사회적인 개념을 심어줄 필요도 있습니다. 성은 상대의 입장을 생각하고 존중하며 문화와 정서를 살펴야 합니다. 개방만이 좋은 성교육이 아니며 어떤 준비가 되어 있는지 성숙된 의식을 살펴야 합니다. 정서적인 준비, 신체적인 성장, 사회적인 개념을 살펴 가족 간에도 목욕 분리를 결정해야 합니다.

아이들은 사회생활에서 차이를 배우고 다름을 알아갑니다. 다름을 알 때 수용하는 준비도 필요합니다. 아이가 성장을 하면 경계 교육 차원에서 목욕 분리와 잠자리 분리는 결정해야 합니다. 그래서 일반적으로 아이가 10세 전후로 결정하도록 연령의 기준을 만들어놓은 것입니다. 경계 교육을 준비하고 함께 논의할 수 있는 기회가 필요합니다. 경계 교육은 바로 성 에티켓을 배우는 기회이기 때문입니다. 생활 속에서 성 에티켓은 많은 곳에 존재합니다. 엄마가 샤워하고 나오는 아들을 보는 것이 불편하거나 아빠가 샤워를 하고 나왔는데 딸이 불편하다면 지켜야 할 예절이 필요한 것입니다. 이것이 성 에티켓이며 이것은 가정에서 쌓으며 부모가 자녀에게 교육하는 것입니다.

'가족끼리니까 괜찮아.' 가족이라서 괜찮은 게 아니라 '가족이라서'

더욱 존중해야 합니다. 부모가 아이들에게 서로의 몸을 존중하는 것에 대해 가르치려면 부모가 먼저 서로 존중하고 지켜주는 모습을 보여야 합니다. 경계와 분리는 가르는 선이 아니라 당연히 지키는 예절입니다. (참고: 2021년 공중위생관리법 시행규칙 개정안, 대중목욕실 및 탈의실도 만4세(48개월)이상은 다른 성별과 함께 이용할 수 없다.) 알맞은 시기에 분리하는 것은 성숙함을 말하는 것입니다. 그러한 결단은 부모가 자녀를 성숙하게 대우해주는 것으로 시작됩니다.

엄마 가슴에 집착하는 아들을
어떻게 해야 할까요?

　엄마 가슴에 집착하는 아들이 있습니다. 이제 초등학교 입학을 목전에 두었는데, 이 행동을 못하게 해야 하는지 걱정이 됩니다. 엄마가 걱정이 된다는 것은 불편함이 생긴 것이므로 초등학교 입학 전이라는 이유보다 서서히 경계 교육을 해야 할 시기인 것을 느낀 것입니다. 그런데 딱 잘라서 '만지지 마'라고 하기엔 아이가 받아들이기 힘들어 계속 떼를 쓰기도 할 것입니다. 단호하게 하지 말라고 하는 것이 통하기도 하지만 대체적으로 영문을 모르는 아이는 엄마가 무섭게 못 만지게 하는 것에 불만이 생길 수 있습니다. 한 어머니가 제게 질문을 합니다.

　"아이가 늦게까지 모유 수유를 했어요. 어려서부터 엄마와 함께 잘 때면 엄마 가슴을 만지면서 잠들었어요. 초등학생이 되어서도 가슴을 만지는 것이 크게 불편하지는 않습니다. 그런데 이제는 초등학생이 되었으니 못하게 해야 하는 게 아닌가 생각이 듭니다. 아이는 그저 엄마 가슴을 만지는 것이 좋을 뿐인데요. 이제 만지지 못하도록 교육해야겠죠? 정말 어떻게 해야 할까요?"

　비슷한 고민을 하는 부모들의 질문을 받게 됩니다. 아이는 어릴 때부터 포근한 엄마 품에 안겨 엄마 가슴을 만지며 정서적인 안정감을 찾았을 것이고, 엄마와 애착 관계를 형성했을 것입니다. 그래서 아이가 불안을 느끼면 더욱 엄마 가슴에 집착하게 됩니다.

그 밖에도 엄마 엉덩이를 심하게 만지거나 엄마 가슴을 몰래 훔쳐보는 아이, 자고 있는 엄마를 만지고 도망가는 아이도 있습니다. 아이들의 애착 행동이 지나친 경우나 초등학생이 되어도 멈추지 못하는 경우에 분명히 부모의 교육이 필요합니다. 절제하지 못하고 반복하는 행동이나 습관화된 행동은 부모의 관대함에 기인하는 경우가 많습니다. 대부분 엄마들이 아이의 요구를 거부하지 못하고 받아주기 때문에 아이의 행동이 지속되는 것입니다.

이제 초등학생을 기점으로 가정의 기준이 아닌 사회적 기준을 형성해야 할 시기입니다. 부모에게는 아직도 어린아이 같지만, 사회적 기준으로 보았을 때는 분리 교육을 해야 하는 시기가 온 것입니다. 분리 교육은 애착이나 부모의 안정성을 떨어뜨리는 것이 아니라 아이의 주체성을 기르고 성숙함을 세워주는 것입니다.

엄마 가슴에 집착한 아이의 사례를 면밀히 보게 되면, 아이에게 단순히 엄마 가슴을 못 만지게 하는 것이 아니라 엄마와 아이에게 여전히 남아 있는 심리적 탯줄을 끊는 것입니다. 물론 이 과정에서 겪게 되는 불안감이 있을 수 있습니다. 아이는 엄마가 자신을 싫어한다고 오해할 수도 있습니다. 좀처럼 떼어내기가 쉽지 않을 수 있지만 그 과정이 필요합니다. 그리고 그 과정을 잘 겪어낼 수 있게 부모의 지혜가 필요합니다.

"사랑하는 아들, 이제 엄마는 아들이 엄마 가슴을 만지는 게 부끄럽고 불편해.”

“엄마가 불편하면 너는 어때?”

아이가 엄마의 말에 대해서 생각할 수 있는 시간을 충분히 주어야 합니다. 저항도 있을 것이고, 받아들이기 힘들어할 수 있지만 그것이 필요합니다. 그만해야 할 이유가 아이의 탓이 아니라 ‘엄마가 불편하다’라는 일관된 이유로 아이에게 부탁한다면 아이는 엄마를 존중할 것입니다. 그것이 성 에티켓 교육입니다. 그래도 떼를 쓰고 만지려고 덤벼드는 아이도 있겠지만, 아이가 받아들일 수 있도록 거절 교육을 해야 합니다. 이만큼 좋은 교육은 없습니다. 부작용도 많지 않습니다.

‘저리 가’, ‘징그럽게’, ‘너 성추행이야!’ 이런 부정적인 말들은 아이가 판단을 하지 못하게 하고 자기 탓이라고 생각하게 만듭니다. 분명한 거절의 의미가 담겨 있어야 합니다. 아들이든 딸이든 엄마 가슴을 만질 때 허락을 받도록 만들어주세요. 엄마 가슴은 ‘엄마의 것’입니다. 아무리 가족이고 자녀라고 해도 엄마의 것을 동의 없이 함부로 만지는 것은 이제 안 됩니다. 엄마가 확실하게 의사를 전달해야 합니다. 아이는 만지기 전에 물어야 하고, 엄마의 의사를 존중하는 법을 배워야 합니다.

“가슴을 만지면 엄마가 많이 아파.”

“그렇게 만지면 엄마도 기분이 나빠.”

“다음에는 만져도 되는지 엄마에게 꼭 물어봐야 해.”

이렇게 아이에게 이유를 들어 설명하고 차츰차츰 이해시켜야 합니다. 어쩌면 애착 관계가 잘 형성된 아이는 “엄마, 지금 가슴 만져도 돼?”라고 물어올 것입니다. 엄마는 자연스럽게 “오늘은 잘 때만 만지고 다음에도 허락받아야 해" 하고 정해주고 그것을 지키는 과정을 만듭니다. 그러다 보면 그렇게 물어보는 것도 서서히 줄어들 것입니다. '엄마는 이제 네가 가슴을 만지면 불편해', '가슴 만지는 게 엄마는 이제 싫어', '엄마가 여길 만지면 좀 아파서 그래'라는 받아들이기 힘들어도 이유를 알아야 합니다.

엄마 가슴을 만지며 안정을 찾던 아이에겐 가혹할 수 있습니다. 말로 끝나지 말고 다른 스킨십으로 전환하세요. 안아주거나 보듬어주어야 합니다. 나를 싫어하기 때문에 스킨십을 하지 못하게 하는 것이 아니라 엄마가 불편하기 때문에 줄여가는 것이 되도록 해야 합니다. 그것이 어른의 대접이고 존중의 품격이 됩니다. 반대로 부모의 스킨십을 거부하는 사춘기 아이들도 그 의사를 존중하고 아쉽지만 마찬가지로 대해주어야 합니다. 분리는 성장을 만들고 경계는 성숙을 얻는 것입니다. 가족은 가깝기 때문에 더욱 존중하는 대상이 되어야 합니다.

누가 부모들을
'성포자'로 만들까요?

아이를 양육하다 보면 '우리 때와 비교해 참 빨라졌구나!'라고 세대 간 차이를 느끼실 것입니다. 성에 대한 관심이 앞당겨진 아이들을 보며 시대의 변화도 크게 와닿을 것입니다. 실제로 아이들이 성에 관심을 갖는 시기는 여러 지표에서 부모 세대와 비교해 빨라진 결과를 보이고 있습니다. 최근 들어 자녀가 성적 호기심을 보인다는 부모 상담이 부쩍 늘어난 것이 빨라진 '아이들의 성 호기심'을 입증하고 있습니다.

푸른아우성의 상담 사례를 살펴볼 때, 예전에 초등학교 저학년 아이의 부모에게서 나올 법한 성 고민이 이제는 6~7세 아이를 키우는 부모에게서 나타나고 있습니다. 그렇다면 빨라진 아이들의 성 호기심만큼 지금의 부모들은 어떻게 대응하고 있을까요? 이를 알아보기 위해 교육 현장에서 아이들의 빨라진 성 호기심을 어떻게 대응하는지 직접 조사를 해보았습니다.

"성 문제 앞에서 포기하고 싶은 생각이 먼저 든다"는 것이 부모들의 솔직한 마음이라고 조사되었습니다. "제가 못하겠으니 그냥 전문가 선생님이 해주시면 안 되나요?"라고 말씀하시기도 합니다. 자녀의 성교육을 요청하는 부모들이 이렇게 말하는 이유가 많아지고 있음을 체감합니다.

수학을 포기하면 '수포자'라고 하고, 과학을 포기하면 '과포자'라고 말합니다. 그렇다면 자녀의 성교육을 포기하는 부모들은 '성포자(성교육 포기자)'라고 해야 할까요? 진정으로 '성포자'가 되렵니까? 가정에서 아빠의 성교육 참여율이 저조한 것은 성교육에 참석하는 보호자들의 성별로 바로 확인됩니다. 교육 현장이 아니라도 가정에서 말 그대로 '성포자 아빠'가 점점 늘어나고 있습니다. 아빠들의 변명을 들어보면 '엄마가 아이들의 성교육은 더 잘한다'고 아빠들은 의식하고 있습니다. 엄마에게 떠넘기는 발언을 서슴지 않습니다.

"아들에게 몽정에 대해 말해주신 적이 있으신가요?"라고 아빠에게 질문하면 "엄마가 더 잘 알겠죠?"라고 대답합니다. 엄마가 몽정을 아빠보다 더 잘 알고 있다고 말씀하시는 아빠가 성교육의 현주소입니다. 부모 성교육에서 엄마와 아빠 모두 예외가 되어서는 안 됩니다. 엄마들은 '아들이니까 엄마보다 아빠가 알려주면 좋지 않나요?'라고 생각하며 아빠의 역할을 강조합니다. 당연히 아들 성교육에 아빠의 '성교육 역할론'을 주장할 수 있습니다.

하지만 아빠가 엄마보다 아들 성교육을 잘할 것이라는 생각에 저는 동의하지 않습니다. 딸은 엄마가 교육하기 수월하고 아들은 좀 어렵다고 생각하시는 것 같습니다. 아빠가 아들을 목욕탕이나 사우나를 데리고 가서 성교육을 해주면 좋겠다는 생각이 듭니다. 확실한 것은 성교육을 못하는 아빠는 목욕탕에 가서도 못할 것입니다. 성교육에 역할론을 말하는 것은 회피하려는 자세입니다.

부모 중 아빠가 아들을 교육하고 엄마가 딸을 교육하는 것은 편한 것이지 역할이 아닙니다. 아빠가 딸을 교육할 수 있고, 엄마가 아들을 교육할 수 있습니다. '편함'의 문제일 뿐 '역할론'으로 보기엔 어렵습니다. 오히려 엄마가 아들에게 해주어야 할 역할이 중요한 경우가 많았습니다. 아빠가 딸에게 해주었을 때 효과를 보인 경우도 있었습니다. 성별로 역할을 만들어 보편적이고 일반화하는 것은 어려운 문제입니다.

누구의 역할로 규정하지 말고 부모 누구도 포기하지 않았으면 좋겠습니다. 성교육은 엄마의 역할이 있고, 아빠의 역할이 따로 있지 않습니다. 부모의 역할, 양육자의 역할이 있는 것입니다. "선생님. 저는 이혼을 일찍 하게 되어 아이가 어려서부터 아빠의 보살핌 없이 자라서 너무 걱정입니다. 엄마로서 미안하고 다른 아이들과 비교해서 성에 대한 바른 인식이 부족하지 않을까 걱정됩니다"라고 자책 섞인 글이 적힌 이메일 사연이 도착했습니다. 이혼을 겪으신 어머니는 그것이 자녀 성교육에 결핍을 준 것이라고 죄책감을 가지고 있습니다.

반대의 경우도 많이 접하고 있습니다. "아이의 엄마가 없어서 초경을 할 때 딸에게 어찌 알려주어야 할지 걱정입니다"라는 고개 숙인 아빠를 만나기도 합니다. 저는 월경키트(생리대와 매뉴얼북)을 아빠에게 전달해드리며 "엄마의 빈자리가 있어서 불편함이 있을 수 있습니다. 하지만 '생리'라는 경험 자체가 아이에게는 힘든 경험입니다. 앞으로 스스로 관리하는 일이 되어야 하기 때문입니다. 엄마의 빈자리 때문에 더욱 힘든 것은 아니니 자책하지 마세요"라고 아빠를 위로하며 말씀을 나누었지만 여전히 깊은 아빠의 한숨을 듣게 되었습니다.

성교육을 누가 해야 하는가? 부모의 성교육 역할론에 빠져 본질을 놓치면 안 됩니다. 한쪽 부모의 자리, 또는 양육자가 없다고 치명적인 결함으로 인식하지 마세요. 불편할 수는 있지만 절대적인 성별 역할이 아닙니다. 성교육에서 엄마 역할, 아빠 역할을 따로 나누지 않고 '어른'의 역할로 규정하길 바랍니다. 아이가 '성장'하는 길에는 어른의 보살핌이 필요합니다. 엄마의 역할, 아빠의 역할이 아니라 '어른의 지혜와 경험'이 필요합니다.

이것은 엄연히 미리 경험해본 어른의 역할입니다. 가본 길을 알려주는 어른의 역할입니다. 유경험자의 경험과 지혜를 나누는 역할입니다. 조부모가 양육자가 된 아이들 중 밝은 성 의식을 가진 아이들을 만나게 됩니다. 성 지식에서는 부족할지 모르지만 양육자의 역할이 있을 때 아이들은 방향을 잃지 않을 것입니다. 성교육은 어른의 역할이 필요합니다. 이 시대에 성교육은 어른의 역할이 사라져 문제가 발생되는 것입니다.

성포자는 자녀 성교육에 자신 없는 부모들에게 그 자리를 지키라는 이야기를 강조하기 위해 강하게 표현한 것입니다. 왜 양육자들의 자리를 비우고 성포자가 되어가고 있을까요? 실제로 한 조사에 따르면, 90%에 가까운 부모들이 아이의 성교육을 유치원, 학원, 학교 등에 의존하고 있다고 응답했습니다. 푸른아우성의 연간 조사인 '아우성 남녀 초중등 일일 캠프 학부모 리서치, 성교육을 하고 계신가요?'에서도 70~80%의 부모가 아이의 성교육을 학교에 의존하고 있다고 대답했습니다.

이를 종합해보면 부모 10명 중 7~8명은 가정에서 성교육을 못한다고 밝히며 학교 성교육에 의존하고 있다는 사실을 보여줍니다. 부모가 자녀 성교육에서 물러나서 성포자가 되었다는 것입니다. 자녀 성교육을 학교에 의존하는 현실이 더욱 뼈아프게 다가오는 것은 성교육을 맡기는 이유가 학교나 유치원의 성교육을 신뢰해서가 아닌 '부모가 성교육을 할 수 없어서'라는 이유 때문입니다.

그래서 부모에게 경종을 울려야 할 것 같습니다. 부모들이 의존할 수밖에 없는 학교의 성교육 현실은 어떨까요? 부모들은 학교의 성교육을 얼마나 잘 알고 있을까요? 학교에서 학부모 성교육을 맡아서 운영하기도 하고 학부모가 성교육에 적극적으로 참여하는 경우도 있습니다. 하지만, 학교에서 아이들의 성교육이 어떻게 진행되는지 제대로 살펴봐야 합니다. 학교는 정해진 성교육 의무 시간인 15시간을 잘 지키고 있을까요? 아이들에게 제공되는 성교육이 평등하게 교육되고 있을까요?

물론, 현실적으로 학교나 유치원에서는 부모의 기대만큼 성교육을 해줄 수 없습니다. 지금 우리나라 학교의 성교육은 입시나 학업 때문에 그 순위가 한참 밀려나 있고, 성교육을 받을 시간이 허락되지 않습니다. 초등학교에서는 보건 시간이나 가정 시간과 같이 확보된 성교육을 보장하기 위해 안간힘을 쓰고 있지만 현실은 녹록하지 않습니다. 전반기와 하반기로 예산을 나누어 성교육을 시행하는 학교들도 대부분 외부 강사를 초빙해서 일회성이나 단기적으로 이루어지는 교육이 허다합니다.

통계로 일반화하기 어렵지만 조사된 통계를 인용해서 살펴보면, 중학교와 고등학교에 올라갈수록 성교육은 더욱 열악해지는 것을 알 수 있습니다. 중학교 1학년 자유학기(년)제에 몰아서 집중이수제를 하는 이유도 성교육의 연령별 특성 때문이 아니라 1학년이 상대적으로 입시에 적게 영향을 받기 때문입니다. 성교육 표준안대로 15시간의 의무시간을 이행하는 과정도 시간 확보에 많은 구조적 어려움이 있습니다.

창의적 체험활동 시간에 짬짬이 시행하는 곳도 있고, 행정부서와 논의해 적은 예산으로 담당 교사가 일반 교과 과정 속에 편입하거나 수업권 보장이 어려운 가운데 직접 교육을 하고, 외부 강사를 초빙해서 맡기는 경우가 많습니다.

학교 성교육을 위해 노력하는 현장 교사들의 역량 강화를 위한 전문성 교육 지원이 턱없이 부족하고, 지속적이거나 체계적인 성교육 진행이 어려워 스스로 사비를 들여 아우성을 찾는 보건 교사들도 있습니다. 제도적 문제의 본질을 못 본 체 묵묵히 최선을 다하는 보건 교사와 담당 선생님들의 노력이 폄하되어서는 안 됩니다. 제가 만난 교사 분들은 늘 좁은 문으로 들어가 지금도 성교육을 혼자 감당하고 계십니다. 학교 성교육의 부재가 문제라고 주장하기 전에 근본적인 우리 현실의 문제를 바라보는 인식이 필요합니다. '성포자' 어른들의 자성과 반성이 있어야 합니다.

성포자를 깨닫는 것부터 시작해야 합니다. 새로운 대안을 찾는 것이 아니라 기본을 찾아야 합니다. 부모가 성 교육자의 역할을 감당하고, 학교는 올바른 성교육을 할 수 있는 여건, 즉 15시간 의무시간을 채우는 교육이 아니라 시간이 보장된 성교육과 교사의 전문성을 만드는 것입니다. 성교육 포기자를 넘어 성교육을 바로 세우는 몫은 어른의 몫이라는 것을 기억해야 합니다. 이제 부모의 역할은 성교육을 포기하지 않는 것입니다.

아이의 성 질문을 기꺼이 받아주는 부모가 되어주세요

트위터에 회자된 한 아빠의 사례를 가지고 SBS '스브스뉴스'와 인터뷰를 진행하게 되었습니다. '아빠, 섹스 해봤어?'라고 물은 아들의 질문에 너무 당황한 아빠는 이렇게 대답했습니다. '응? 아직, 안 해봤는

아빠, 섹스 해봤어?

데'라는 이 엉뚱한 대답을 할 수밖에 없었던 아빠의 사연이 알려지면서 수많은 리트윗이 되었고, 이러한 상황이 공감되어 회자되었습니다. 현실아빠의 웃픈(웃기고 슬픈) 이야기를 인터뷰하며 어쩌면 이 아빠의 모습이 우리 부모의 모습을 대표하는 것은 아닐까 하고 생각에 잠기게 되었습니다. 이 에피소드를 들으면 마냥 웃을 수밖에 없는 우리의 모습을 보게 됩니다.

아이들의 성 질문에 대답하지 못하는 이유는 다양합니다. "아이가 묻는 질문에 대답할 수 없어서", "아이를 어떻게 지도해야 할지 몰라서", "부모도 성교육을 받지 못해서 도망치고 싶어서" 등 각양각색이지만, 저마다 당황하며 회피하고 싶은 솔직한 우리 부모의 현실이 드러난 이야기입니다.

맘카페나 커뮤니티, SNS를 둘러보면 아이의 성 질문에 어떻게 대응할지 전혀 모르겠다고 말하는 부모들의 답답한 심정이 생각보다 많은 부분을 차지합니다. 간혹 아이의 질문을 잘 받아준다는 부모가 있으면, 오히려 '저게 실화냐?'라며 믿지 못하는 분위기가 될 정도입니다.

그래서 아이들의 호기심 가득한 성적인 질문을 받아주는 일은 쉽지 않고 놀라운 일이 되었습니다. 방송에서도 연예인 부모가 아이의 성교육을 잘하면 크게 보도되는 이유일 것입니다. 성교육을 전문으로 하는 강사들조차 하나같이 돌발적인 성적인 질문에 답변해주는 것은 쉽지 않다고 말합니다. 다만 우리 강사들이 현장에서 이 질문을 뚫어낼 수 있는 비결은 아이들의 질문에 바로 대응하기보다 먼저 잘 받아주기 때문입니다. '답변해주는' 것을 잘해서가 아니라 질문을 '잘 받아준다는' 사실입니다.

아이들의 성 질문은 이처럼 받아주는 것이 중요한데, 부모는 이 받아주는 것 자체가 어렵다고 말합니다. 부모로서는 답변을 잘 해주어야 할 것 같은 부담과 책임감이 따르기 때문에 받아주는 것이 힘들게 됩니다. 부모들의 책임감을 덜기 위해 정답을 말하기보다 질문을 받는 것만 잘해도 된다고 말하지만, 사실 받아주는 일이 생각보다 어렵습니다.

총체적으로 살펴보면 받아주지 못해 역효과를 내는 일이 많은 것은 분명합니다. 회피하거나 질문을 묵살하거나 딴청 피우고 넘어간다면 어떻게 될까요? 아이는 더는 부모에게 성에 대해 질문하지 않을 것입니다. 그런 최악의 결과는 피해야 합니다.

성교육 시간에 가장 어려운 상황을 꼽으라고 한다면, 강사들은 짓궂은 질문이 많이 나올 때보다 아무런 질문이 없을 때를 꼽습니다. 아이들의 무반응이 가장 무섭다는 것입니다. 성에 관심이 있는지, 교육한 내용을 잘 이해했는지, 교육을 했는데 도움이 된 것인지 반응이 없을 때가 가장 어렵습니다. 요즘은 마스크에 가려져 표정을 읽을 수 없어서 더욱 어렵기도 합니다. 가정에서 아이가 성적인 질문을 했다면 아주 좋은 기회입니다. 아이가 질문을 하지 않는다면 돌아봐야 합니다. 그 이유 중에 부모가 잘 받아주지 못하고 있는 것은 아닐까 하고 반성해보는 것도 필요합니다.

부모로서 아이의 성적 호기심에 어떻게 반응해주고 있는 것인가? 정답을 찾아주어야 하는데 답을 찾지 못해서 고민이라면 아이의 성 질문 핵심은 정답을 찾아주는 것에 있지 않다고 말씀드리고 싶습니다. 아이들이 질문하는 이유는 부모에게 자신의 말을 들어달라는 요청입니다. 요청은 '받아주는 것'으로 이미 해답이 됩니다. 부모가 자꾸 답을 찾으려고 하면 답변하기 어려워지니 받아주는 것이 반이라고 생각하세요.

아이의 질문에 답을 주는 것보다 '어떻게 받아줄까?'라고 받아주기에 초점을 맞춰보시기 바랍니다. 아이의 질문을 받아주지 못하는 부모는 아이를 붙들고 훈계하는 모습을 보입니다. 정말 못 받아주는 부모입니다. 아이가 질문을 했는데 부모의 생각으로 규정하고 판단하고 혼을 내는 경우를 종종 목격합니다. 차라리 대화하지 않았으면 좋았을 텐데 말이죠. 아이의 성적인 질문 앞에 부모는 아이를 '못된 아이'로 규정해버리는 참극이 벌어집니다.

부모는 내면 깊이 훈육으로 '보상'받으려는 열등한 심리가 작용됩니다. 아이는 자아가 있고, 뱃속에서 태어나면 '남'이 된 것입니다. 부모가 말해주어야 할 책임을 아이에게 돌리는 아주 나약한 태도입니다. 부모의 첫 반응은 아이들의 대화에서 매우 중요하게 작용합니다. 부모가 받아준 첫 경험의 기억은 가장 빛나게 기억됩니다. "아, 그것이 궁금했니?"라고 받아주는 교감이 있다면 아이는 오래도록 기억할 것입니다. 이제 아이의 성 질문 앞에 기꺼이 받아주는 부모가 되어보세요.

아이에게 질문해가며
'그게 왜 궁금하니?'라고 되물어봅니다

어느 학부모 강의가 끝난 후, "선생님, 잠깐 시간 좀 내주세요"라는 다급한 목소리가 들렸습니다. 아이의 돌발적인 성적 질문에 대처하지 못한 어머니가 저를 붙들고 몇십 분 동안 당시의 상황을 설명하기 바빴습니다. 시간이 30분을 넘겼고, 현수막도 떼이고 마이크와 불이 꺼진 강의장에서 어머니는 귀까지 빨개지며 온몸으로 당혹스러움을 표현했습니다. 진땀 뺐던 아이의 질문 사연을 구구절절 이야기하며 저를 붙들고 하소연을 하셨습니다.

"선생님, 머릿속으로는 어떻게 대처해야 할지 알겠는데 마음이 움직이지 않습니다"며 저에게 도움을 호소하셨습니다. 한동안 저를 놓아주지 않던 어머니께 답변을 하지 못한 이유를 물었습니다. 그분은 평소 성교육 전문 서적도 찾아서 다 읽으시고, 성교육에 열의가 높았으며, 남달리 유명 강사의 성교육 동영상도 전부 찾아서 보았고, 구성애 선생님의 팟캐스트 강의까지 섭렵하신 준비된 엄마였습니다.

그런데 막상 아이가 묻는 성적인 질문에 당황이 되어 어떤 대응도 못하고 모든 기억이 '순삭(순간 삭제)'되었다고 고백하셨습니다. 도대체 왜 대응이 안 되는지 아이의 질문과 동시에 그동안 준비한 성교육이 하얗게 사라져버린 자신이 한탄스럽다고 하셨습니다. '내 아이 성교육은 정말 어려운 것이라서 저를 직접 초빙하고 싶다'고 결론을 내리고 찾아오신 것입니다.

그런데 이 엄마의 노력을 실패라고 말할 수 있을까요? 아이가 물어본 질문에 답변을 못해서 준비했던 모든 것이 날아간 것일까요? 물론 제가 강조한 것도 성에 대해 부모가 자연스럽게 이야기하는 순간까지 가야 한다는 것입니다. 하지만, 그 시간이 단번에 만들어지지 않습니다. 부모마다 대처 방법이 다르고 생각보다 오래 걸릴 수도 있습니다. 아이에게 답변하는 일은 시행착오를 겪으며 오래 걸립니다. 어머니의 당혹스러움은 전혀 낯설지 않습니다. '머릿속으로는 이해하지만 마음이 얼어붙는 모습'은 당연히 겪게 될 어려움입니다. 오히려 한번에 아이에게 잘하시는 부모가 대단한 것입니다.

처음부터 직접 성교육을 하는 것이 매우 어렵다고 말하실 때 더 자연스럽습니다. 특히 우리 아이 입에서 나오는 성적인 언어들을 듣고 감정이 섞이지 않을 수 있는 게 이상합니다. 부모는 당연히 겪게 되는 과정입니다. 저는 '남자 강사'여서 아들을 가진 부모들의 고충을 집중적으로 듣게 됩니다. 아무리 많은 성교육을 받고 많은 공부를 했어도 여성으로서 엄마는 남성인 아들 성 행동이나 성 질문 앞에 석고상이 되기는 마찬가지입니다.

아이 입에서 노골적으로 '섹스'라는 단어나 '성행위'에 관한 질문이 나오면 '뇌정지'가 일어난다고 합니다. 아이의 질문에 부모가 척척 대답해주면 좋겠지만, 잘 안 되니까 우리 같은 성교육 강사가 있는 것입니다. 성교육 강사도 입으로 행동으로 전해주며 훈련이 되었기 때문에 대응하는 것입니다. 마찬가지로 평소에 이런 상황에 대한 시뮬레이션이 도움이 될 것입니다.

아이의 돌발 질문이 나오면 즉답보다는 바로 '되묻기'를 하도록 권장합니다. 아이의 성 질문은 부모들이 그럭저럭 대응할 수 있습니다. 하지만 사춘기에 접어든 아이의 질문에 당혹감이 들 것입니다. 질문을 받아주고 답을 주기 위해 반드시 시간을 벌어야 합니다. 그것이 바로 '되묻기'입니다. "응? 그게 왜 궁금하니?"라는 되묻기로 돌려주며 기다리는 시간이 필요합니다.

"갑자기 그게 궁금했어?", "응? 그런 이야기를 어디서 들었니?", "정말 놀랐겠네?", "그때 마음이 어땠니?", "어떤 생각이 들었어?"라고 질문하는 아이를 향해 되묻는 것입니다. 그러면 부모도 스스로 사고의 시간을 갖게 되고 아이도 질문에 대해 생각하며 다양한 전환을 가져올 수 있습니다. 그것이 기본적인 소통입니다.

어떤 아이들은 되묻는 부모에게 머뭇거리거나 입을 닫기도 합니다. 그래도 괜찮습니다. 부모가 되물으면 왜 궁금했는지 이유를 늘어놓는 아이도 있습니다. 질문의 출처를 스스로 말하고 해답까지 알려주는 아이도 있습니다. 되묻기를 통해 호기심의 근원을 찾아가는 대화법입니다. 이런 서로의 '질문 티키타카'를 통해 부모는 단서를 찾고 아이가 영향을 받거나 충격을 받은 감정도 추스르게 하며 정보의 출처를 파악할 수 있습니다.

"이것 때문에 궁금했구나?", "섹스라는 말을 들었구나? 그때 기분이 어땠니?", "섹스는 사랑을 나누는 행위인데, 네가 말한 것과 다르거든", "엄마는 아빠와 사랑을 나눌 때 행복한 기분이 들어", "엄마와 아빠도 사랑을 나누는 성관계를 하기도 해", "성관계만 하지 않고 서로 사랑하는 것을 표현하기도 해".

이렇게 되묻기를 통해 아이의 호기심을 이해하고 아이가 궁금했던 동기를 대화로 이어보세요. 더 진도를 나가서 자세하게 설명해주기보다 궁금한 것 위주로 답변을 해주는 것입니다. 아이에게 궁금한 것만 답변할 때 실수도 줄어듭니다.

이런 교감이 부모에게 마음을 열어 보이는 훈련이 됩니다. 이것을 심리학에서는 '라포 형성Rapport building'이라고 합니다. 아이와 라포 형성을 통해 부모의 신뢰성이 생기고 아이는 부모에게 질문을 하고 지속적으로 성에 대한 고민을 말하게 되는 것입니다.

아이들은 성 지식이 궁금할 때도 있고, 어디서 보고 들었던 성행위가 궁금해서 물어보기도 합니다. 아이가 어떤 이유에서 궁금했는지 이해하면 그것에 대해 답변하면 됩니다. 성적인 용어들의 '사전적 의미'가 궁금한 아이들은 그 의미를 알려주면 됩니다. 엄마 배가 불러오는 모습에 동생이 어떻게 생기는지 궁금해서 질문하는 아이도 있습니다. 음란물이나 미디어에서 영향을 받아 부모도 이해하기 힘든 질문을 하거나 친구나 또래 문화에서 들은 것을 확인하기 위해 물어본 것이기도 합니다. 부모의 예측을 벗어난 생활 속에 나타난 질문이 될 수 있습니다.

또, 성장 발달 과정에서 생기는 자연스러운 호기심으로 질문하기도 합니다. "왜 궁금했어?"라고 되물으면 아이는 이유를 말하고 "그래서 궁금했구나!"라는 부모의 리액션으로 확인하고, 궁금한 것만 말해주는 것입니다. 아이가 말하는 내용 중에 잘못 알고 있는 내용은 정정해 주면 됩니다.

그것으로 충분합니다. 아이의 성적 호기심을 충족시켜주며 궁금증이라는 그릇에 넘치지 않게 채워주면 됩니다. 부모가 감당하기 어려운 질문이라면 이번 기회에 전문적인 성교육을 받도록 이끌어주셔도 좋습니다. "또 궁금하면 언제든지 물어봐!", "설명이 필요하거나 궁금하면 또 물어볼래? 누구나 그런 고민을 하게 되거든", "그런 호기심은 언제든지 환영할게"라고 여지를 남기면 아이에게 지속적으로 대화의 채널을 열어놓게 됩니다.

호기심은 살려주고, 이유를 확인하고, 단서를 파악해 알려주어야 할 영역만 알려주는 방법으로 시도하세요. 성에 대해 이야기를 나누는 열린 상황을 만들었다면 그것으로 충분합니다. 아이는 더 알고 싶은 이야기가 있을 때 언제든지 부모를 찾아오고 부모의 생각을 묻게 되며 부모를 떠올리게 될 것입니다.

섹스라는 한 장면을
부모의 '러브 스토리'로 바꿔주세요

"선생님, 저희 아이가 태권도 학원에 다니는데, 5~6학년 형들에게서 섹스라는 이야기를 들었다고 해요. 그래서 섹스가 궁금해졌고, 심지어 섹스를 검색해서 혼자 19금 영상을 보았다고 하는데, 그 영상이 자꾸 생각난다며 괴로워합니다. 이런 아이를 어떻게 대처해야 할까요? 도와주세요"라며 긴급하게 이메일 사연이 도착했습니다. '섹스라는 단어에 꽂힌' 초등학교 2학년 아들을 둔 어머니가 다급하게 연락을 해온 것입니다.

요즘 아이들은 디지털 성 문화에 많이 노출되고 그 경로가 다양해졌습니다. 뉴미디어의 이용이 많아졌으니 유해 사이트의 노출도 우려될 것입니다. 우리 아이 단속뿐만 아니라 주변 친구들의 또래 문화도 단속해야 하는 것일까요? 아이가 다양한 뉴미디어에 노출되어 우연한 경로로 예측하지 못하게 만납니다. 최대한 막아야 하지만 음란물 노출은 우리 아이만 단속해서 막아낼 수 없습니다. 부모가 보호하면 될 것이라는 생각보다 오히려 일찍 노출될 가능성이 더 높게 존재합니다. 이렇듯 '또래 문화' 속에서 일어나는 사고처럼 우리 아이에게 일어날 수 있습니다.

"저희 아이는 작년까지 참 착하고 공부도 잘했는데 올해는 못된 친구를 만나서 아이가 이상하게 변한 것 같아요." 인과관계를 보면 우리 아이는 괜찮은데 잘못 만난 친구의 탓일까요? 어쩌면 우리 아이가 그 잘못된 행동을 전하는 친구가 될 수도 있습니다. 아니면 정말 친구를 잘못 만나서 아이가 변한 걸까요? 우리 아이가 변해서 잘못된 친구를 만난 것일까요? 어느 쪽도 판단하기 어려운 문제입니다. 음란물에 노출된 경로 자체를 막기 위한 노력도 중요하지만, 우리 아이가 선정적인 문화에 노출되었을 때 어떻게 해야 할까요?

아이의 성적인 문제도 마찬가지입니다. 자극적인 영향을 받게 된 '메신저'에 매몰되지 말고 영향을 받게 되면 '메시지'에 주목할 필요가 있습니다. 어떤 아이에게든 사고는 일어날 수 있습니다. 상황을 빨리 인식하고 아이가 접한 문화에 어떤 성을 받아들이도록 해야 할지 고민하는 시간을 가져야 합니다. 그것이 아이가 노출된 성 문화에서 옳고 그릇된 기준을 스스로 분별하고 세울 기회입니다.

아이들은 언제든 음란물에 노출될 수 있는 환경에서 살아가고 있고, 부모는 보호하기 위한 노력을 다해야 합니다. 스마트폰의 자체 검열 프로그램, 연령 제한, 시청 제한, 계정 관리, 스마트 보안관, 모바일 펜스와 같은 보호와 차단이 되는 실질적인 노력을 해야 합니다. 하지만 그 틈새를 타고 들어오는 사고는 사후 대응으로 전환해야 합니다. 예방하는 것과 다르게 현명하게 극복하고 회복되도록 노력해야 합니다. 음란물 교육은 노출이 되기 전과 후까지 교육이 준비되어 있어야 합니다.

상담실에서 아이들이 음란물에 노출된 사례를 살펴보면 아빠의 스마트폰으로 게임을 하다가 아빠의 계정, 성인으로 로그인된 상태에서 19금 성인물을 만나고 욕설, 비속어, 음란물을 접하게 된 경우가 많이 포착됩니다.

혼자서 유튜브를 보다가 성인물에 노출되는 경우가 늘고 있는데 아이들이 그 수위를 조절하며 시청할 수는 없습니다. 음란물에 노출된다면, 그 잔상이 계속 떠오르게 되어 세고 강한 영상을 만나게 됩니다. 그 후에 괴로워하는 아이도 있고, 감추는 아이도 있습니다. 불안감이나 강박증으로 발전되어 상처로 남는 아이들도 있습니다. 그리고 서서히 잠식되어 중독이나 집착을 보이는 아이들도 있습니다. 부모가 아무리 '괜찮아, 잊어버려'라고 말해도 한 번 받은 충격과 영향은 회복되기까지 꽤 시간이 필요합니다.

아이의 머릿속은 이미 음란물이라는 색깔이 강력하게 칠해졌습니다. 다른 색으로 덧칠하기 위한 노력과 시간이 필요합니다. "영상에서 본 성기가 떠오르고 징그럽고 이상한 상상이 계속 되어요." 음란물을 보게 되면 아이들은 불안감에 사로잡히고 일종의 트리거trigger로 작용되기도 합니다. 충격적인 사고 장면을 목격하거나 공포스러운 일을 겪게 되었을 때처럼 심리적으로 불안감이 커져 외상 후 스트레스 장애처럼 나타나기도 합니다.

그래서 음란물에 노출된 아이들의 징후를 잘 살펴야 합니다. 실제로 외상 후 스트레스 장애로 괴로워하는 아이들을 상담실에서 만나기도 합니다. 부모는 아이가 음란물에 노출되었다면 오랫동안 괴로워하거나 불안할 수 있으니 반드시 전문가의 도움을 받으며 상담으로 회복의 과정을 거쳐야 합니다.

어떤 영상인지 확인해보고 성적 자극을 주었던 영상의 선정적인 이미지를 해체해주어야 합니다. 정신적인 충격을 치료하기 위해서라도 아이가 받아들인 장면을 부모가 다시 해석해주어야 합니다. 아이가 노골적인 장면을 어떻게 받아들였는지 꺼내어 확인해야 합니다. 특히 아이가 힘들어하면 전문가의 도움을 통해 아이가 받은 성적인 그림을 다시 그려주어야 합니다. 이런 과정이 없으면 무의식 속에 오래도록 저장되고, 불안정한 가운데 다시 나타나게 됩니다.

섹스라는 행위로만 채워진 아이들의 마음에 회복을 위해 어떤 그림을 새롭게 그려줄 수 있을까요? 바로 부모의 '러브 스토리'를 들려주는 것이 한 방법이 될 수 있습니다. '러브 스토리'는 '섹스'를 나무가 아닌 '숲'으로 표현하게 만들어줍니다. 정신적인 충격을 받은 아이들에게 동물적인 성의 한 장면을 넓은 관계의 인간의 성으로 그려주어야 합니다. 성기와 성행위로 표현된 영상에 이야기를 넣어주지 않으면 오래도록 그 장면이 머릿속에서 지워지지 않습니다.

섹스가 궁금해서 물어본 아이들에게 섹스라는 행위만 딱 떼어서 설명하려고 하면 음란물과의 큰 차이를 묘사하거나 설명하기가 쉽지 않습니다. 성적 묘사에서 벗어나 사랑의 과정 전체를 보여주어야 합니

다. 아이가 어떻게 태어났는지 그 배경을 전체적으로 설명하는 이야기가 필요합니다. 섹스를 하기 전 어떻게 사랑이 시작되었는지, 엄마와 아빠는 어떻게 만났으며, 설레는 과정은 무엇이었는

지, 연애의 갈등과 사랑 이야기 등 사랑의 마음에 대한 이야기를 들려주는 것입니다.

마치 영화의 한 장면으로 남은 베드신을 사랑의 영화 전체 스토리로 기억하게 하는 시퀀스를 그리는 것입니다. '섹스'를 '러브 스토리'로 확대시켜주면 섹스 장면보다 스토리가 각인되어 '섹스' 장면을 잊게 해줄 것입니다. 결국 충격적인 '생각 덧칠하기'에는 따뜻한 사랑의 '스토리텔링'이 필요합니다. 이제 충격적인 베드신에 머물던 아이가 영화 전체를 로맨스로 볼 수 있도록 시나리오를 들려주세요.

인간이 살아가고 사랑하는 과정에는 섹스만 있는 것이 아닙니다. '탄생'의 전후 과정은 부모가 알려주는 최대 스케일의 성교육이 됩니다. 인간의 성은 '몸'에만 국한되는 것이 아닙니다. 이미 음란물을 통해 보았다면 육체를 포함한 전체적인 성을 그려야 합니다. 우리 아이는 앞으로 성을 누리고 행복하게 살아가야 하는 존재입니다. 비록 음란물에 노출되어 육체적인 '섹스'의 그림을 먼저 보았지만, 사랑과 인간관계와 같은 '전체성'을 부여해주면 앞으로 자신의 삶 속에 성을 어떻게 그려갈지 이해하게 될 것입니다.

PART 2

자녀, 성교육 어떻게 할까?

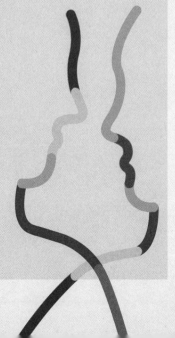

자녀 성교육을 하려면
부모의 성 관점을 먼저 점검하세요

많은 전문가가 자녀의 사춘기(초등학교 5학년~중학교 2학년 시기)를 성교육의 골든타임이라고 주장합니다. 하지만 이 골든타임은 부모들에게 아주 고통스러운 시간입니다. 요즘 말로 자녀는 사춘기, 부모는 갱년기라고 할 만큼 부모들에게는 '현타'가 제대로 찾아오는 시기입니다. 중2병이나 초4병은 괜히 나온 말이 아닙니다. 질병처럼 관심과 신경을 써주어야 하는 때, 사춘기 자녀를 키우는 게 가장 힘들다고 경쟁하듯 말합니다. 매일 감정이 달라지는 자녀와 감정적 대립이 심해지는 시기입니다.

그 중요한 시기를 누구보다 잘 알지만 부모에게는 감정의 여유가 없습니다. 몸도 마음도 점점 무기력하고 지쳐갈 때, 아이들의 입시와 성장 시기가 맞물려 극도의 에너지를 소모합니다. 그래서 사춘기 자녀와 대화를 시작하면 늘 싸움으로 끝나버리기 일쑤입니다. 그러니 아이들에게 부모가 직접 성교육을 한다는 것은 생각보다 어려운 일이 되어갑니다. 중2병을 심하게 앓고 있다는 자녀를 키우는 부모는 한숨을 내쉬며 제게 하소연합니다. "선생님, 이 상황에 성교육을 시키라고요?" 거짓말 조금 보태 '성교육을 사치'라고 말씀하시기도 했습니다.

사춘기 자녀를 키우는 부모들도 성교육의 필요성에 대해 충분히 알고 있습니다. 실제로 아이에게 수시로 성교육을 시키고 싶다는 요청이 부모들에게 많이 들어온다며 기관에서도 성교육 강의를 문의합니다. 그런데 소통도 힘든 시기에 부모가 어떻게 자녀 성교육을 시작해야 할까요? 부모가 성교육을 직접 하려면 그 출발점은 자녀가 아닌 부모여야 합니다. 그러면 '부모가 성교육을 받으라는 말인가요?'라는 질문이 나옵니다. 성에 대해 알 만큼 알고 있는데, 가정을 꾸리고 아이를 낳고 키우는 부모들이 무슨 성교육이 필요할까요? 부모들이 꼭 성교육을 받아야 하나요? 그렇게 하면 자녀 성교육이 되나요?

푸른아우성은 전문가 양성 과정을 수년 동안 운영하고 있었습니다. 이 양성 과정은 많은 성교육 강사와 성 상담사를 배출하는 경로가 되어왔습니다. 이 전문가 양성 과정의 첫 번째 수업이 바로 '나의 성을 점검'하는 것으로 시작합니다. 부모도 마찬가지입니다. 부모의 성을 점검하는 것으로 자녀 성교육을 시작해야 합니다.

성을 교육하려는 교육자로서 선행해야 하는 것은 자신의 성을 돌아보는 것입니다. 그것이 성교육의 올바른 방향을 세우는 길입니다. 이 과정에서 많은 낙오자가 생기고, 성 교육자의 '옥석'이 가려집니다. 방향을 잘못 세워 늪에 빠지기도 합니다. 성을 어떻게 바라보고 있는지 알게 되면 스스로 변화의 필요성을 발견하기도 합니다. 자녀 성교육의 첫 번째는 부모가 성을 어떻게 바라보는지 깨닫는 것입니다.

어느 날 상담실을 찾은 아빠와 아이가 있었습니다. 평소 어떤 관계인지 알아보고자 아빠와 아이에게 장난감을 갖고 함께 놀라고 주문했습니다. 아이는 뛰어다니며 이것저것 장난감에 관심을 보입니다. 아이를 쳐다보던 아빠는 어떻게 놀아주어야 할지 고민하며 서 있습니다. 한참을 보다가 심심했는지 아빠는 아이 옆에서 블록을 쌓습니다. 그리고 아빠는 아이를 몇 번 불러봅니다. "이리 와서 아빠랑 블록 쌓기 하자." 아이는 듣는 둥 마는 둥 로봇에 빠져 혼자 즐겁게 놉니다.

아빠는 아이가 오지 않자 어색해하다가 그냥 혼자서 블록 쌓기를 계속합니다. 한 공간에 둘이 따로 놀기 시작합니다. 그러다 아이가 서서히 블록 쌓기에 관심을 보였는데, 아빠가 그만 아이의 손을 밀쳐냅니다. "그렇게 만지면 안 돼! 블록이 쓰러졌잖아?" 아빠가 원하는 방식으로 블록을 쌓지 않는 아이를 방해꾼으로 몰아냅니다. 아이는 멋쩍어하며 다시 로봇을 가지고 놉니다.

20여 분 동안 아빠와 아이가 노는 장면을 관찰한 것입니다. 아빠와 아이는 잘 놀고 있는 것인가요? 아빠는 아이가 어떤 것을 원하는지, 아이가 무엇에 관심을 갖는지 살피지 못합니다. 아이에게 물어보지 않으니 알 수도 없습니다. 그 짧은 놀이 시간에 아이를 이해하고 알아낼 수 없습니다. 왜냐하면 아빠는 아이와 놀아본 경험이 없기 때문입니다. 그래서 혼자 멋쩍어 블록을 쌓자고 아이를 부르지만 블록이 쌓인 게 아니라 관계의 담이 쌓인 것입니다.

성교육을 처음 하는 부모들은 아이와 함께 놀지 못하는 아빠의 모습을 하고 있습니다. 가장 익숙하고 편한 방식으로 아이에게 성교육을 하는 겁니다. 아이가 반응하지 않자 어색하고 쭈뼛쭈뼛 안절부절못합니다. 그리고 '하지 말아야 할 금기'를 범하기도 합니다. 아빠는 아이가 무엇을 원하는지 물어보지도 않았습니다. 아빠는 성교육을 못해본 경험을 여지없이 드러낸 것입니다.

성교육은 자녀가 성 지식이 부족해 그것을 학습시키는 것이 아니라 자녀와 성을 편하게 나누는 '소통의 시간'이 되어야 합니다. '밥상머리 교육'은 온 가족이 모여 부모와 자녀들이 함께 식사를 하고 식구끼리 자연스러운 소통을 할 때 이루어집니다. 만약 국이 짜다, 맛이 없다, 밥 먹는 자세가 잘못되었다는 훈계와 잔소리로 가득차면 그 자리는 지옥이 됩니다. 그것은 소통의 단절을 만드는 말입니다. 정성스레 밥상을 준비하는 마음, 자녀들의 건강을 위한 부모의 따뜻한 마음이 느껴지는 자리에서 밥을 먹으며 대화하고, 아이들의 이야기를 듣는 밥상에서 이루어지는 교육은 부모가 밥상을 대하는 모습에서 자연스레 배우게 되는 것입니다.

자녀 성교육을 하기 위해서 밥상머리 교육으로 부모가 성을 어떻게 바라보는지, 성을 대하는 태도를 자연스럽게 보여주고 전하면 됩니다. 그래서 성교육을 하기 전에 부모 스스로 성을 바라보는 시각에 대해서 엄격하게 진단해봐야 합니다.

상담실에서 "나는 우리 아이와 잘 못 노는 아빠입니다"라고 한 블록만 쌓던 아빠의 고백이 있은 후, 자녀와 잘 노는 방법을 알려드렸습니다. 부모가 자신의 약점을 인정하니 준비가 된 것입니다. 성교육도 마찬가지입니다. 부모가 성을 제대로 바라보지 못했다고 고백하고 개선하려는 과정이 필요합니다. 부모가 성을 심하게 부끄러워하는지, 터부시하는지, 성에 대해 부정적인 생각을 갖고 있는지, 깊은 상처가 있는지, 성을 대하는 마음이 불편한지, 훈계로만 대하려고 하는 태도를 갖고 있는지 부모의 관점이 확인되어야 성교육의 출발점에 설 수 있습니다.

그리고 그 진단 속에 부모 스스로 감정의 치유가 필요하다고 생각하면 회복 시간을 가져야 합니다. 부상당한 선수는 치료를 마치고 경기를 뛰어야 합니다. 부상을 숨기고 그라운드에 서면 팀은 지고 맙니다. 지금 내면의 가시가 있는 부모라면 치료가 우선입니다. 부모가 아픈 상태로 자녀를 대하면 아이도 상처를 받게 됩니다. 자녀 성교육의 동력은 부모에게서 시작되어야 합니다.

부모가 스스로 '나는 어떻게 성을 바라보고 있을까?'를 치열하게 고민하면 자기 성찰과 철학이 생깁니다. 부모의 건강한 성 의식이 아이에게도 올바르게 작용한다는 점을 잊지 말아야 합니다. 부모의 성 관점이 바로 서면 우리 자녀를 위한 최선의 성교육 방향이 세워질 것입니다.

자녀에게 성'교육'을 넘어 성'생활'을 알려주세요

성교육 강의를 할 때 '성관계를 잘하는 아이로 키우세요!'만큼이나 충격적인 주제가 또 있습니다. 바로 '성교육을 하지 마세요!'라는 주제입니다. 저는 강연을 하면서 종종 '성을 가르치지 마라'는 말을 많이 합니다. 강연을 들으시는 부모들이 놀라서 "그게 무슨 말씀인가요? 성교육을 하지 말라니요?", "저게 성교육 강사가 할 소리야?", "성을 가르치지 않으면 어떻게 해야 해?"라며 의아해합니다. 제가 자녀에게 성교육을 하지 말라는 뜻은 직역하면 성을 '가르침'에 가두지 말라는 말을 반어적으로 표현한 것입니다. 말 그대로 교육에 성을 넣어서 가르치지 말라는 말입니다. 생각해보세요. 성을 가르치려고 하면 얼마나 힘들까요? 성이 학문도 아니고 성을 어떻게 교육적 이론으로 가르칠 수 있을까요?

어느 날 한 보건 교사가 제게 DM(다이렉트 메시지)를 보내주셨습니다. '성교육 시간에는 아이들이 잠만 잡니다. 성교육을 재미있게 할 수 있는 방법이 없을까요? 작가님의 웹툰이나 영상을 보면 재미있게 교육하는 것 같습니다. 재미있는 성교육 방법 좀 알려주세요'라는 메시지에 간절함이 묻어 있었습니다.

저는 아주 간단하게 답장을 보냈습니다. '선생님, 성교육 이론 수업을 하지 마시고 놀이하는 시간으로 꾸며주세요. 분명히 선생님이 재미있으면 아이들도 재미있어 할 것입니다.' 그리고 푸른아우성에서 할리갈리 게임을 본떠 만든 '성교육 할리갈리 카드 게임'을 보내드렸더니 재미있는 성교육 시간이 되었다며 아이들과 함께 찍은 인증 사진을 보내주셨습니다. 인증 사진 속에는 모두 즐거운 시간을 보낸 듯 카드를 들고 장난스러운 표정이 담겨 있었습니다.

성을 가르치면 재미없는 일이 되어버립니다. 아이들에게 성교육을 생물학적 해석과 해부학적 강의로 해버리면 '핵노잼' 수업이 됩니다. 정자와 난자가 만나는 교육을 한다고 하면 아이들의 반응이 상상이 되시나요? 유튜브가 왜 재미있습니까? 교육적인 요소를 빼고, 장난을 치고 재미있는 소통을 하니 너도나도 시청하는 것입니다.

제가 유튜브에 올린 '여성 자위' 웹툰 영상이 현재 600만 뷰를 넘었습니다. 이 영상은 자위에 대한 인식을 바꾸는 목적이기도 했지만, 유튜브에 재미있는 자위 영상이 있으면 좋겠다는 생각으로 만들었더니 반응도 좋게 나온 것 같습니다. 이 영상에는 재미있는 댓글이 달렸습니다. '내가 유튜브로 자위를 배울 줄이야', '성교육도 유튜브로 배우는 세상', '우리 쌤도 교육하지 말고 이 영상을 보여주면 좋을 텐데', '내가 본 성교육 영상 중 제일 재미있다', '아! 자위 영상으로 성교육 떡상 중'.

이 영상은 아이들이 왜 자위를 하고, 자위는 어떻게 해야 하며, 잘못된 자위를 하게 되면 어떤 부작용이 생기고, 건강한 자위는 어떻게 하는지 웹툰으로 쉽고 재미있게 표현했습니다. 그랬더니 자위가 궁금한 청소년들이 재미있다는 평가와 함께 시청을 한 것입니다. 지금도 여전히 청소년들의 반응이 폭발적입니다. 그 영상이 놀이터가 되었으니까요.

그동안 우리는 성을 가르치는 성'교육'을 했습니다. 이론에 담아내는 성교육은 학습에 머문 것입니다. 춤을 추는 동아리에서 춤을 이론으로 강의하면 당연히 지루하지 않겠습니까? 음악에 맞춰 마음껏 춤을 추고, 연습하며 즐기는 것이 진정한 춤을 배우는 매력입니다. 춤은 글로 배우는 것이 아니라 몸으로 배우는 것이 즐거우니까요. 혼자서 유튜브 영상을 보고, 한 번 춤을 따라 하고 스스로 동작을 내 몸에 익혀가는 과정이 춤의 재미에 빠져드는 것 아닐까요? 흔히 '음악에 몸을 맡긴다'는 말은 춤을 글로 배워서는 이해할 수 없습니다.

성교육도 몸으로 배우고 재미있어야 하며 매력이 있어야 관심을 갖게 됩니다. 부모들도 성교육이 엄청난 부담과 압력을 준다고 느낀다면, 지식 교육에서 벗어나 재미있는 성 놀이 방식으로 사고의 전환을 해보면 좋겠습니다. 자녀들과 놀면서 성 이야기를 할 수 있습니다.

사춘기는 '몸의 반응을 직접적으로 느끼는 시기'입니다. 몸의 '성적 반응'을 즉각적으로 확인할 수 있는 시기라고 봐야 합니다. 이 시기에는 당연히 몸의 성장이나 변화가 액티브하게 나타납니다. 그러니 생리, 몽정, 자위, 성 행동에 관심이 가고 그 경험을 자연스럽게 느끼기에 '몸에 맡기는 성교육'을 해야 합니다.

저는 항상 성교육의 문턱이 낮아야 한다고 주장합니다. 누구나 쉽게 할 수 있는 성교육이 되어야 합니다. 그것이 대중성일 것입니다. 설민

석은 따분하고 어려운 역사를 재미있는 예능으로 대중화시켰습니다. 백종원은 요리를 전문가의 영역에서 전 국민이 할 수 있도록 대중화시켰습니다. 성교육도 쉽고 재미있게 대중화가 필요합니다.

'성'이란 단어에 '교육'을 붙여 넣으니 영락없이 성은 '교육해야만 하는 일'이 되었고, 교양이나 다큐가 되었습니다. 부모에게는 '가르쳐야 하는 일'이 되어 무거운 책임이 따릅니다. 이제는 성에서 교육을 빼고 '성'이라는 그 자체로 다가가야 하지 않겠습니까? 공부하는 교양이 아닌 누리는 예능으로 만들어야 즐겁지 않을까요?

성교육은 책 속의 이론대로 적용하기가 어려운 것이 많습니다. 아이를 위해 유명한 성교육 전문가들의 도서와 교육 방식을 적용해보려고 하지만, 아이가 거부합니다. 전문가들의 매뉴얼이나 책에 나온 기준이 막상 자녀에게는 통하지 않습니다. 이런 일이 왜 발생했을까요? 성 학문의 박사님들의 이론이 잘못되었기 때문이 아닙니다. 성을 학습으로 가르치는 방법이 잘못된 것입니다. 성교육 도서들은 대부분 이론서이고 책에는 추상적인 이야기가 많습니다. 글로 배우고 학문으로 다가가는 방식은 아이들에게 어려운 일이 됩니다.

부모가 성을 이해하고 실천하는 방식은 현실 적합성을 가져야 합니다. 성은 지극히 개인적인 것입니다. 우리 자녀에게도 마찬가지입니다. 그래서 성교육은 우리 아이에게 가장 잘 맞는 즐거운 놀이로 만들어야 합니다. 남의 기준으로 적용하는 것은 큰 도움이 되지 않습니다. 성은 개별성이 강하고 그 자체가 살아 있는 것입니다. 우리 아이만이 경험하는 새로운 것을 발견해야 합니다.

아이가 처한 상황에 따라 그 적용 방식이 달라져야 합니다. 변화되는 상황에 맞는 유연성이 필요합니다. 이제 성 지식으로 머무는 것이 아닌 성을 생활의 영역으로 넓혀주세요. 교육은 절대로 성을 포괄하지 못합니다. 일상생활 속에서 배우고 터득하며 유기적으로 삶에 적용하는 과정을 재미있게 알려주세요.

성은 살아가며 터득하는 생활 그 자체입니다. 부모는 자녀가 성생활을 잘할 수 있도록 지혜를 알려주어야 합니다. 교육자의 부담에서 벗어나고 부모가 생활하며 겪어온 경험을 바탕으로 자녀가 앞으로 성생활을 잘할 수 있도록 안내하면 아이들에게 가장 편안하고 즐거운 성교육이 될 것입니다. 자녀를 위해 성'교육'을 넘어 성'생활'을 알려주세요.

온 가족이 보는 TV에서
베드신이 나온다면 헛기침을 하나요?

주말에 가족이 모여 TV 드라마를 볼 때, 갑작스럽게 진한 키스신이나 베드신이 나오면 어떤 분위기가 연출되나요? 갑자기 헛기침하는 아빠, 딴청 피우는 언니, 다해 놓은 부엌일을 서둘러 다시 만지는 엄마 등 온 가족에게 난처한 상황이 만들어지기도 합니다. 물론, 자연스럽게 받아들이는 가정도 많습니다. 하지만 이런 상황이 벌어지면 아이들과 같이 TV 드라마를 볼 수 있을까요? 아마 민망해서 분위기를 전환하려고 할 겁니다.

아이들과 TV 드라마를 보다가 스킨십 장면이 나오면 왜 부모가 자녀의 눈치를 보게 되는 것일까요? '너, 숙제 다 했니? 얼른 들어가서 공부해'라고 아이에게 괜한 타박을 주기도 합니다. 부모의 눈치를 보던 아이들이 민망한 상황이 되어 자기 방으로 들어가기도 합니다. 어느 가정에나 흔히 벌어질 수 있는 일입니다. 물론 최근에는 스마트폰이 생기면서 온 가족이 모여 TV를 보는 일이 줄어들었습니다. 그래서 아이들의 디지털 기기에 민망한 영상을 목격하게 되는 일이 생기기도 합니다.

Mnet 등 음악 프로그램에 나오는 걸그룹의 의상에 부모들은 안절부절못합니다. 교육적인 차원에서 어떤 자세를 가져야 할까? 아이들에게 이러한 미디어 영향이 안 좋을까 걱정이 됩니다. 어떤 부정적인 영향이 있을지 설명은 어렵지만 그냥 제지시키고 싶습니다. 아이들이 한창 재미있게 보고 있는데, '세상이 어떻게 돌아가냐?'며 비판하다가 자칫 문화적 충돌로 번질 수 있습니다. 'TV 보다가 테러당한 느낌'이라고 표현하는 아이들의 마음도 이해가 됩니다.

이때 가장 최악은 민망함을 모면하기 위해 부모가 아이에게 질문을 하는 경우입니다. "너도 키스 해봤니?" 같은 질문을 갑자기 던지는 것입니다. 분위기가 싸해지는 '갑분싸'의 상황을 만들어 분위기를 차갑게 다운시킵니다. 왜 이 상황에서 이런 질문을 하려고 할까요? TV 드라마를 보다가 자녀의 연애사를 왜 질문할까요? 그냥 침묵으로 넘어가도 괜찮습니다. 그런데도 부모는 막장 연설을 시작합니다. "남자는 아빠 빼고 늑대다", "엉큼한 남자들의 수법을 조심해라", "여자가 몸가짐을 조심해야 한다" 등 성인지 감수성을 안드로메다로 날리며 훈계로 마무리하는 일장 연설을 펼칩니다.

자녀들과 TV 드라마를 보며 교육하는 것은 장단점이 존재하지만, 기본적으로 피하는 것이 좋습니다. 물론 부모는 키스신이나 베드신을 보는 아이가 어떤 생각을 갖고 있을지 궁금합니다. 자리를 피해버리는 아이, 아무렇지 않게 뚫어지게 쳐다보는 아이, 무슨 생각을 하는지 알 수 없는 아이, 보는 내내 낄낄거리며 웃는 아이, 베드신이 이상하고 더럽다며 소리치는 아이, 민망해서 채널을 돌리는 아이 등 반응도 각양각색입니다.

이것은 성적인 장면을 본 아이들의 반응입니다. 놔두세요. 자녀들은 부모만큼 이 상황을 별로 중요하게 생각하지 않을 수도 있습니다. 부모의 우려만큼 아이들은 영향을 받지 않습니다. 그러니 질문을 하거나 그 상황에서 교육하는 부모는 오히려 점수를 깎아먹는 행동을 하는 것입니다.

이 상황에서 부모는 어떻게 대처하면 좋을까요? 아니, 키스신이나 베드신을 보며 대화하는 것은 부모로서 대단히 어려운 일입니다. 아이들마다 차이도 크고, 가정의 정서도 중요합니다. 부모가 준비가 되어 있지 않다면 그냥 모르는 척하거나 못 본 척 넘어가는 것입니다. 키스신이나 베드신이 나올 때 부모는 신경 안 쓰는 척하고 지나가는 것이 현명합니다.

부모가 나서지 않고 오버하지 않으면 그냥 흐르게 됩니다. 이 상황을 바라보는 자녀들이 느끼고 판단하도록 그냥 기다리고 내버려두는 것이 좋습니다. 부모는 아이를 보호하고 아이의 안전을 보장할 의무가 있습니다. 하지만 TV 드라마를 보면서 그렇게 할 필요는 없습니다. 가정마다 각양각색의 상황을 마주할 것입니다. 그냥 거리를 두고 내버려두는 센스가 필요합니다.

성교육에도 이러한 부모의 센스가 필요합니다. 스킨십이나 자녀의 연애에 대해 이야기를 꼭 나누고 싶다면 TV 드라마가 끝나고 나서 하는 것이 좋습니다. 평소 성에 대한 이야기를 자주 하는 것도 아닌데,

TV 드라마를 보면서 이야기를 해서 더 나쁜 상황을 만들 필요가 없습니다.

자녀와의 성적인 대화는 TV 드라마의 러브신을 보고 단편적으로 나눌 수 없습니다. 아이들은 그런 부모가 폭력에 가까운 일방적인 분위기를 만들었다고 기억할 것입니다. 부모가 한 행동은 오래 기억될 것입니다. 아이들에게 부정적인 부모로 기억되길 원하시나요? 자녀와 성 이야기를 하고 싶다면 다른 분위기에서 다른 대화로 시작해보세요.

성적인 대화는 '타이밍'이 굉장히 중요합니다. 갑자기 부모가 성 이야기를 꺼내면 자녀들은 방어적인 자세를 취하거나 그 상황을 모면하려는 경우가 많습니다. 교육의 역효과만 불러오게 됩니다. "몰라, 물어보지 마!", "왜 그런 걸 물어?", "싫어!" 같은 대답이 돌아오기 십상이지요. 결과적으로 부모와 성적인 대화를 거부할 수도 있습니다. 어렸을 적부터 자녀와 성적인 대화가 이루어지지 않았다면 더욱 주의해야 합니다.

성적인 대화가 잘 이루어지는 가정에서도, 앞으로는 TV 드라마를 매개로 시작되는 자녀와의 성적 대화는 꼭 분리해주세요. 자신의 문제를 들추는 방식으로 자신의 이야기가 주목되는 것을 싫어합니다. 기다리고 지켜보세요. 제발 센스와 타이밍을 겸비하고 나서 아이들과 문화를 교류하면 좋겠습니다. 항상 TV 드라마가 문제가 아니라 부모의 간섭이 문제가 됩니다.

자녀와 성적 대화를 시작하려면 아이의 마음을 두드리는 노크가 필요합니다. 성적 대화의 노크는 '타자화'하는 것입니다. 3인칭 시점으로 다른 아이의 이야기로 대화를 시작하는 것입니다. '엄친딸'이나 '엄친아'를 등장시키면 됩니다. 내 이야기가 아니라 '걔가 말이야', '엄마 친구 아들이 있는데', '엄마와 친한 아줌마 딸이 있는데'와 같이 다른 사람의 이야기가 나오면 일단 방어적인 자세를 풉니다. 타자화를 통해 자녀에게 하고 싶은 말을 하면 자녀의 부담이 줄어듭니다. 그것은 자녀의 경계를 풀 수 있는 기본 조건입니다. 일단 급한 대로 부모의 마음을 전할 수 있습니다.

상담을 할 때도 마음이 닫힌 아이들과 이야기하는 것은 쉽지 않습니다. 낯선 선생님과 냉랭한 분위기를 깨는 '아이스 브레이크ice break' 타임에서 다른 친구들의 사례를 들려주면서 대화를 시작합니다. 그러면 아이들은 집중하고 경청하며 그 친구의 입장에서 대화에 자연스럽게 참여합니다. 자신의 이야기는 부담스럽지만 타인의 이야기는 다른 시선으로 보게 만들어 대화가 가능해집니다. '타자화'를 통한 말 걸기는 예민한 사춘기 아이들과 소통하기 위해 천천히 다가갈 수 있는 '전지적 자녀 시점'의 방법입니다.

> **TIP**
>
> 뉴미디어 이용률이 높아져 부모와 자녀가 함께 TV를 시청하는 일이 줄어들고 있고, 한 공간에 앉아 있어도 서로 다른 미디어를 시청하는 세상입니다. 정말 '어쩔TV', '저쩔 냉장고'입니다. 그만큼 디지털 기기의 편리함을 누리고 있지만 소통은 더욱 어려워지고 있습니다. 자녀에게 말 걸기가 어려운 상황이라면 부모의 진심을 담아 톡 메시지를 보내보는 건 어떨까요? 대화가 이어지지 않아도, 답장이 없더라도 실망하지 않고 다시 한번 시도해보세요. 분명한 사실은 시간이 흐르면 메시지 읽기 '1'은 사라질 테니까요.

자녀의 연령에 맞는
성교육을 계획하세요

성교육은 태어나면서부터 하는 평생교육이라는 말이 있습니다. 앞에서 언급한 성교육의 시기를 유아기로 말한 것은 아이가 성장하며 받기 알맞은 시기를 제시한 것일 뿐 성교육은 인간의 성장 속에서 끊임없이 필요합니다. 성교육을 청소년기 호기심이 왕성할 때만 맞추어 교육하는 것이 아니라 인간이 살아가는 평생에 필요한 교육입니다. 성은 어른이 되어서도 공부해야 하고, 어떤 시기가 정해져 있지 않으며, 언제나 공부할 때 효과적이라는 말입니다.

하지만 성을 공부한다는 말이 얼마나 추상적입니까? 현실적으로 아이들에게 성교육을 매일 학원에 가듯이 과외를 시키듯이 할 수는 없습니다. 더군다나 성교육은 효율성이 중요한데, 일상에서 자연스럽게 해야 합니다. 그래서 성교육 방향을 세우는 것이 쉽지 않습니다.

우리는 운전할 때 내비게이션에 목적지를 설정한 후 운전을 합니다. 참 편리해졌고, 안전하고 빠르게 목적지에 가기 위한 최선의 방법입니다. 자녀 성교육도 목적지를 먼저 설정해야 합니다. '아이가 이런 성의식을 가졌으면 좋겠다'라는 부모의 철학이 담긴 목적지가 있어야 자연스러운 성교육이 이루어질 수 있습니다. 물론 부모가 바라는 대로 간다면 좋겠지만, 아이들의 자율적인 선택에 맡겨야 합니다.

부모는 목적지를 설정해놓고 안내하는 것이 좋습니다. 여러분이 원하는 목적지는 어디입니까? 저는 제 딸의 목적지를 안전하고 건강하고 즐거운 성의 주인이 되도록 설정했습니다. 추상적이지만 이러한 철학이 성교육에서는 설정되어야 합니다.

아이가 스스로 삶을 운전할 때 부모의 역할은 내비게이션처럼 선택지와 방향을 안내하는 것입니다. 자녀의 연령에 맞게 목적지로 가는 경로마다 안전한 길을 안내해주는 것입니다. 우리 삶은 성장 시기와 연령에 따라 안내하는 방법이 다르기 때문에 자녀의 연령별 성교육 맞춤 가이드라인이 필요합니다. 자녀의 성장에 따라 거시적인 안내와 미시적인 안내가 필요합니다.

유아기(3~5세)는 오감 교육이 필요한 단계로 부모가 직접 방향을 세워주고 따르게 합니다. 아동기(6~12세)는 감정 교육이 필요한 단계로 아이 중심으로 성교육이 옮겨갑니다. 감정을 표현하게 하고 그것을 존중해줍니다. 청소년기(13~16세)는 체계적인 전문가의 성교육이 필요한 단계로 몸과 문화에 맞는 맞춤 성교육이 필요합니다. 예비 성인기(17세 이후)는 스토리텔링과 토론 교육으로 성의 세계관을 키우고 성찰이 필요한 단계로 스스로 판단하도록 다양한 기준을 만드는 토론이나 담론이 필요합니다.

이상은 연령에 따라 제시되는 다양한 성교육의 큰 방향입니다. 물론 아이마다 성격과 기질, 성향에 따른 개인차도 있습니다. 그것을 감안해 자녀의 연령에 맞는 방법을 찾고 그에 맞게 설정해갑니다.

유아기는 아이 교육보다 부모 중심 교육에 초점을 맞춰야 합니다. 유아기 자녀를 둔 부모에게는 앞에서 말한 대로 부모 성교육이 선행되어야 합니다. 부모 성교육으로 유아 발달 단계에 따른 이해와 교육이 필요합니다. 그래서 우리는 유아를 직접 성교육하지 않습니다. 아이를 누구보다 잘 알고 있는 부모들을 교육시켜 육아와 병행하며 성교육을 할 수 있도록 지침을 드리고 안내합니다.

유아기는 부모의 사랑이 온몸으로 전해지는 '애착 시기'입니다. 부모가 신이 나고 즐거우면 그 느낌만으로 덩달아 아이도 기분이 좋아집니다. 그래서 유아기 오감 발달은 성에 대한 애착과 긍정성을 키워줄 수 있습니다. 부모 곁에서 사랑받고 있다는 느낌을 충분히 받도록 오감으로 퍼부어주셔야 합니다.

아동기에 접어들면 아이 중심으로 성교육이 전환됩니다. 아이들의 성적 발달이 아동기에 완성되는 것으로 보았던 정신분석의 창시자 지그문트 프로이트는 이 시기를 가장 중요하게 생각하고 연구했습니다. 심리 성적 발달 단계는 구순기, 항문기, 남근기(성기기), 잠재기, 생식기의 5단계로 이루어집니다. 각 시기마다 독특한 성적 발달이 이루어져 그에 맞는 소통이 필요하고, 정서와 성적 발달에 따라 자녀들의 다양한 성적 표현을 받아주어야 합니다.

본격적으로 성 지식과 체계적인 전문가와 성교육 강사의 교육은 초등학교 4학년(11세) 이후에 받는 것이 좋습니다. 오히려 주입식 교육이 잘 맞을 수 있습니다. 호르몬이 급속도로 나오기 때문입니다. 이때는 가만히 놔두어도 성을 찾게 되는 연령입니다. 푸른아우성은 4학년 2학기부터 초등학교 고학년을 성교육 적기로 소개합니다. 호르몬 샤위를 받고 있는 아이들에게 성 지식 교육과 문화 교육이 선생님을 통해 먼저 선점되도록 교육을 권장합니다. 그래서 절대로 음란물에 중독되지 않도록 하고 건강한 성 의식의 기초를 먼저 쌓아야 합니다.

그리고 좋은 모델링과 멘토의 역할이 필요하므로 푸른아우성은 성교육 전문가 선생님이 소그룹 맞춤 성교육으로 아이들의 교육을 진행하며 성 지식과 다양한 역할을 제시합니다. 이때는 부모가 학교 성교육 외에 이러한 전문 성교육을 받도록 여건을 만들어주면 좋습니다. 부모도 가정에서 아이들과 본격적으로 대화를 할 수 있는 시기이므로 자녀를 성적인 존재로 인정하고 존중하는 마음을 첫 번째로 갖춰야 할 것입니다. 그것이 자녀의 나이와 시기보다 중요합니다.

10세 전후가 되면 성 지식에 대해 이야기할 수 있습니다. 유튜브에서 초등학교 저학년부터 고학년 아이들의 성교육법을 찾아보면 어떤 단어 사용과 어떤 방식이 괜찮은지 대략의 통계 기준을 알 수 있습니다. 그런 언어 사용이나 방식을 참고하고, 아이가 묻는 질문에 부모가 인터넷의 위키트리나 검색창으로 '성'이라는 단어를 찾아주어도 좋습니다. 행여 검색하다가 발생할 수 있는 위험을 설명하며, 뜻이나 의미를 아는 것도 중요하지만 알아가는 경로도 중요하다는 사실을 교육합니다.

청소년기는 초등학교 고학년부터 시작해 중학교에 이르는 아이들의 라이프 교육이 이루어지는 시기로, 학교라는 울타리 안에서 사회성을 기르고 경쟁을 배워가며 자기 통제와 공감 속에 지켜야 할 질서와 경계를 배웁니다. 공공의식, 사회적 인식, 성평등 교육을 하기 적절한 세계관이 형성되는 시기입니다. 또래 문화와 소속감이 중요하게 형성되고, 남의 시선에 민감해지는 시기입니다. 성적인 호기심은 초등학교 저학년 때부터 급격히 발달되어 청소년기에 이르기까지 다양하게 나타납니다.

성에 대한 탐구심이 생기고, 타인에 대한 궁금증이 높아집니다. 성적인 욕구가 늘어나서 반드시 바깥에서 몸의 에너지를 풀어내는 시간이 늘어나야 합니다. 몸의 발달과 함께 몸으로 집중되는 시기이므로 운동이 병행되도록 여건을 만들어주어야 합니다. 부모가 교육하기 힘들어지고 성교육을 전문적이고 체계적으로 받아야 하는 중요한 시기입니다.

예비 성인기는 부모가 직접 학습시키기보다는 '네 생각은 어떠니?'라고 말 걸기로 소통하는 시기라고 생각하면 좋겠습니다. 부모가 아이의 생각을 확인하는 정도의 언어적 소통을 통해 교육을 해야 합니다. 훈계와 금기가 아니라 성인이 되어가며 해결책을 스스로 찾고 책임지도록 해야 합니다. 그래서 우리는 교육 방식도 주로 토론 교육과 토크콘서트 형태로 진행합니다. 강의 교육도 1:1 교육이나 인터뷰 형태의 교육이 효과적입니다.

문제적 상황에 놓이기 전에 그 상황에 대해 고민하고 아이들이 스스로 결론을 낼 수 있도록 지지하고 격려하며 도와줍니다. 질문하는 사람이 되어 아이들의 생각을 듣는 연습이 부모에게 필요합니다. 이제 자녀와의 대화에서 경청이 필요한 시기입니다. 가정에서 자녀들과 성토론을 할 수는 없지만, 아이를 신뢰하고 존중하며 질문하고 경청하는 부모가 되길 바랍니다.

부모의 '꼰대 의식'이
'성적 대화'를 방해합니다

"부모에게서 어떤 성교육을 받았나요?" 부모들에게 이렇게 물으면, 대부분 '성교육을 받은 적이 없다'고 대답합니다. 우리 부모들의 삶을 떠올려볼까요? 그들은 오직 생존하기 위해, 즉 먹고살기 위해 생계를 책임지고 가정을 지켜오신 분들입니다. 산업화와 민주화의 이데올로기 속에 삶이 팍팍했기 때문에 자녀를 엄격하게 양육하며 통제했습니다. 이들에게는 생존 외에 다른 선택권이 없었습니다. 그러니 자녀에게 성교육을 시킬 만한 여유가 없었습니다. 부모는 성교육보다 자녀의 생존을 위해 희생한 것입니다.

부모의 보수적인 성적 가치관 속에 자란 우리는 자연스럽게 그분들의 방식을 대물림 받았습니다. 그것은 부정할 수 없는 시대의 얼굴입니다. 어느새 우리도 부모가 되어 아이를 양육하게 되었습니다. 우리 안에 자리 잡은 성적 가치관과 기준으로 아이를 키우게 된 것입니다. 아이를 위한다는 행동이 오히려 자녀를 위축시킵니다. 그리고 나의 얼굴에 부모의 얼굴이 '오버랩'됩니다.

우리 안에 우리 부모의 가부장적인 양육 방식이 존재하는 것입니다.

그리고 가장 엄격하고 금기시했던 방식이 나도 모르게 튀어나옵니다. 그것은 우리의 성 의식 속 '성적인 꼰대'입니다. 꼰대라는 말에 거부감을 느끼겠지만, 우리 내면에는 성적인 꼰대가 존재합니다. 인정하기 싫지만 우리는 인정해야 하고 자녀에게 꼰대로 비춰지는 부모가 될 수 있습니다. "나는 우리 부모처럼 아이를 키우지 않을 거야!" 이렇게 이야기를 하지만, 그토록 싫어하면서 거부했던 부모의 모습을 답습하고 있습니다.

한동안 SNS에서 회자되었던 '꼰대력 테스트'가 있습니다. 저도 이 테스트를 해보니 영락없는 꼰대로 나왔습니다. 꼰대가 나쁘다고 생각하지는 않습니다. '라떼는 말이야'라며 매일 라떼를 마시고 있지만, 성적 꼰대의 모습이 자녀 성교육에 어떤 영향을 미치는지 생각해볼 필요는 있습니다. 우리 내면 깊은 곳의 성적 꼰대 의식을 확인해보세요. 어쩌면 그런 의식이 자녀를 양육하면서 영향을 받지 않았는지 고민해봐야 합니다.

딸과 함께 레고 놀이를 하고 있었습니다. 뜬금없이 딸이 물었습니다. "엄마는 없는데, 아빠는 왜 겨드랑이랑 고추에 머리카락이 있어요?" 그 순간 저는 어떻게 했을까요? "여기에 7번을 꽂아야지. 잘못되었잖아, 다시 해봐." 딸이 레고 순서를 제대로 맞추지 못한 것을 지적했습니다. 왜 그랬을까요? 왜 아이의 대답은 듣지도 않고 내 말만 앞섰던 것일까요? 대답하는 것이 어렵지 않았는데 저도 모르게 익숙하고 편한 언행이 튀어나옵니다. 내 속의 성적 꼰대가 무의식 속에 예고 없이 튀어나옵니다.

부모가 아이의 행동이 마음에 들지 않을 때 무조건 나무라지는 않았는지, 자녀의 마음을 헤아리기보다 지적할 것을 찾고 잔소리를 퍼부었는지 한번 생각해보시면 좋겠습니다. 특히, 자녀의 성에 대해 나도 모르게 보수적으로 접근하지는 않았을까요? 왜 이런 성적 꼰대가 나타나는 것일까요? 우리는 부모에게 속마음을 제대로 털어놓은 적이 없었습니다. 부모에게 마음 아픈 일을 털어놓기보다 숨기는 게 더 쉬웠던 것입니다. 부모가 더 힘든 것 같아 나의 마음을 열지 않은 것일 수 있습니다.

성은 가장 깊이 있는 마음을 꺼내는 일입니다. 부모가 아이의 마음을 받아줄 준비가 되어 있지 않으면, 꺼내어 나누기 힘든 것이 바로 마음이 담겨 있는 성이라는 글자입니다. 부모가 아이의 성 고민을 알아보지 못하면 어린아이일수록 마음의 상처를 받게 됩니다. 그리고 부모 안에 맴돌며 인정받으려고 떠나지 않는 아이는 마음의 상처를 받습니다. 우리는 아이들의 마음을 이해하지 못하는 꼰대가 된 것은 아닐까요?

"엄마랑 대화가 너무 안 통해요." 중학생 성교육 캠프를 진행할 때 아이들에게서 가장 많이 들었던 말입니다. 부모와 소통이 안 된다고 말하는 아이들은 어쩌면 부모와 소통하기를 간절히 바랐을 것입니다. 자녀와 소통을 원하지 않는 부모는 없습니다. 다만, 그것을 가로막는 장애물이 있을 뿐입니다.

성교육도 마찬가지입니다. 가정에서 성교육을 할 때 부모가 소통이 되지 않으면 아이들은 대화를 포기합니다. 아이들은 권위적이거나 구태의연한 사고를 강요하는 부모와는 대화를 꺼립니다. 부모가 자녀의 성교육을 원한다면, 자기 안에 있는 꼰대 의식을 점검해봐야 합니다. 자신이 꼰대라는 것을 인정하는 것이 아이와 소통하는 첫걸음입니다. 그렇게 되면 자녀의 입장에서 생각할 수 있는 계기가 생겨 대화가 시작됩니다.

저는 '성 문제 행동'을 보인 자녀를 상담하기 전에 부모를 먼저 만나서 상담합니다. 그리고 부모의 어린 시절로 돌아가서 그들의 꼰대 의식을 확인합니다. 사실 자녀의 성 문제 해결보다 어려운 것은 부모의 꼰대 의식을 확인하는 것입니다. 꼰대 의식이 강한 부모는 상담사가 제시한 솔루션을 받아들이지 못하고 자신이 생각한 결론을 내립니다. 긍정적인 해결책이 나와도 실천하지 못하면 아이의 회복은 더딜 것입니다. 그 책임은 전적으로 부모에게 있습니다.

"엄마는 저를 못 믿어요. 언제나 그랬거든요." "아빠는 제 말을 안 믿을 거예요." 아이를 걱정하고 아이가 잘되게 해주겠다는 말 뒤에 숨겨진 부모의 절대적인 신념이 오히려 문제 해결을 방해하고 자녀에게 큰 상처를 줄 수 있습니다. 부모의 그 신념에 압도당한 아이들의 모습을 볼 때 정말 안타깝습니다. 이제는 오래도록 무의식중에 간직했던 꼰대 의식을 마주하고 인정해야 합니다. 이것은 전적으로 부모의 선택에 달려 있습니다. 꼰대임을 인정하는 순간, 부모는 더이상 꼰대가 아닙니다. 아이는 여전히 부모에게 인정받고 싶어 할 것입니다.

〈금쪽 수업〉이라는 TV 프로그램에서 오은영 박사가 언급한 미국 버클리대학의 애착 이론 연구가인 메리 메인Mary Main 교수의 애착 이론 연구를 위해 실시한 '성인 애착 유형 검사'는 굉장히 유의미한 대물림의 연구 결과를 보여주고 있습니다. 성인들에게 36가지 질문을 해서 답하는 검사로 광범위한 사람들을 연구했습니다. 그런데 부모와 어린 시절에 맺었던 상호 작용이나 애착 관계 형성이 자신이 부모가 되어 자식과의 관계에 전달되는 정도가 80~90%로 충격적인 결과가 나왔습니다.

즉, 생후 12개월부터 4세 사이에 부모가 아이를 어떻게 양육했는지에 따라 형성된 애착 관계나 부모와 상호 작용으로 '고정된 애착 패턴'을 형성하게 되었습니다. 그 후에 고정된 애착 패턴이 자신이 성인이 되어서도 대인 관계에서 나타났으며, 실제로 부모가 되어서 비슷한 양상과 행동으로 나타나 양육의 '대물림 현상'을 이론적으로 확인해주었습니다.

학대를 받던 아이가 부모가 되어 자신의 아이를 학대하는 모습이 뉴스에서 흘러나오면 우리의 마음은 무겁게 짓눌립니다. 우리 사회에서 보호되어야 할 아이들과 치료가 필요한 부모에게 '뼈를 깎는 과정'이 필요하고 잘못된 대물림을 끊어내야 하는 노력이 있어야 하기 때문입니다. 성교육과 성 상담에서도 이러한 대물림 애착 형성에 대한 단서가 곳곳에서 발견됩니다. 결국 부모의 문제, 애착 형성의 과정, 히스토리 테이킹history taking에서 나타나는 병적인 역사는 모두 부모에게서 시작되었습니다.

성 상담을 진행하면 문제 행동을 보인 아이의 상담만큼 비중 있게 부모의 상담이 반을 차지하는 것도 그러한 이유입니다. 결국, 애착 형성에서 부모의 문제가 아이의 문제로 발견되는 경우가 많습니다. 이는 곧 가정 전체의 문제가 되기도 합니다. 그래서 이 문제는 부모의 노력 여하에 따라 전환될 수 있습니다. 아이와 소통의 단절에서 다시 문을 여는 방법은 부모의 수용과 변화에서 시작될 수 있습니다. 당신 안에 성적 꼰대가 있습니까? 당신은 얼마나 자유롭게 벗어나고 있습니까?

아이는 부모의 성적인 의식에 영향을 받습니다. 우리에게는 이 성적 꼰대를 끊어내기 위해 뼈를 깎는 치열한 몸부림과 노력이 필요합니다. 결국 이러한 성적 꼰대가 우리 아이들에게 영향을 줄 것입니다. 그래서 아이 교육보다 부모 교육이 중요하며 부모가 더 노력해야 하는 것입니다. 아이들에게 꼰대 의식이 대물림되지 않고 고정된 성의식을 물려주지 않기 위해 오늘 저와 함께 발버둥치실까요?

'살리는 성'을 전해주는 방법은
티칭이 아닌 코칭입니다

아이들과 이야기를 하다 보면 다양한 감정의 온도를 느끼게 됩니다. 그리고 여전히 해갈되지 않은 욕구는 다른 방법으로 해소하고 있습니다. 스트레스를 제대로 해소하지 못해 감정의 혼란을 겪는 아이들은 그 상한 감정을 성적인 행동이나 호기심으로 표출하고 그로 인해 죄책감을 느낍니다. 이 감정의 악순환이 계속 돌고 돕니다. "살려주세요, 선생님. 저는 살고 싶어요." 몇 번이고 읽었던 이메일의 제목입니다. 자위행위에 대해 죄책감을 가진 아이가 제게 보낸 이메일의 제목인데, 왜 그렇게 오래 기억에 남는지 가끔 생각납니다.

죽음의 공포는 생명이 위태로울 때만 느끼는 것이 아닙니다. 감정이 상하거나 감정을 다스릴 수 없을 때, 자존감이 바닥을 치는 아이들은 그 순간 마음의 죽음을 경험하게 됩니다. 부모와 갈등이 심해져 감정의 혼란을 겪을 때, 입시 위주 공부의 압력 속에서 숨 쉴 곳을 찾지만 기댈 수 있는 곳이 없습니다. 그래서 쉽고 빠른 위로를 얻고자 차가운 디지털 공간으로 향합니다. SNS나 게임 등에서 휴식을 기대하지만 잠깐의 재미가 지나면 더 많은 결핍과 공허함을 느낍니다. 스트레스가 해소된 것이 아닌 잠시 뒤로 미뤄둔 것입니다.

디지털 공간의 성은 더욱 큰 자극으로 쾌감을 주는 것 같지만, 결국 아이들의 마음을 병들게 합니다. 아이를 위로하고 살려주는 것 같지만, 사실은 아이의 마음을 갉아먹고 있습니다. 이제 괴로움을 호소하는 아이들에게 앞으로 겪게 될 수많은 일에 당당하게 맞설 수 있는 마음을 코치해줄 수 있어야 합니다.

마음이 온전하게 서기 위해 잠시 숨을 고르며 나의 문제를 객관적으로 봐야 합니다. 이를 '마음의 도움닫기'라고 표현합니다. 더 높이 날기 위해 숨을 고르는 준비 과정입니다. 그런데 이 과정이 교육이라는 틀에 갇히면 안 됩니다. 이러한 마음의 도움닫기는 가르치는 것이 아니라 다가가서 안내해주어야 합니다. 부모는 아이가 더욱 단단하게 자신의 삶을 바르게 살도록 돕는 역할, 즉 티칭teaching이 아니라 코칭coaching을 해야 합니다. 코칭은 가르치는 것이 아닌, 알려주고 안내하는 것입니다. 그것은 교육의 영역이 아니라 관리의 영역입니다. 코칭은 마음을 훈련시키는 것입니다. 다양한 마음의 상처를 받았을 때 부모가 이겨냈던 경험이나 도움닫기를 알려주는 것입니다. 아이가 쓰러져 있는데 부모가 가르친다고 일어서지 않습니다. 어떻게 일어서는지 그 방법을 알려주어야 합니다.

배고픈 아이가 밥 달라고 부모를 찾습니다. 차려주지 못할 때 아이에게 요리법을 알려주면 아이는 스스로 요리를 할 수 있습니다. 부모 없이 요리를 할 수 있는 아이로 만들어주면 아이는 배를 곯지 않습니다. 이것이 코칭입니다. 디지털 문화 속에서도 코치의 역할은 필요하며, 이를 통해 우리 아이들은 홀로서기가 필요합니다. 부모는 디지털 공간을 몰라도 아이들을 코칭해줄 수 있습니다. 합리적으로 비판하고 판단하는 기준을 보여줍니다. 아이들이 이것을 참고해 판단하는 모습을 스스로 찾아갈 것입니다.

디지털 환경에서 아이들은 수많은 성 콘텐츠를 접하게 될 것입니다. 그때마다 판단하고 결정해야 하는데, 이때 작용하는 것은 성 지식이 아니라 성을 제대로 인식하는 힘입니다. 그 힘은 어려서부터 부모의 코칭을 통해 기를 수 있습니다. 때로는 친구들에게 끌려가거나 순간적인 충동에 이끌려 잘못된 선택을 할 수도 있습니다. 또, 온라인 세상의 권력 앞에 굴복할 수도 있습니다. 하지만, 성을 제대로 인식하는 힘이 있는 아이는 다시 원상복구를 위해 방법을 찾을 것입니다.

이러한 회복 의지는 자존감과 자신의 기준에서 비롯될 것입니다. 자신의 기준은 수많은 시행착오 속에 만들어진 결정체입니다. 디지털 시대의 주인으로 냉정한 판단을 할 수 있는 능력은 수많은 실패 속에 쌓인 결과입니다. 부모는 아이들이 그 실패를 인정하고 일어서는 힘을 발휘하도록 코칭해주는 것입니다.

하지만, 아이들은 성장하는 과정에서 두려움과 불안에 빠집니다. 두려움을 용기로 바꾸는 힘은 굉장한 능력입니다. 다시 할 수 있게 도와주세요. '헬프 미help me'를 외치는 힘은 그만큼 도움을 간절하게 원할 때 나옵니다. 위기에 빠졌을 때 살고 싶다고 외칠 수 있는 용기야말로 우리 아이들이 꼭 가져야 할 자세입니다. 아이들이 용기를 가질 수 있도록 부모가 어떤 한계 없이 코칭을 해야 합니다.

디지털 환경은 불법적인 방법도 합법적으로 포장해줍니다. 하지만 그것은 잘못된 포장일 뿐입니다. 결국 아이들을 죽이는 것입니다. 이

때, 아이에게 '살리는 성'을 가르쳐야 합니다. 부모에게 혼날 것 같아 망설이지 않도록, 위기 속에 탈출하려고 부모에게 도움을 요청하는 용기 있는 사람이 되었으면 좋겠습니다. 아이들의 의식을 죽이는 디지털의 성에 맞서는 것은 부모의 '살리는 성'입니다. 오늘 우리 아이를 보며 어떤 말을 하셨습니까? 아이들의 마음을 읽어주셨나요? 아이들이 살아야 합니다. 텐션tension을 올려주는 격려가 아까우신가요? 지금 살리는 언어로 부모가 직접 아이의 마음을 코칭해주세요.

"오늘 힘들지 않았니?"

"오늘도 수고했어."

"오늘 재미있는 일이 있었니?"

"오늘은 마음이 어떠니?"

"아들아, 네가 좋으면 좋겠어."

"딸아, 장점을 많이 가졌구나!"

"네가 어떤 모습이든 언제나 사랑한다."

"네가 내 아이라서 진짜 가슴 뛰고 감사하고 사랑한다."

"너를 보면 보물이라는 생각이 들어 행복해."

아들의 몽정기를 모르는 체하는
용기 있는 부모 되기

"중학교 1학년 아들이 아침에 일어났는데 속옷이 축축하게 젖었다고 해서 너무 놀랐습니다. 또래에 비해 어리고 아기 같아서 엄마한테도 아직 애교를 떨고 스스럼없이 성에 대해 이야기하는데, 몽정에 대한 이야기를 어떻게 나누어야 할지 난감했습니다. 이런 문제는 아빠가 이야기해주면 좋을 텐데, 아빠는 현재 장기 해외 출장 중이에요. 일단 괜찮다고 속옷을 갈아입으라고는 했는데, 이게 왜 그런 거냐고 물어보니 말문이 막힙니다. 엄마로서 뭐라고 이야기해주면 좋을까요?"

아들에 대한 성 고민이 가득한 엄마의 하소연입니다. 아들에 대한 성 고민은 '발기'와 '몽정'에 관한 이야기가 많습니다. 딸은 엄마가 성교육을 할 수 있다고 하는데 아들에 대한 성교육은 도무지 용기가 나지 않는다고 합니다.

남자아이들은 사춘기에 접어들면 얼굴에 여드름이 나고 콧수염이 거뭇거뭇 나기 시작하며 겨드랑이 털이나 음모가 자라기 시작합니다. 또 정수리에서 호르몬 냄새가 요동치며 2차 성징을 알립니다. 이제 남자에서 남성으로 변화가 시작된 아들은 고환과 음경이 커지기 시작합니다. 다시 말해 생식기가 자란다는 것은 이제 생명을 만들 수 있는 생식 능력이 생긴다는 의미인데, 고환에서 정자가 만들어지기 시작하는 증표입니다.

아이는 성장기에 자신도 모르게 사정 능력이 생겨 몽정night pollution, 夢精, 유정ganacratia, 遺精, 자위masturbation, 自慰를 경험하게 됩니다. 이제 성관계를 한다면 생명을 만들 수 있는 몸으로 완성되어가고 있습니다. 아니 어쩌면 부모도 모르게 생명을 만들 수 있는 준비를 끝마친 것일 수 있고, 그러한 기관을 가진 존재입니다. 이제 그에 맞는 대우를 해주고, 정확히 자기 몸을 이해할 수 있도록 해주어야 합니다. 아이가 성장했다는 것을 부모가 인정해주는 것입니다. 그리고 몸이 성장한 만큼 책임감에 대해서도 이야기를 나눌 기회가 있으면 좋겠습니다. 몸의 성장이 시작되면 마음의 변화도 시작되기 때문입니다. 격변하는 성장기에 가장 혼란스러운 것은 자녀들일 것입니다.

발기력은 아들의 몸이 직접적으로 나타내는 생식 능력입니다. 생식기는 피가 들어왔다 나갔다 하는 기관입니다. 기본적으로 음경도 혈관이라고 생각하면 이해하기 쉽습니다. 혈액이 안 들어가도 안 되고, 계속 차 있어도 문제가 생깁니다. 이 과정을 반복해야 생식기는 균형을 찾으며 생식 능력을 발전시킵니다. 그리고 발기를 통해 건강이 유지됩니다. 발기는 수면 시간에도 예외가 아닙니다. 보통 아이들이 7~8시간을 잔다면, 자는 동안 3~5회 발기되었다가 이완되는 과정을 반복합니다. 주로 발기는 깨어 있는 것에 가까운 얕은 수면 단계에서 일어납니다.

그런데 아이들은 아직 생식 기능이 완전하지 않아서 여러 가지 부조화로 아무 때나 발기되기도 합니다. 스스로 조절할 수 없으니 많은 남자아이가 당혹스러워합니다. 그래서 불쑥 찾아오는 발기에 대해 자신만의 수습 방법을 터득합니다. 발기는 스스로 조절할 방법이 없습니다. 발기가 찾아오면 바로 조절하기 힘듭니다. 발기가 된 이후에 수습할 수 있는 시간이 필요할 뿐입니다. 그 방법을 스스로 터득해야 합니다. 누가 가르쳐줄 수 없습니다. 대부분 아이들은 이런 과정을 스스로 찾아갑니다. 하지만 워낙 미디어에서 발기를 희화화하고 부정적 이미지로 다루고 있어 아이들이 예민하게 반응합니다. 아이들도 발기 자체에 대해 어떻게 생각하는지 정리할 수 있는 시간이 필요합니다.

친구들이 많은 자리에서 갑자기 발기가 되었다면, 어떻게 대처해야 할까요? 우리는 수업 시간에 이 같은 토론을 많이 합니다. 서로 발기에 대해 가감 없이 토론하고 상황을 어떻게 대처하는지 비밀스러운 이야기를 나눕니다. 가정에서 이 같은 방법을 해줄 수 있다면 좋은 효과를 볼 수 있지만, 굳이 엄마가 나서서 하기에는 부담스럽습니다. 부모가 부담을 느끼면 하지 않으셔도 됩니다. 발기를 포함한 성교육의 기회를 찾아주시면 좋겠습니다. 2차 성징의 시기에 발기가 수시로 되기 때문에 성적 자극의 이유나 생식 반응이든 발기에 대해 아이가 스스로 진지하게 생각해볼 수 있는 기회를 만들어주세요.

발기 수습법 중 가장 많이 언급하는 애국가 제창처럼 빨리 다른 생각으로 전환하는 방법이 유용합니다. 어떤 친구들은 가족을 떠올려본다고도 합니다. 무엇보다 우연히 발기가 되면 곤란한 상황에 당황하지 않고 마음을 편안히 가져야 합니다. 큰일이 아니니 창피해하지 않고,

느긋한 마음으로 순간적인 지혜를 발휘할 수 있도록 해주세요. 이렇게 성장기에 수시로 생기는 발기는 청소년기를 지나 나이가 들면서 차츰 없어집니다.

성기에 있는 정액이 밖으로 나가는 현상을 사정이라고 합니다. 흔히 2차 성징에는 이 사정을 자면서 겪게 되는데 이를 몽정이라고 합니다. 사전에는 몽정이

몽정은 무엇일까?

'성숙한 남성이 수면 중에 성적으로 흥분해 사정하는 것'이라고 정의되어 있으나 성적 흥분을 경험하지 않고도 몽정이 되기도 합니다. 아침에 일어나면 속옷이 축축하게 젖어 있는 것을 경험하는데, 낌새를 못 차릴 만큼 양이 적을 수도 있습니다. 양의 차이에 대해서도 걱정하지 마세요. 몽정은 나의 몸이 알아서 작동하는 것입니다. 말하자면 성욕을 자동으로 조절하는 현상입니다.

자신이 직접 성기를 자극해 자위를 하지 않을 경우 성장기에 청소년은 한 달에 2~3회 정도 자연스럽게 경험할 수 있는 생리적 현상입니다. 사춘기에는 몽정이 불규칙하게 나타날 수 있습니다. 물론 몽정을 경험하지 못하는 친구도 있고, 소량의 정액이 흐르는 유정을 더 많이 경험하기도 합니다. 몽정이 어떤 것이라는 예측은 금물입니다. 우리 아이에게 어떤 방식으로 찾아올지 모릅니다.

앞에서 설명한 성적 쾌감 없이 정액이 흘러나오는 유정만 경험하기도 하고, 심한 운동을 하거나 오랫동안 걸으면 흘러나오기도 합니다. 요도를 청소하기 위해 나오는 쿠퍼액이 저절로 흘러나오는 경우를 몽정으로 착각하는 친구도 있습니다.

몽정을 주 2회 이상 빈번하게 하거나 잦은 유정을 경험하면 관찰이

필요합니다. 또 어지러움, 허리와 다리의 통증, 불면증 등의 증상이 동반되면 질병인지 의심해봐야 합니다. 증상이 심하면 전립선염이나 다른 질병으로 나타나기 때문에 반드시 비뇨기과를 방문해 정확한 진료를 받아야 합니다.

자위는 자신의 성기를 스스로 자극하면서 성적 쾌감을 얻으며 사정하는 것입니다. 자위는 자신의 성적인 욕구를 만족시키기 위해 하는 성적인 행위입니다. 성적 자극이 오면 발기가 되고, 성기에 집중되어 성적 쾌감을 느끼고 자위를 하는 것입니다. 물론 남자아이들이 모두 자위를 하는 것은 아닙니다. 정액이 밖으로 나오는 것도 스스로 조절하고 관리해야 하는 것은 당연합니다. 나의 몸 사용법에 대해 자세히 공부하고 알아가는 것이 필요합니다.

또 성장기에는 속옷이 끼어 성기 주변에 통증도 생기고, 좁쌀 모양의 모낭염과 같은 피부염이 자주 생기기도 합니다. 그만큼 신경 써야하는 일이 많아집니다. 몽정기의 주인은 아이가 되어야 합니다. 부모의 간섭과 관심은 접어두고 침묵으로 함께해주세요. 부모의 침묵 속에 아이의 경험치가 올라갑니다.

왜 남자아이들은
성기 크기에 집착할까요?

"선생님. 제가 줄자로 음경 크기를 재보았는데요, 발기되었을 때 길이가 10cm입니다. 유튜브에서 검색하니 여자들이 성적 만족감을 느끼기에는 너무 작은 크기라고 말합니다. 저는 성인이 되면 음경 확대 수술을 해야 할까요?"

이 질문에 아이들의 의식이 모두 담겨 있습니다. 남자아이들의 성고민 중 하나가 바로 성기의 길이, 즉 크기에 대한 고민입니다. 남학생들은 오줌을 누거나 샤워를 하다가 또래 친구들과 성기를 비교해보기도 합니다. 신체 구조상 서로 쳐다볼 수 있으니 비교도 하고 놀리기도 하고 차이점을 알기도 합니다. 이때 성기 크기 때문에 놀림을 당하거나 스스로 실망하고 괴로워하는 친구들이 있습니다. 그리고 열등의식속에 작은 성기에 대해 콤플렉스를 갖게 됩니다.

중학생 아이들과 대화를 하다 보면 성기에 대한 지식이 잘못되거나 왜곡된 성 정보를 믿고 있는 경우가 많은데, 그중 하나가 성기 크기에 대한 정보입니다. 인터넷에 '음경'만 검색해도 곧바로 '음경 확대 수술 광고'가 뜨고, 성기 크기에 대한 콤플렉스로 가득합니다. 이 광고들은 대부분 남성의 트리거가 되어 자존심을 되찾아준다는 기대감을 심어 줍니다. 부족한 것을 채울 수 있다는 희망고문을 만들어버립니다. 결국 남자의 성기 크기는 상업적 마케팅의 도구로 이용되는 것입니다.

남성의 생식기는 대략 만 19세 이후 성인이 되는 시기에 완성됩니다. 한국 남성의 평균 성기 크기는 8cm로, 발기 전에는 7cm, 발기 후에는 11cm 정도라고 알려져 있습니다. 이러한 통계를 잘 살펴보면 출처와 조사기관이 우리나라가 아닌 경우가 많습니다. 실제로 통계 자료가 다른 나라의 비뇨기과학회에서 발표한 자료가 대부분입니다. 남성의 성기 크기를 조사하고 보도하는 곳은 주로 콘돔 회사들이며 설문조사를 통해 발표하는 형식을 띠는데, 임상에서 나온 것이라기보다 다른 나라의 발표를 인용하거나 그 나라의 기준을 그대로 가져오는 경우가 많습니다.

국제표준이라는 것도 아시아인의 기준을 그냥 일본인의 기준으로 삼아 그대로 가져온 경우가 많습니다. 즉, 성기 평균 크기의 실체는 정확한 측정 자료가 아니라는 것입니다. 우리는 그

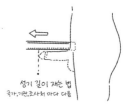

성기 길이 재는 법
국가,기관,조사처 마다 다름

러한 정보를 공신력 있는 기관의 한국 표준으로 알거나 믿게 됩니다. 성기 크기를 재는 방식도 국가마다 다릅니다. 성기 측정에는 명확히 정해진 기준이 없습니다. 음경의 뿌리에서 시작하느냐, 고환의 밑에서 시작하느냐에 따라 차이가 발생합니다. 특히 발기 전과 후의 측정을 어떤 방식으로 하는지 의문이 듭니다. 그래서 현재 한국 남성의 성기 크기가 정해지는 웃지 못할 일이 일어나고 있습니다.

한동안 인터넷과 SNS를 뜨겁게 달군 전 세계 남성의 성기 크기 지

도가 한참 떠돌았는데, 동양인과 서양인의 성기 크기를 비교한 자료를 보면서 이렇게 부실할 수 있을까 하는 생각이 들었습니다. 심지어 동양의 남성 성기 크기로 동양인을 비하하기도 합니다. 조사기관이나 출처도 알 수 없는 이 지라시에 많은 반응이 일어나고 여러 곳에 확산됩니다. 이를 본 남성들은 자존감이 무너지기도 합니다.

우리는 평균이라는 틀에 갇혀 있습니다. 특히 성에 대한 정보를 음성적으로 보게 되니 이에 따른 검증이 제대로 이루어지지 않는 경향이 있습니다. 이런 불분명한 조사기관의 성기 크기를 믿어도 좋은 건가요? 그 기준을 누가 제시한 것인지 자문해야 합니다. 더군다나 이러한 자료들로 자신의 자존감까지 상처받아야 할까요? 타인의 기준에 의해 자신의 몸을 규정하거나 타인과 비교하지 않아도 됩니다.

중요한 사실은 성기의 크기가 성적 만족도를 결정하지 않는다는 것입니다. 이러한 사실을 제대로 모르는 사람이 가짜뉴스나 가짜정보에 피해를 입는 것입니다. 성적 만족감은 성기의 모양이나 크기, 생김새로 크게 영향을 받지 않습니다. 성적 만족도를 결정짓는 것은 다양하고 복잡한 감정, 사람의 관계성, 컨디션, 상황, 분위기, 대화 방법, 지속성, 사정감, 발기력, 후각, 예민한 성감대, 절정에 이르는 교류 등입니다. 우리 아이들이 제대로 알아야 하는 것은 성기 크기와 길이보다 내면적인 성숙입니다.

남성의 성기가 커야 여성이 만족한다는 터무니없는 주장은 근거가 없습니다. 어떻게 만족도를 성기 크기에 좌지우지된다고 생각합니까? 여성의 질은 촘촘한 주름 조직입니다. 이 질 입구와 질 안 주름은 균이나 상처에 강한 산성을 띠는 점막으로 탄력성을 지닙니다. 평소에는 바람이 빠진 풍선처럼 주름이 맞닿아 있다가 성관계를 하거나 아기를 낳을 때에 늘어납니다. 여성의 질은 남성의 성기가 크든 작든 담아낼 수 있습니다.

질의 수축과 이완은 성기가 크든 작든 전혀 상관이 없습니다. 오히려 성기가 너무 길거나 피스톤 운동을 강하게 하면, 자궁 입구를 무리하게 자극해서 통증을 유발합니다. 질 주름을 단순히 체내 근육으로 생각하거나 성관계 기관으로만 볼 때 왜곡되는 것입니다. 그렇게 단순하게 매몰되어서는 안 되는 복잡하고 넓은 스펙트럼을 갖고 있습니다. 이러한 앎이 의식을 넓히게 됩니다. 앎이 왜곡을 막아주고 자존감을 회복시키며 진정으로 중요한 것을 찾아줍니다.

우리 아이들이 성기 크기에 집착하고 있다면 의식을 바꾸어주세요. 생각을 넓혀주어야 합니다. 아이들이 성관계의 환상을 음란물에 기준을 두지 않게 해야 합니다. 사랑은 우리 몸 전체를 사용한다는 것을 알게 해야 합니다. 그래야 성에 대한 왜곡이 없어지고 성을 바르게 이해합니다. 여성의 몸이나 남성의 몸이 성기 위주로 깎아 내려져서는 안 됩니다. 성적 만족은 남성의 스킬이나 성기 크기로 결정된다는 착각도 버려야 합니다.

남성의 몸은 성기뿐만 아니라 온 몸이 성감대가 될 수 있습니다. 촉각, 시각, 후각, 청각, 미각 등 오감

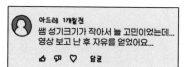

이 몸 전체의 영역에 있습니다. 또 여성의 몸과 쾌감 원리, 자궁과 같은 여성 생식기에 대한 이해도 필요합니다. 결국 인간의 본연의 마음이 우선되어야 하며 마음이 열릴 때 몸도 열리는 것입니다. 몸이 열리

기 전에 뇌가 열리는 것입니다.

성기 크기나 길이 같은 비교우위의 정보가 아니라 성관계를 맺는 두 사람의 인간관계는 많은 준비와 과정, 안전한 조건과 가능한 한 상황에 따른 책임이 얼마나 위대한 것인지 알아야 합니다. 그것이 준비되어 있을 때 인간은 만족스러운 성적 쾌감을 충분히 느끼며 누릴 수 있습니다. 아이들의 성기 크기에 대한 잘못된 환상을 몸에 대한 올바른 교육으로 충분히 전환시킬 수 있도록 해야 합니다. 성기 크기라는 편협한 정보에 매몰되지 않고 인간의 깊은 성적 만족의 큰 방향을 제시해주는 것이 필요합니다. 사춘기에는 성기 크기가 아닌 우리 아이들이 누구보다 자신을 사랑할 수 있는 기회가 제공되어야 할 것입니다.

포경수술의 찬성과 반대?
부모가 아니라 아이들이 결정하는 것입니다

"중학교 3학년 남학생입니다. 이번 주 주말에 아빠가 포경수술을 시키려고 합니다. 발기될 때마다 신경 쓰이고, 자꾸 성기에 뭐가 난다고 했더니 아빠가 포경수술을 하면 좋다고 합니다. 제가 포경수술을 안 해서 그런 건가요? 저는 포경수술을 하기 싫어요."

이 남학생의 사연 중에서 가장 먼저 눈에 띄는 것이 무엇인가요? 포경수술에 대한 두려움보다 자신이 포경수술을 결정할 수 없다는 사실입니다. 스스로 주체적으로 결정할 수가 없습니다. 내 몸에 대한 결정을 왜 스스로 내리지 못하는 것일까요? 미성년자라서 그런가요?

흔히 고래잡이 포경捕鯨과 소리가 같아 '고래 잡는다'고 표현되는 포경수술은 오랫동안 남성들에게 진정한 어른이 되는 관문을 의미했습니다. 그러다 2000년대 중반부터 분위기가 서서히 변하기 시작했습니다. 일선 학교에서는 포경수술을 한 아이들을 찾는 일이 더 어려워졌습니다.

음경의 끝부분인 귀두를 덮고 있는 피부 조직이 포피입니다. 입술처럼 마찰로 인한 상처를 잘 견딜 수 있는 마찰 점막으로 되어 있고 방

수 작용을 해 젖은 상태를 견디도록 설계되어 있지요. 발기가 되면 귀두에 붙어 있던 포피 점막이 분리되어 포피를 젖히면 귀두가 드러납니다. 이것을 정상적인 분리라고 합니다. 흔히들 '자연포경'이라고 부르는데 잘못 사용하는 용어입니다. 정상적으로 발달해 분리된 것을 말합니다. 그런데 성인이 되어도 귀두와 포피가 분리되지 않은 경우를 '포경'이라고 부릅니다. 우리가 포경수술 자체를 포경으로 말하는 경우가 있는데 잘못된 표현입니다. 포경 상태에서 수술을 통해 분리시키는 수술을 포경수술이라고 합니다. 남성은 20세를 전후로 100명 중 99명이 포피가 자연 분리됩니다. 분리가 안 되는 사람도 스트레칭이나 연고 등을 활용해 얼마든지 개선할 수 있습니다. 그럼에도 포경수술을 많이 하는 이유는 무엇일까요?

세계적으로 살펴볼 때 대부분의 나라에서는 포경수술을 하지 않습니다. 가까운 일본만 해도 포경수술을 한 사람은 1% 정도입니다. 북한, 러시아, 중국 등은 포경수술률이 2%에 불과합니다. 유럽 나라들도 덴마크 1.7%, 스웨덴과 노르웨이가 1% 미만입니다. 유럽에서 포경수술률이 높은 영국마저도 5.6% 밖에 안 됩니다. 유대교와 이슬람교의 종교적 할례 의식을 하는 나라를 제외하면 미국, 필리핀, 우리나라가 포경수술을 많이 합니다.

포경수술은 조선시대에 존재하지 않았고, 1945년 해방 이후 미군정 시대를 거쳐 한국전쟁 이후에 정착되었습니다. 사회적·경제적으로 미국 문화가 들어온 시기에 포경수술 문화가 자리를 잡은 것입니다. 저는 성교육을 공부하며 포경수술 바로알기 연구회의 연구 자료를 보게 되었습니다. 지금까지 우리는 미국의학회에서 제공된 편향적인 정보를 취하고 있었습니다. 당연히 포경수술을 해야 하는 입장의 자료와 정보만이 제공되어 여러 가지 오인을 불러온 것입니다.

물론 의학적으로 포경수술이 필요한 부분이 있습니다. 남성 생식기에서 나오는 분비물이 염증이나 다른 병증을 더 가져올 수 있다고 주장하고, 음경암과 같은 질병을 예방한다고 주장합니다. 성관계를 할 때 포경수술을 하지 않은 경우 불편함을 만들어내는 요인으로 지적되기도 합니다. 또, 위생과 청결을 위해 음경을 깨끗하게 관리할 수 있도록 이미 비뇨의학과에서 수술을 권유하는 문화가 자리 잡혀 있습니다.

그런데 반대되는 근거와 의견을 접해보신 적이 있으신가요? 최근 들어 이러한 정보가 알려지기는 했지만, 이전까지 우리는 포경수술은 반드시 필요하다고 생각했습니다. 귀두 밑의 좁쌀같이 생긴 돌기에서 이물질이 나오고 쌓이기도 해서 치즈 썩는 냄새가 나서 불결하다며 이 찌꺼기를 제거해야 한다는 주장과 함께 포경수술을 하면 이 분비물이 끼지 않는다고 말합니다. 이 찌꺼기와 같은 분비물을 '치구'라고 합니다. 치구는 항균과 면역 작용을 하는 물질로 자생적으로 필터링 역할을 하고 있다고 알려져 있습니다. 성관계 시 여성의 분비물을 받아들이는 수용체도 들어 있습니다. 그동안 이것은 더럽다고 알려져 있었지요.

포경수술이 질병 예방에 좋고, 위생적이며, 자궁경부암 예방에 탁월하다고 주장합니다. 그렇다면 포경수술을 많이 한 나라에서는 이 같은 결과가 높아야 합니다. 하지만 성병, 자궁경부암, 에이즈의 발병률을 비교해볼 때 포경수술 여부와 큰 연관성을 찾아보기 힘들었습니다. 포경 상태에서 포피와 귀두에 염증이 생기는 귀두포피염은 속옷을 자주 갈아입고 깨끗이 자주 씻어주면 충분히 치료가 가능한 것입니다. 하지만 우리는 대부분 이러한 귀두포피염 증상을 포경수술로 연결했습니다.

포경수술을 하면 성생활에도 좋지 않다는 주장이 유튜브에도 심심치 않게 올라옵니다. 포피 끝과 접합부의 능선대는 포피소대(V자로 젖혀진 포피를 원래대로 복원하는 기능)와 결합되어 앞뒤로 젖혀지는데, 신경이 많이 분포되어 자극을 주면 쾌감을 많이 느낍니다. 포경수술로 제거되는 부분 중 하나인 이 능선대가 최고의 성감대인 것입니다. 그러니까 포경수술로 성감대가 늘어난다는 주장은 맞지 않습니다.

이러한 편향적인 정보가 포경수술에 대한 잘못된 이해로 이어지고 포경수술 문화를 부추기는 결과를 만들었습니다. 그것은 지난 30여 년간 거부할 수 없는 우리의 현실이었습니다. 누구나 어른이 되기 위해서는 포경수술을 해야 한다는 분위기가 팽배했습니다. 아버지 세대에는 수술을 안 하면 이상한 사람처럼 취급되었습니다. 남자라면 누구나 해야 하는 것이 아닙니다. 자신이 비교해보고 필요한지 느껴보고 충분히 경험한 뒤에 결정하는 것입니다. 성인식처럼 만들어온 분위기는 문화적인 것이었지 의학적인 이유가 없는 것으로 이미 증명되었습니다. 그리고 성장 속도와 포경수술 여부는 아무런 상관이 없습니다. 남자라서 무조건 해야 하는 것이 아니라 스스로 결정하는 것입니다.

포경수술의 찬반양론이 아닌 자신의 성기에 관한 수술은 스스로 선택해야 하는 것입니다. 그런 주체적인 선택과 결정에 균형 있는 정보를 주는 것은 당연합니다. 부모는 이러한 결정을 우격다짐으로 시키는 존재가 아니라 정보를 알려주고 선택지를 보여주며 스스로 결정하도록 돕는 역할을 해야 합니다. 물론 앞에서 언급하지 않은 내용의 포경수술이 꼭 필요한 경우도 있습니다. 그런 모든 것을 포함해 이야기하는 것이 아닙니다. 20세기 동안 우리의 포피는 나의 의지와 상관없이 잘려나갔습니다.

20세까지 충분히 성장을 지켜보고 성인이 되어 스스로 포경수술 여부를 결정하는 과정이 필요합니다. 그 결정을 이제 우리 아이들에게 맡기길 바랍니다. 아이들에게 주체적으로 결정할 수 있는 포경수술의

포경수술 바로알기

선택권을 주세요. 부모가 아이들에게 포경수술을 강요하는 것은 이제 떠나보내야 할 문화입니다. 고래가 바다에서 마음껏 자유롭게 뛰어놀 수 있게 포경을 풀어주세요.

사춘기 아들의
자위를 목격했습니다

"사춘기 아이를 키우는 부모입니다. 우연히 아들 방에 빨래를 개켜 넣어주려고 들어갔다가 자위하고 있는 아이를 보게 되었습니다. 너무나 충격을 받아서 대응하지 못하고 문을 닫고 나와버렸습니다. 사춘기에 아이가 자위할 수 있다는 이야기를 들어 우리 아이도 그럴 수 있겠다고 생각했지만, 막상 목격하니 무척 당황스럽습니다. 아직도 아이와 그 광경에 대한 이야기를 나누지 못했습니다. 이럴 때 부모로서 어떻게 해야 할지 정말 난감합니다. 아이를 올바른 방법으로 지도하고 싶습니다. 도와주세요. 선생님."

이 사연은 상담으로 문의한 글이 아닌 양육을 하며 겪게 된 아들 키우는 엄마의 자위 목격 사연입니다. 성별을 떠나 자녀가 자위하는 모습을 목격한다면 부모는 큰 충격에 휩싸입니다. 자녀가 자기 몸을 만지며 자위하는 것은 아주 사적인 행동이기 때문에 부모가 목격하는 것도 굉장히 이례적이고 대처하기도 어렵습니다. 이 사연의 부모처럼 하늘이 무너지는 심정으로 자녀의 자위 문제로 상담실에 찾아오는 경우가 많습니다.

특히 자위와 관련한 상담은 음란물이 결합된 경우가 많이 있기 때문에 부모들의 불안과 염려는 클 수밖에 없습니다. 자위를 목격한 이후에도 아이와 마주쳐야 하고 아이를 보면 계속 그 장면이 생각나기 때문에 부모는 견디기 힘들 만큼 스트레스를 받습니다. 이런 상황은 그냥 해프닝으로 넘길 수 없습니다. 시간이 지날수록 부모와 자녀 모두 불편하고 마주하기 민망할 것입니다. 부모가 직접 목격했고 아이도 알고 있다면, 이 상황을 그냥 지나쳐서는 안 됩니다. 부모와 자녀에게 트라우마로 남게 되기 때문입니다.

물론 이 상황에 대해 바로 대화를 할 수 없지만, 반드시 이 상황을 부모와 자녀 간에 정리할 필요가 있습니다. 아이도 부모에게 들킨 후 심리적으로 불안감에 억눌리게 됩니다. 부모에게 들키고 아무 일 없이 지나갈 것이라고 생각하지는 않을 테니까요. 또 부모와 대화 도중 트리거가 되면 아이는 순간적으로 경직될 것입니다.

어떤 부모들은 그냥 조용히 아이 방에 휴지를 넣어주는 일로 아이의 성장을 인정하듯 넘어간다고 합니다. 그렇게 대화 없이 어물쩍하게 넘어가서는 절대로 안 되는 문제입니다. 반드시 대화로 매듭을 지어야 합니다.

먼저 부모가 대화를 시작하기 위한 사과를 해야 합니다. 우연이라도 목격하게 된 사실에 대해 사적인 공간, 존중, 권리에 대한 사과를 하는 것입니다. 자녀에게 직접 그 사실에 대해 미안하다는 말을 해야 합니다. 그리고 앞으로는 사적인 경계를 그어 '문을 잠그고' 하기를 권하고, 사춘기 자녀의 성장을 인정하며, '사생활을 보장'해주겠다는 부모의 선언이 필요합니다. 사실 이런 대화가 쉽지 않지만 이것이 상당수

많은 갈등을 풀어가는 중요한 열쇠가 됩니다. 이러한 사과를 못하는 부모가 대부분입니다.

그 다음으로 음란물이 결합된 자위를 목격한 것이라면 반드시 부모가 조언을 해주어야 합니다. 아이가 음란물을 보면서 자위를 한 것이라면 음란물에 대해 언급할 필요가 있습니다. 자녀들도 무엇이 문제인 줄 알기 때문에 그것이 행동으로 옮기는 것에 많은 긍정 효과를 만들어줄 수 있습니다. 음란물은 성적 반응을 빠르게 이끌어내지만 자위를 위해 성적 자극제로 사용하는 경우 많은 문제점이 있을 수 있습니다. 아이의 문제를 지적하는 것이 아니라 바로 음란물의 속성을 꿰뚫어서 이야기해주는 것입니다.

한 번 보고 나면 더욱 큰 자극을 원하게 되고 새로운 자극에 갈증 나서 음란물 시청이 늘어날 것이라고 현실적인 조언을 해줄 수 있어야 합니다. 점점 더 가학적인 음란물을 찾게 되고, 성 착취 영상을 접할 수 있다는 문제점을 알려주는 것입니다. 음란물은 보면 볼수록 음란물을 찾게 되고 의존적으로 발전한다는 상황을 되돌아보게 하는 것입니다. 물론 보수적인 방식의 전달이 될 수 있지만, 아이들이 또 반복적인 상황에 놓일 때 하나의 제동 장치로 작동될 수 있습니다.

실제로 음란물은 우리의 시각과 뇌를 먼저 빠르게 흥분을 통해 몸의 데미지를 느끼지 못하고 따라가게 하는 유해한 영상입니다. 성인은 보더라도 자기 조절을 통해 시청 후에 현실로 리셋이 된다고 하지만, 성장기에 전두엽의 기능이 미성숙한 청소년들은 이러한 조절과 경계가 어려워 중독되는 현상이 발생됩니다. 또 이러한 음란물에 의한 자위는 성적 쾌감과 성감대를 퇴보시킵니다.

성장기에 조루나 발기부전의 원인이 될 수 있습니다. 자극으로 인한 빠른 사정은 사정 능력이 점점 상실되어 자기 조절을 어렵게 만듭니다. 몸에 이러한 변화가 생기는 이야기를 부모가 해줄 수 있어야 합니다. 누구보다 자녀를 생각한 마음이 담기기 때문입니다.

실제로 남자 중학생들과 소통하며 느끼는 것은 음란물 시청이 자위로 연결되는 패턴화가 성장기 아이들에게 오히려 성적 감각이 무뎌지고 음란물 의존도를 높인다는 것을 알 수 있었습니다. 이러한 습관은 장기적으로 미래의 부부 관계에 영향을 미치게 됩니다. 실제로 제가 상담한 섹스리스 부부들을 조사해보면 80~90% 이상이 학창 시절에 음란물을 보면서 자위하는 습관을 가지고 있었습니다.

이러한 습관이 장기화되어 부부 생활에 영향을 미치는 것으로 인터뷰를 통해 조사되었으며, 점점 섹스와 자위를 할 때 성기 반응에서 구분이 없어지게 됩니다. 즉, 사랑하는 사람과 관계를 가질 때도 스스로 조절하기 힘들게 되어 서로가 큰 만족감을 얻지 못하는 결과를 만듭니다. 만성적으로 사정에 빨리 도달하는 몸으로 발전되어버렸기 때문입니다.

사춘기 자녀의 자위는 일탈행동이 아닌 성적인 완성을 만들어가는 과정입니다. 부모가 아이의 자위행위를 목격하지 않았다면 좋겠지만 목격했더라도 이러한 인정과 조언을 통해 부정적인 것이 남지 않게 해야 합니다. 더 현실적으로 진지하게 대화를 통해 부모와 자녀 간에 정리가 될 수 있습니다. 성적인 행동은 지독하게 각인되기에 그만큼의 회복 시간이 필요합니다.

자위라는 단어조차 언급하기 어려운 부모들에게 용기를 촉구합니다.

남성 자위,
어떻게 해야 하죠?

자위는 성적 욕구를 건강하게 해소하고, 미래의 성을 준비할 수 있는 자연스러운 운동입니다. 우리 아이가 자위를 한다고 알게 되었다면 윤리적인 잣대로만 보지 마시고, 인정해주시길 바랍니다. 철저히 우리 아이의 상황을 해석해 음란물과 자위를 구분하고, 음란물의 지배에 놓이지 않도록 자녀가 음란물과의 싸움을 어떻게 해야 하는지 알려주는 부모가 되길 바랍니다. 우연히 목격한 자녀의 자위행위는 충격이 아니라 부모가 아이에게 조언을 해줄 수 있는 기회로 삼아야 합니다. 지금 우리 아이에게 건강한 자위를 알게 될 찬스가 왔습니다.

소음순이 늘어났어요!
저는 비정상인가요?

TV 프로그램에서 획기적인 실험을 시도했습니다. 길거리에서 만난 여성들에게 여성의 생식기를 그리게 했습니다. 실제로 인터뷰에 참여한 여성들 중 자신의 생식기에 대해 잘 모르고 있는 사람이 훨씬 많았고, 더욱더 그림으로 그리지 못했습니다. 그런데 여성과 다르게 남성 참여자들은 여성의 생식기를 의외로 잘 그렸습니다. 남성의 몸이 아닌 여성의 몸을 왜 남성이 잘 그렸을까요? 왜 이런 결과가 나타났을까요?

여성의 몸이지만 여성은 자신의 성기에 대한 관찰이 부족하다는 것입니다. 내 몸에 대해 낯을 가리고 보기 어려운 구조 때문에 자신의 성기가 어떻게 생겼는지 알지 못하는 것입니다. 이는 여성의 생식기에 대해 올바른 인식이 떨어질 때 왜곡된 정보에 취약하다는 것을 나타냅니다. 이 결과가 부인과 질병의 관리에도 부정적인 영향을 미치는 것으로 나타납니다.

저는 DM과 쪽지로 성기 모양이 이상하다는 여학생들의 성 고민을 많이 받고 있습니다. 네이버에 올렸던 '소음순'을 주제로 한 웹툰을 보고 자신의 고민을 털어놓는 아이를 많이 접하게 되었습니다. 저는 이러한 고민을 하고 있을 아이들을 위한 영상을 만들기로 했습니다. '당신의 소음순은 정상입니다'라는 유튜브용 동영상을 제작해 업로드하고 수많은 청소년의 감사 댓글을 보게 되었습니다. "저도 소음순 한쪽이 늘어났는

내 소음순은
정상이다

데, 이 영상을 보고 괜한 걱정에 시달렸던 것 같아요. 올바른 사실을 알게 되었습니다. 작가님, 정말 감사합니다." 이 작은 계기가 자신의 성기를 새롭게 보는 시각을 만들어준 것입니다.

청소년들은 변화하는 자신의 신체에 대해 예민해지고 그것에 대해 고민합니다. 특히 외모에 대한 고민이 깊어지고 그 고민은 심리적으로도 자신을 위축시킵니다. 자존감이 떨어진 아이들은 왜곡된 정보에 취약할 수밖에 없습니다. 생식기에 관련된 고민은 어느 순간 죄의식과도 결부되어 왜곡된 정보를 받아들이는 경우가 많습니다. 필터링이 되지 않은 정보들을 보다 보면 검증되지 않은 정보들이 가십거리가 되어 많은 조회수를 기록하고 공유되는 것을 알 수 있습니다.

"여성의 소음순이 까맣게 되는 것은 성 경험이 많기 때문이다"는 글을 보고 저는 경악을 금치 못했습니다. 놀라운 것은 그것을 그대로 수용하는 사람들의 반응과 댓글이었습니다. 아직도 이런 글을 쓰는 사람이 있다는 것도 놀랍지만, 이것을 수용하는 사람이 많다는 사실이 더욱 놀라웠습니다.

푸른아우성의 10대 상담실에 들어서면 자신의 성적 행동이 몸에 이상한 변화를 주었다고 생각하는 아이들의 고민 상담이 목록을 채우고 있습니다. "제가 샤워를 하는데 우연히 성기를 보게 되었어요. 소음순 한쪽이 늘어났는데 혹시 자위 때문에 그런가요?" 자위를 한 것 때문에

한쪽 소음순이 늘어나 이상 증후를 만들었다고 생각하고 '내 탓'이라고 하는 아이가 의외로 많습니다.

"혹시 제가 자위를 해서 생리가 늦어지나요?"
불규칙한 생리 주기의 원인이 자신의 자위 때문이라며 고민하기도 합니다. "소음순 색깔이 까맣게 되었는데 자위 때문에 그런가요?" 소음순의 크기와 색에 민감하게 반응해 자신의 행동을 죄

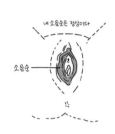

책감과 결부시키기도 합니다. 그래서 푸른아우성 여학생 상담의 1위가 생식기 관련 고민이 차지합니다. 하지만 여학생들의 생식기 고민을 부모는 어떻게 느끼고 있을지 우려스럽습니다. 심지어 딸들이 겪는 고민을 모르는 부모가 더욱 많습니다.

저는 고민에 빠져 있는 아이들에게 '소음순이 늘어나는 것'은 성장기에 자연스럽게 생기는 현상이라고 말합니다. 성기 색깔은 멜라닌 색소의 분포와 관계가 깊어서 결코 너희들의 어떤 행동으로 변하는 것이 아니라고 이야기해줍니다. 지금까지 아이들에게 이러한 정보를 담아 다양한 영상과 웹툰으로 전해주고 있지만 여전히 같은 질문이 올라오고 있습니다. 성장기 아이들은 자신의 몸에 나타나는 현상에 민감합니다. 이때 생식기의 생김새와 색깔에 대해 고민하게 되고 소음순 양쪽의 크기가 다른 소음순 비대칭을 인식하면 두려움과 불안감을 갖게 됩니다.

여성의 성기는 잘 보이지 않습니다. 보려고 노력해야 볼 수 있기 때문에 스스로 낯가림이 심한 여성은 자신의 성기를 본 적이 없이 살아가고 있습니다. 또 필요성을 느끼지 못하는 경우도 많습니다. 어쩌다

우연히 보게 되면 이상한 것 같아 문제가 생긴 것으로 착각하는 경우도 많습니다. 이처럼 여학생들과 상담을 하다 보면 똑같은 고민을 하고 있는 아이가 많이 있습니다. 저는 똑같은 답변이 준비되어 있습니다.

소음순은 앉아 있는 자세나 꽉 끼는 겉옷이나 타이트한 속옷에 의해 어느 정도 영향을 받을 수 있지만 그것으로 인해 늘어나거나 색깔이 변하지 않습니다. 물론, 질염이 자주 유발되고 소음순이 늘어나 통증을 느끼고 일상생활에 불편을 겪는 경우도 있을 것입니다. 여러 곳의 산부인과에서 정확한 진료를 받으면 확인할 수 있습니다. 그러면 수술이 필요해서 수술을 선택하는 여성도 있을 것입니다. 그러한 선택도 존중되어야 합니다. 하지만, 모두가 그런 상황이 아니라는 것입니다.

자신의 성기를 수시로 살펴본다면 뭔가 변화를 느낄 것입니다. 비대칭하다고 생각이 들기도 할 것입니다. 그런데 저는 그런 생각은 지극히 정상이라고 말해줄 것입니다. 그리고 모양이 비대칭적이거나 늘어나는 것은 자위나 성적 행동과 전혀 관계가 없다고 말해줄 것입니다. '성기가 변화되는 것은 네 탓이 아니야. 네가 성장하고 있는 거야'라고 말입니다. 사실 이런 고민을 부모에게 털어놓으면 참 좋겠지만, 여전히 소음순이 늘어난 것이 자신의 잘못으로 인해 벌어진 일이라고 생각하는 아이들은 말을 못하고 혼자 끙끙 앓게 됩니다. 그리고 인터넷 검색으로 정상인지 비정상인지 찾아볼 것입니다.

그때마다 제가 해주고 싶은 이야기가 전달되도록 긴 호흡으로 노력할 것입니다. 왜냐하면 온라인 공간에 제대로 된 정보는 없고 '소음순 레이저 수술' 같은 광고만 보게 됩니다. 물론 알고리즘도 그렇지만 광고가 제일 먼저 뜨도록 설계된 '소음순 수술' 영상은 누군가는 돈을 벌기 위한 방법으로 상업적인 마케팅 도구가 됩니다. '당신은 비정상'이라는 정보를 줄 때 비로소 '소음순 수술이 필요하다'는 결정에 이르도록 할 것입니다.

'성기가 늘어난 것' 등을 검색만 해도 여성 전문 병원 사이트로 링크되고, 병원 관계자의 답변을 보게 됩니다. '레이저 수술', '이쁜이 수술', '여성의 은밀한 수술' 등 정상을 찾아주겠다는 상업적인 광고를 만나게 되어 '나는 수술이 필요하다'고 느끼게 됩니다. 이제 상업적인 성형 문화는 여성의 생식기에도 깊숙이 뿌리를 내렸습니다. 청소년들이 흔히 고민할 수 있는 이 소음순 문제를 이용하려는 상술이 존재합니다. 소음순에 대한 질문에 답변하는 상업 사이트도 있습니다.

어른의 역할은 무엇일까요? 부모는 이 상황에서 어떤 역할을 해야 할까요? 아이들의 성기 변화는 지극히 자연스러운 것이고 소음순 비대칭은 정상입니다. 사춘기 여학생들은 간혹 성기를 보거나 확인할 때 놀라는 경우가 많습니다. 그것을 예비해 알려주고 자신의 성기를 관찰하다가 '비정상이 아닐까?'라는 고민에 빠질 경우 제대로 된 정보를 알아가도록 돕는 것입니다. 부모가 미리 알려준다면 아이들은 안심하고 걱정하지 않을 것입니다.

소음순의 모양과 성 경험의 연관성은 크지 않고 소음순은 자위나 성 경험으로 인해 절대 늘어나지 않는다는 사실을 부모가 알려주면 아이들의 불안감은 줄어들 것입니다. 그리고 아이들은 인터넷에서 검색하지 않고 자신의 고민을 부모에게 자연스럽게 이야기할 수 있게 됩니다.

우리는 성기에 관련된 것을 터부시하는 정서를 가지고 있습니다. 이

때 부모의 조언은 아이들에게 많은 힘을 줍니다. '괜찮아', '그럴 수 있어'라는 경험을 가진 부모의 답변은 자녀에게 더욱 신뢰를 줄 것입니다. 이 시대의 여성에게 다시 이야기합니다. 소음순이 늘어나는 것은 지극히 정상적인 성장 신호입니다. 당신의 비대칭한 소음순은 정상입니다.

딸의 초경 파티를
반드시 해주어야 할까요?

초경을 앞둔 아이에게 초경 파티를 해주어야 하는지 물어보는 부모들이 늘어나고 있습니다. 초경 파티라는 문화 자체가 많아진 것은 초경이 축하받을 성장의 증표라는 것을 말해줍니다. 그리고 우리 성교육 문화에서 높은 성 의식을 반영하는 환영할 만한 일입니다. 다만 자녀가 초경 파티를 마음으로 받아 들일 수 있는지 파악해야 할 필요가 있습니다.

우리는 초경을 시작한 아이들에게 축복해주며 주로 이런 이야기를 합니다. "생리(월경)는 신비하고 소중한 거야. 너는 이제 소중한 아기를 가질 수 있는 몸이 되었단다." 이런 말로 아이들을 축하하며 위로합니다. 그런데 아이들은 혼란스럽습니다. 도대체 내 몸에서 피가 나오는 일이 왜 축복받을 일일까? 아기를 가질 수 있는 몸이 왜 축하받는 일이 될까? 아이들은 궁금합니다.

평소 생리를 할 때마다 짜증을 내는 엄마의 모습에서 어떤 축복을 발견해야 하는지, 아이들은 혼란스러울 수밖에 없습니다. 게다가 초경 파티를 하는 것이 무엇을 축하해주겠다는 것인지 모를 것입니다. 이미 초경을 경험하고 생리를 하는 언니가 "너는 이제 죽었다! 피의 지옥이 시작될 거야!"라고 말하는데 오히려 이런 말이 현실적이지 않을까요?

여성은 초경이 시작되는 순간부터 생리대를 착용하고 갈아야 하는 수고스러운 시간을 보내게 됩니다. 또, 생리 전후 증후군과 생리통으로 고통의 시간을 보내야 합니다. 이를 경험하게 되는 아이는 어떤 생각을 하게 될까요? 초경을 마냥 축복이라고 말하기에는 너무 이해되지 않습니다. 여성 커뮤니티에서 "생리가 진짜 축복이 맞나요?"라는 글이 수많은 공감을 받는 이유는 분명합니다.

피를 흘리는 일이 어찌 아름다운 일일까요? 한 달에 한 번, 1년에 12번, 살아가면서 적어도 400번 이상의 피를 흘려야 하는 그날이 여성에게는 상당히 귀찮고 어려운 일이 되는 것은 맞습니다. 여성들은 그날을 광고 카피처럼 '마법에 걸리는 날'로 포장하는 것도 마음에 들지 않습니다. 현실은 짜증나고 불편한 그날을 마법에 걸리는 환상처럼 표현하니 막상 그날이 되는 여성에게는 현타가 오는 것입니다. 왜 아이들에게 생리에 대해 제대로 알려주지 않을까요? 그렇게 해야 아픈 것이든 심리적인 것이든 짜증나는 일과 수고스러운 일에 대해 준비할 수 있는 것 아닐까요?

진정한 생리는 무엇이라고 생각하나요? 여성은 임신이 가능할 만큼 성숙하면 여성의 자궁에서 배란된 난자가 임신되지 않을 경우 주기적으로 출혈이 일어나는데, 이것을 생리(월경)라고 할 수 있습니다. 순우리말로는 달의 주기와 월경 주기가 궤를 같이한다고 하여 생리나 월경이라는 표현 말고 '달거리' 혹은 '달손님'이라고 부르기도 합니다. 오히려 기간이 예측되는 이름인 것 같아 순우리말이 더 좋은 표현 같습니다. 영어로는 'menstruation'이라고 표현합니다.

여성의 생리는 새로운 '생명을 잉태할 수 있는 시작'을 의미하기도 합니다. 생리를 한다는 것은 임신할 수 있는 몸의 기능을 갖추었다는 증표입니다. 그런데 생리에는 이러한 의미가 있는데도 생명을 잉태하는 몸으로 존중하는 것이 아니라 오히려 그동안 감추어야 했습니다. 생리는 왜 감추어야 하는 부끄러운 것이 되었을까요? 우리나라는 언제부터 여성이 피 흘리는 수고와 고통이 부끄러운 일이 되었을까요? 초경의 본질을 알아야 이 부끄러움을 이겨내는 방법을 찾을 수 있습니다.

초경을 하는 아이들은 이러한 이해 속에 비로소 자신의 몸에 대해 다시 한번 올바르게 인식할 수 있습니다. 스스로 여성 생식기에 대한 편견을 극복하고, 생리를 여성만의 특성으로 이해할 수 있습니다. 그것을 부정적으로 경험하고 있다면 자신을 특별한 존재로 이해하고 그 의미를 회복해야 합니다. 감추고 숨기는 역사가 이러한 회복을 방해하는 것은 아닐까요? 생리대를 검정 비닐에 담아주고, 다른 손님이 없는 틈을 타서 재빠르게 계산하는 것이 현실입니다.

생리는 어떻게 포장해도 하기 싫고, 힘들고 불편한 게 사실입니다. 그렇다고 생리를 터부시하고 부정적인 것으로 치부해서는 안 됩니다. SNS에서 생리통이 극심한 여성들이 "내 자궁을 가져가면 영혼이라도 팔겠어"라는 말이 화제가 될 정도로 공감을 얻습니다. 유튜브에서 '생리썰', '죽음의 생리통', '생리에 대한 안 좋은 기억들', '흔한 생리의 오해' 등이 인기 영상으로 오른 것은 생리에 대한 부정적인 생각이 넘쳐나고 있다는 것을 말해줍니다.

그럼, 초경을 앞둔 딸에게 무엇을 챙겨주어야 할까요? 생리에 대한 마음이 정리되지 않으면 아이들은 엄마가 그랬듯이 생리를 부끄럽고 귀찮은 것으로 생각하기 쉽습니다. 아이들은 초경 전에 불안해합니다. 경험하지 않은 것에 불안감을 느낄 수 있고 알고 있는 정보로 인해 걱정될 수 있습니다. 초경이 지나도 생리에 대한 불안감은 쉽게 사라지지 않습니다. 한동안 불규칙적인 생리 주기를 맞이할 테니까요. 어떤 말로 조언을 하든 아이들은 불안하고 힘들 것입니다. 파티를 해주었다고 마냥 기쁜 것도 아닌 것입니다.

부모는 초경을 준비하는 아이에게 몸에 대한 이야기를 해주는 것도 필요하지만, 이러한 불안감이나 어려움에 공감해주는 것이 더 중요합니다. 또, 초경을 경험하고 앞으로 관리해 나아가는 아이에게 따뜻한 격려를 해주고 심리적인 불안감을 덜어주는 것이 중요합니다. 흔히 초경 파티만을 부모가 하는 생리의 준비로 생각하는데, 초경 파티는 아이에게 먼저 물어봐야 할 일입니다. 불안감을 덜어주며 초경에 대해 이야기를 나누고 아이가 무엇을 원하는지 파악한 후 파티를 결정해도 늦지 않습니다.

즉, 초경 파티는 아이의 동의를 구하는 일이 필요합니다. 그만큼 초경은 상징적인 파티 자체보다는 아이의 마음이 준비되도록 도와주는 것이 훨씬 중요합니다. 엄마로서 얼마나 초조할지 공감하고, 아빠로서 아이가 겪는 불안감을 이해하는 것이 케이크에 불을 붙이는 것보다 더 중요한 축복이 됩니다. 그렇게 초경 파티를 성대하게 해준다고 아이가 갖는 생리에 대한 부정적인 생각이 사라지지 않습니다.

다가올 생리, 초경에 대해 알려주고 냉이 나온 후 미리 초경이 시작된 날 축하를 해주고 싶다는 의견을 전하는 것입니다. 아이가 어떤 마음으로 준비할지 대화를 시도합니다. 그래서 파티는 매개가 될 뿐입니다. 생리대를 어떻게 구매하고 사용하는지, 휴대하는 방법도 알려주고, 몇 시간 뒤 갈아야 할지, 어떻게 갈고 처리하는지, 생리 양이 적거나 색깔이 검을 수도 있다는 것을 현실적으로 이야기해주어 아이가 놀라지 않도록 공포심을 줄여주어야 합니다.

검색을 통해 얻은 정보보다 엄마가 말해주는 경험자의 이야기는 아이들의 마음을 안정시킵니다. 또 생리대를 착용하면 기분이 좋지 않을 수 있고, 이물감이 들거나 엉덩이가 짓무르기도 하고, 엉덩이에 심한 자국이 남기도 한다고 말해줍니다. 생리대를 갈아주는 것이 얼마나 중요한지 설명하고, 생리컵·탐폰·면생리대와 같은 대안 생리대에 대한 선택지를 직접 제공해주면 좋습니다.

생리 전에 엄마는 어떤 경험을 했는지, 즉 식욕이 왕성해지고, 가슴이 아플 수 있고, 피부 트러블이 발생할 수 있으며, 생각보다 아프다고 말해주는 것이 오히려 현실적인 도움이 될 것입니다. 생리통이 심하면 참지 말고 진통제를 먹어야 한다는 것도 알려주어야 합니다. 이 과정을 통해 아이는 생리를 서서히 생활의 일부로 받아들입니다. 아이들이 생리를 몸과 마음으로 충분히 준비하도록 지원하고, 생리에 대한 부정적인 생각을 덜게 하는 게 부모의 역할입니다. 초경 파티보다 마음의 축하와 공감으로 함께해줄 때 우리 딸들은 '피 흘리는 과정'을 쉽게 받아들일 수 있을 것입니다.

한 달에 1번, 1년에 12번, 살아가면서 적어도 400번의 귀찮은 '그날' 의 이름은 대자연, 마법, 반상회입니다. '여성의 몸'과 '생리'에 관한 범시대적·범세계적 탐구 다큐 영화 김보람 감독의 〈피의 연대기For Vagina's Sake〉(2017년)는 초경을 기다리는 아이, 생리에 관해 자녀와 함께 볼 수 있는 영화로 추천드립니다.

피의 연대기

여성의 몸에는
사계절이 존재합니다

엄마와 딸이 공감할 수 있는 원초적인 주제는 여성의 몸일 것입니다. 여성의 몸에는 사계절이 존재합니다. 사계절은 호르몬의 변화를 계절에 비유한 것인데, 생리 주기를 구성하는 난포기, 배란기, 황체기, 월경기(생리기)가 사계절처럼 여성의 몸에 고유한 리듬과 변화를 주기 때문입니다. 사계절의 이미지를 통해 설명하면 아이들이 생리를 이해하고 준비하는 데 좀더 유용할 것이며 쉽게 이해될 것입니다.

첫 번째 계절인 봄에 해당되는 난포기는 여성 호르몬인 에스트로겐이 조금씩 분비되면서 난자가 성숙해지는 시기입니다. 새싹이 피어나는 봄의 향기가 피어오르듯 밝고 명랑한 감정이 솟아나 밖으로 나가고 싶고 움직이고 싶은 마음이 들며, 무엇이든 하고 싶은 열정이 샘솟는 마음이 듭니다. 어디론가 떠나고 싶은 마음에 즉흥적인 여행을 하거나 뮤지컬이나 연극도 고민 없이 예매합니다.

두 번째 계절인 여름에 해당되는 배란기는 완전히 성숙한 난자가 난소에서 나오는 시기입니다. 에스트로겐이 가장 많이 분비되고 임신이 가능한 시기로 '성적 욕구'가 왕성해집니다. 뜨겁게 내리쬐는 여름날의 태양처럼 에너지가 넘치고, 화려하며 활발하고 열정적인 기운을 나타냅니다. 식욕이 왕성해지고, 사람들과 어울리고 싶고 여러 가지 아이디어가 샘솟으며 열정이 넘쳐흐릅니다. 그리고 마음에서는 사랑하고 싶고, 성공하고 싶은 강력한 욕구를 발산합니다.

세 번째 계절인 가을에 해당되는 황체기는 성숙한 난자가 결국 이벤트가 없고 아무 일도 일어나지 않는 상황을 맞이하는 시기입니다. 난자가 정자를 만나지 못해 진행되는 과정입니다. 에스트로겐과 프로게스테론 두 호르몬이 함께 분비되고 충돌하면서 스트레스에 민감해져서 감정이 폭발하고, 갑자기 울적한 마음이 들기도 합니다. 가을의 시련을 겪는 가을 타는 사람처럼 마음이 쓸쓸해집니다.

네 번째 계절인 겨울에 해당되는 월경기는 에스트로겐과 프로게스테론이 모두 감소하고 프로스타글란딘의 수치가 올라가면서 '생리(월경)혈'이 자궁 밖으로 흘러나옵니다. 생리가 시작되는 것입니다. 나뭇잎이 지고 눈이 내리듯 생리혈을 내보내기 위해 자궁이 수축하면서 생리통(월경통)이 찾아옵니다. 겨울잠을 자면서 다음 봄을 준비하듯 몸에서 생명을 잉태하려는 과정이 진행됩니다. 동시에 끝이 아닌 새로운 시작을 준비하는 시기입니다. 월경기에는 휴식을 취하고 자기만의 겨울잠을 자는 시간을 갖는 것이 좋습니다.

이렇게 몸의 사계절을 겪어가야 하는 딸에게 엄마는 경험했던 솔직한 이야기를 나눌 수 있습니다. 그리고 이러한 생리 과정을 정확하게 알려주는 것이 필요합니다. 저는 성교육 웹툰을 그리며 많은 여학생에게서 생리에 대한 질문을 받게 되었습니다. 제가 남성 작가지만, 저에게 이메일이나 쪽지로 질문하는 것은 이야기를 잘해줄 것 같기 때문입니다. 이러한 상황을 경험하며 아이들에게 중요한 생리 정보를 정확히 알 수 있는 창구가 필요하다는 것을 느꼈습니다.

"생리 중에 성욕이 강해져요. 혹시 저만 그런 건가요?" 나만 이상한 것이 아닐까? 빠짐없이 나오는 질문입니다. 물론 성욕이 강해지는 다양한 이유가 있는데, 성 욕구가 생기는 것은 지극히 자연스러운 일입니다. 에스트로겐의 증가는 성 욕구와 깊은 관계가 있고 이 호르몬의 작용으로 성욕이 증가합니다.

"생리 중에 성관계를 하는 것은 안전한가요?" 청소년뿐만 아니라 많은 독자가 묻는 질문입니다. 통상적으로 생리 중에도 안전하다고 생각하지만, 성병 예방은 신경 써야 합니다. 생리 중에는 면역력도 떨어져 있고 염증에도 취약합니다. 그리고 생리 중에도 임신이 불가능한 것은 아니기 때문에 피임법으로 삼는 것은 절대로 안전한 방법이 아닙니다.

"생리 중에 갈색 피가 나와요. 이상이 있는 건가요?" 당연히 시뻘건 색으로 예상하겠지만 짙은 갈색과 같이 다른 색이 나오면 당황스럽습니다. 피의 색은 마르거나 양이 적을 때 다양한 붉은색을 띠게 됩니다. 약간의 갈색 피는 걱정할 필요가 없습니다. 시간이 지나 피가 자궁 혈관에서 빠르게 빠져나오면 밝은 색을 띠지만 밖으로 나오기 전에 얼마 동안 자궁에 고여 있으면 혈액의 헤모글로빈 속 철분이 녹슬게 됩니다. 그래서 피가 갈색으로 변하는 것입니다.

"생리 중에 미친 듯이 먹게 돼요." 생리 전과 후에 배가 심하게 고프거나 단것을 찾는 경우가 있습니다. 생리를 하면 체내 인슐린에 대한 민감성을 높이는 호르몬의 변화가 생기기 때문입니다. 당연히 혈당이 급격하게 떨어지면 배가 고파져서 탄수화물이 당기는 것입니다. 이 시기에 당기는 대로 먹어야 될까요? 초콜릿이나 과자 등 단것이나 탄수화물을 먹으면 혈당이 치솟고 인슐린 수치가 높아집니다. 그러면 다시 혈당이 떨어져 단것을 찾는 식으로 계속 반복되는 것입니다. 단것을 먹어 급격하게 안정감을 줄 수 있으나 채소를 많이 먹고 통곡물을 섭취해 혈당과 인슐린 수치를 안정적으로 유지하면 생리 중 공복감을 견딜 수 있습니다.

"월경전 증후군(월경 전에 반복적으로 발생하는 정서적·행동적·신체적 증상들을 특징으로 하는 일련의 증상, PMS)이 궁금합니다." PMS의 원인을 밝히려는 연구는 계속되고 있습니다. 생리 중의 호르몬과 뇌의 화학물질 변화를 원인으로 꼽고 있지만, 아직 확실한 해답을 누구도 내놓지 못하고 있습니다. 여성은 심한 경우 일생 동안 약 3,000일 동안 PMS를 겪게 될 수도 있습니다.

PMS는 사람마다 다르고 시기마다 다릅니다. 언제 어떻게 찾아올지 모르고, 증상이 있다가 없어지기도 합니다. 심하게 오는 친구가 있는가 하면 어느 시기에 줄어드는 사람도 있습니다. 요즘에는 PMS 치료제도 시판될 정도로 고생하는 여성에게는 도움을 주고 있습니다. PMS는 기본적으로 생활 속 스트레스를 줄이고, 멀티비타민제와 칼슘제를 복용하는 것도 도움이 됩니다. 유기농으로 재배되고 첨가물이 없는 식품을 먹는 것이 좋으며, 설탕·카페인·가공식품을 피하는 것이 좋은 방법으로 추천됩니다.

"여성에게 필요한 질 건강 관리법은 무엇일까요?" 여성은 면역 세포의 80%가 질을 포함한 비뇨 생식기에 분포되어 있습니다. 그래서 질 건강을 여성 건강의 척도라고 부릅니다. 스트레스를 많이 받으면 당연히 생식 능력에 문제가 생깁니다. 스트레스는 염증으로 자주 나타납니다. 면역력이 약해질 때 질염에 걸리는 경우가 많습니다. 질은 여성의 또 다른 마음이기도 합니다. 마음을 안정시키는 것이 그만큼 중요합니다.

"생리 중에 자궁의 건강 관리가 필요한가요?" 이 질문에는 당연히 자궁 관리는 생리뿐만 아니라 여성의 건강을 위해 매우 중요하고 필요하다고 강조합니다. 생리 주기에 따라 자궁과 골반은 큰 폭의 변화를 겪습니다. 배란기에는 자궁경부가 열리고 월경기에는 닫힙니다. 그만큼 자궁 문이 운동력이 생기는 시기입니다. 자궁 문이 열리고 닫히는 것은 여성의 심리 상태와 몸의 균형에 큰 영향을 줍니다. 생리 중에는 더 특별하게 신경을 쓰면 좋습니다. 사계절을 모두 겪어가며 온전한 1년을 완성하는 것처럼 순환되는 것이 중요합니다. 우리 딸아이의 건강한 몸이 사계절을 매년, 매월 잘 지나가도록 순환되는 시간을 알려주어야 합니다.

부모가 먼저 알아야 하는 '피임에 대한 생각'

　최근 들어 학교에 강연을 나가면 피임 실습을 경험한 학생들을 종종 만납니다. 피임 실습, 즉 성교육 시간에 콘돔을 직접 실습 기구에 씌워 보는 것입니다. 성교육을 많이 받은 아이들은 콘돔의 생김새나 구매 방법, 착용법을 이미 알고 있습니다. 요즘 아이들은 피임에 관해 물어 보면 대답을 잘합니다. 피임 실습을 시켜보면 콘돔의 끝부분을 두 번 돌리며 비틀어주어야 공기가 빠진다는 상식도 잘 알고 있습니다. 전문 용어를 쓰며 능숙하게 피임 실습에 임하는 친구도 있습니다.

　예전에는 신기하기만 하던 콘돔에 바람을 불어넣고 풍선처럼 장난 치는 친구들이 있습니다. 이제 웬만한 학교에서는 콘돔 실습이 중요한 성교육의 일부분이 되어서 특별한 일이 아닙니다. 이미 유튜브나 인터 넷 검색으로 콘돔 사용법은 흔하게 볼 수 있습니다. 이렇게 다양한 정 보를 통해 피임하는 방법을 잘 알고 있다는데, 우리나라 성인들의 피 임률은 왜 그렇게 떨어지고 있을까요? 청소년들의 성교육에서 그러한 형태가 드러납니다. 아이들은 피임 방법도 잘 알고 있고, 구매하는 법 도 알고 있는데 왜 피임을 해야 하는지는 잘 모르고 있습니다.

피임 교육도 많이 받고 실습도 했는데 피임에 대한 깊이 있는 인식이 없는 것입니다. 우리의 교육이 거꾸로 되었던 이유도 이것입니다. 부모들의 피임 인식은 어떨까요? 피임 자체를 청소년이 언급하는 것이 불편해서 교육을 하지 말라고 합니다. 부모들은 피임 교육 자체에 대한 불신이 있어서 제대로 된 피임 교육이 이루어지지 않고 있습니다. 그렇다면 이런 아이러니 속에 교육이 미치지 못하고 청소년 성관계와 임신에 대한 문제점이 드러날 것입니다. 그것을 사전에 예방하기 위한 교육이 '피임 교육'입니다.

그럼, 여기서부터 시작해보겠습니다. 우리는 피임에 대해 어떤 인식을 가지고 있을까요? 과연 사람들은 피임을 어떻게 수용하고 있을까요? 부모 세대는 피임 교육을 어떻게 개선시킬 수 있을까요? 피임 교육을 아이들에

콘돔, 어떻게 생각하세요?

게 시행하는 것 자체가 불편하다면 더 나은 대안이 존재할까요? 성교육 전문가들은 피임 실습에만 몰두하지 않고 이러한 연구를 하고 있습니다.

국내 콘돔 브랜드인 '바른생각'을 만든 기업 (주)컨비니언스는 2015년 '대한민국에 바른생각을 묻습니다'라는 3분짜리 동영상을 제작했습니다. 물론 7년 전의 영상이지만 우리의 피임에 대한 인식이 고스란히 묻어 있

습니다. 일반인 커플 25쌍을 초대해서 동일한 질문을 하고 그들의 생각을 듣는 영상입니다. 이들은 장모와 사위, 모태솔로, 직장 동료, 일

주일차 커플, 고등학교 동창, 6년 터울 남매, 아빠와 딸, 아빠와 아들, 엄마와 딸 등 다양한 커플들로 구성되었습니다.

'성을 바라보는 우리의 민낯'이라는 주제로 강의할 때 저는 이 영상을 자주 활용하고 있습니다. 영상을 보고 난 후 부모들의 반응은 폭발적입니다. 특히 장모와 사위가 등장하면 여기저기서 웃음이 터집니다. 영상에 등장하는 커플들 앞에 콘돔이 놓여 있습니다.

콘돔을 보자마자 딸 앞에서 헛기침을 하는 아빠, 정색하는 엄마, 콘돔을 가운데 두고 얼굴이 빨개진 장모와 사위, 민망해하는 일주일차 커플 등 그 반응은 제각각이지만 대부분 헛기침을 하거나 민망함으로 시간을 흘려보냅니다. 그중 압권은 엄마와 딸입니다. 딸을 데려온 엄마는 분노에 찬 얼굴로 "이런 주제였으면 딸과 여기에 오지 않았을 것"이라며 불쾌감을 드러냈습니다. 이 영상이 각 세대마다 콘돔을 바라보는 불편한 시선을 여과 없이 보여준다고 생각합니다.

우리는 묻습니다. "콘돔 어디서 파는지 아세요?", "몇 살부터 살 수 있을까요?", "써본 적 있으세요?", "제대로 사용할 줄 아시나요?" 영상은 불편해하는 커플들을 향해 이렇게 질문을 던집니다. 가장 깊이 숨겨둔 우리가 생각하는 성의 민망함을 묻자 모두 경직되고 불편함을 드러냅니다. 성교육에서도 비슷한 느낌을 받게 됩니다.

영상 후반부에 사람들은 콘돔을 보는 것에 익숙해지고 피임의 중요성에 대해 고민하는 시간을 가졌을 때 그동안 관심을 두지 않았다는 것을 깨닫게 됩니다. 처음보다 자연스러워지는 커플들을 발견하게 됩니다. 콘돔이 부끄러운 것이 아니라 우리가 가진 성 의식이 부끄러운 것임을 알게 되는 것입니다. 이처럼 우리에게 기회가 없었기에 우리는 콘돔을 알아가는 과정이 불편했던 것입니다.

우리 청소년은 이미 피임 실습을 통해 이러한 불편함이 거의 없습니다. 그런데 부모들은 피임 교육을 어떻게 생각하고 있을까요? 여전히 거부하고 늦춰야 하는 민망하고 부끄러운 교육으로 바라보실까요? 영상에서 소개된 'OECD 국가 중 낙태율 최상위권, OECD 국가 중 콘돔 사용률 최하위, 청소년 임신율 24%'라는 우리의 현실이 더 크게 부각됩니다. 우리의 인식을 바꾸지 않으면 미래의 성 의식은 변화되지 않습니다. 단지 이러한 기회가 주어지지 않았을 뿐 우리는 교육 속에서 올바른 사고를 할 수 있습니다.

한 부모는 이렇게 고백합니다. "어떻게 해야 하는지 안 가르쳐주고 하지 말라는 성교육만 있어서 시대적으로 뒤처져 있을 것이라 생각은 했는데, 그게 수치상으로 나타나 더욱 가슴 아팠습니다." 우리의 교육은 여전히 어떻게 하는지 가르쳐주지 않습니다. 그래서 다음 세대인 아이들의 문제점을 그냥 회피합니다.

부모들은 이 영상을 보고 나서 이렇게 말합니다. "나에게 기회가 너무 없었습니다." 영상에 등장한 여느 커플들에게 많이 공감되었다며 부끄러운 자신의 성 의식을 고백합니다. 우리는 이제 달라져야 합니다. 이미 부모와 자녀의 성 의식은 간극이 생겼습니다. 모든 문제는 그 안에서 해결 방법을 찾을 수 있습니다. 하지 말라는 교육은 이미 빗나가고 있습니다.

피임을 언급해야 하고 준비하며 피임 교육을 통해 앞으로 우리가 어떻게 해야 할지 고민하고 토론해야 합니다. 그런 기회가 주어져야 문제의 대안이 생겨납니다. 피임 교육은 부모의 용기에서 시작하는 교육이기 때문에 부모가 먼저 고민해야 합니다. 우리 아이들의 생명 안전 교육은 피임을 말하는 것에서 시작됩니다.

화재 예방 교육을 했다고, 다음 날 학생들이 불을 지르지 않습니다. 오히려 불에 대한 위험성과 올바른 사용법을 깨닫습니다. 방화를 조장하는 교육이 아니고 화재를 예방하는 교육입니다. 피임 실습은 성관계를 조장하는 교육이 아니라 오히려 성관계를 무겁고 진지한 책임으로 생각하게 만듭니다. 콘돔 실습을 했다고 콘돔을 사러 다니는 학생은 없습니다. 아이들은 생명의 책임에 대해 생각하게 됩니다.

우리는 아이들이 자라며 불을 사용하지 못하도록 하는 것이 아니라 불을 잘 사용하도록 가르쳐야 합니다. 성교육 선진국인 스웨덴, 덴마크, 네덜란드에서는 피임 실습 과정이 정규 과목으로 지정되어 있습니다. 그래서 청소년들이 일찍부터 피임 교육을 받고 콘돔 사용법을 알게 됩니다. 사춘기의 아이들에게 예방 교육과 더불어 '성관계 후 임신이 된 상황'에 대한 책임 교육에 훨씬 큰 비중을 두고 있습니다. 철저히 그 당사자들이 책임지는 성교육을 진행하고 있고, '섹스할 권리에 따른 책임'을 청소년에게도 철저하게 부담시키고 있습니다.

유럽 남성의 콘돔 사용률이 높은 이유는 피임 실습 교육과 더불어 책임의 제도가 강력하게 자리 잡고 있기 때문입니다. 유럽의 피임 교육은 '미혼부 책임법', '책임의 제도', '피임 실습 교육'이 함께 상호 작용되어 성공적인 실천 효과를 거둔 것입니다. 성적 권리를 존중하지만 책임을 지지 않을 때는 권리가 보장되지 않습니다.

우리나라에서 세례명 베네딕트로 알려진 이광호 신부님의 강력한 메시지는 미혼부 책임법 속의 생명 존중이 필요하다는 것입니다. 안전한 피임법만을 강조하는 우리나라의 성교육의 단면을 지적합니다. 이 제 덮어두기만 했던 우리의 의식에 변화가 필요합니다. 피임 교육과 책임 교육이 균형 있게 되어야 생명을 존중할 수 있습니다.

아이의 스마트폰에서 음란물을 발견했어요

"아들의 스마트폰을 살펴보다가 음란물이 저장되어 있는 것을 발견했습니다. 내용은 잘 모르겠지만 그 영상의 성행위 장면이 너무나 충격적이어서 순간 스마트폰을 떨어뜨릴 뻔했습니다. 지금까지 키워온 아들에 대한 실망감과 회의감이 들었습니다. 혹시 성범죄자가 되는 것은 아닐지, 저런 영상을 보며 어떻게 엄마 앞에서는 착한 아들인 척했나 싶어 그날 밤은 잠을 이룰 수 없었습니다. 자꾸 눈물이 흐르고 막막해졌습니다. 어떻게 아들을 용서하고 지도해야 할까요? 아이를 쳐다보고 말할 용기도 없습니다."

아이의 스마트폰에서 우연히 음란물을 발견한 어머니가 사연을 보내왔습니다. 음란물에 노출된 아이의 사연을 접할 때마다 참으로 해결하기 어려운 문제라고 깨닫습니다. 이와 같은 고민으로 눈물을 흘리는 부모들을 만날 때마다 제 마음도 한없이 바닥으로 꺼지는 것을 느낍니다. 자녀에 대한 실망감에 휩싸인 부모의 심정을 어떻게 설명할 수 있을까요? 음란물이 주는 충격은 부모에게 회의감을 주고 상처를 남깁니다. 그리고 그러한 감정이 부모와 자녀의 관계를 파괴할 수 있는 위력을 갖고 있습니다.

어떤 부모가 이렇게 감정이 무너진 상황에서 지혜롭게 대처할 수 있을까요? 성교육 강연도 듣고 자녀의 훈육 영상을 보면서 공부했어도 '사건' 앞에 무너집니다. 자녀가 음란물에 노출된 사실을 알게 되면 감정적으로 엄청난 충격을 받습니다. 그 영상을 직접 본 엄마는 더욱 큰 트라우마가 남고, 관계의 단절로 더욱 큰 상실감에 사로잡힙니다.

이것은 부모의 탓이 아닙니다. 어쩌다가 상황이 이렇게 되었을지 부모의 책임으로 자책하실 필요가 없습니다. 그렇다고 모든 것이 음란물을 본 아이의 탓도 아닙니다. 우리 아이가 특별히 달라서 벌어진 결과가 아닙니다. 음란물에 노출될 수밖에 없는 현실이 그렇습니다. 부모는 이해할 수 없지만 현장에서 만난 청소년들 중 음란물에 노출되지 않은 아이들도 있고, 부모 몰래 음란물을 접해본 아이들도 있습니다. 그리고 부모에게 들킨 아이들과 들키지 않은 아이들도 있습니다.

자녀가 음란물에 노출된 것이 모두 '부모의 탓'이라면, 그로 인해 '부모의 자격'이 없다고 한다면 그 자격을 갖출 수 있는 부모는 많지 않습니다. 이것은 자격의 문제가 아니고 문화와 환경의 문제입니다. 아이들의 의지가 문제가 아니라 예측할 수 없는 시대의 문제입니다. 그렇다고 음란물을 보게 된 아이들에게 면죄부를 주거나 아이들이 정당하다고 말하는 것이 아닙니다. 다만, 감정이 무너지고 상실감에 빠진 상태로는 부모와 아이의 관계는 회복될 수 있는 가능성이 희박하고 희망적인 이야기를 나눌 수 없습니다.

어머니는 아들에게 가졌던 신뢰와 믿음이 사라졌기 때문에 상실감과 허탈감에 빠집니다. 다시 믿음과 신뢰를 쌓는 관계가 되어야 합니다. 그러기 위해 사건을 인정하고 새로운 관계를 만들기 위해 방법을 찾아야 합니다. 이제 상처 난 부모의 마음에 단단한 딱지가 생기도록 해야 합니다. 그것이 버티고 견디는 방법입니다.

음란물 관련 상담을 하는 부모들은 대부분 상처가 아물지 않은 상태로 오십니다. 그래서 상담을 통해 상처 난 부위가 낫도록, 단단하게 마음을 다잡아 냉철하고 현실적으로 마음이 회복될 수 있도록 돕기 위해 격려하고 위로합니다. 그 과정을 만들어야 하고 반드시 필요합니다. 상황은 변한 것이 없습니다. 부모의 마음에 딱지가 앉아야 할 뿐입니다. 그것이 부모의 마음을 단단하게 만드는 첫 번째 준비입니다.

마음의 준비가 된 부모는 자녀의 성 호기심과 성 욕구에 대한 이해도 필요하겠지만 음란물에 대해서 알아야 합니다. 음란물을 보지 않은 부모가 자녀에게 음란물의 문제점을 지적하면서 윤리적인 기준을 갖다 대거나 '악의 축'으로 몰아버리면 자녀들은 음란물이 왜 잘못되었는지 알지 못합니다.

부모는 왜 음란물이 잘못되었는지 알려주어야 합니다. 유치원 자녀나 초등학생 저학년 자녀라면 '구체적인 사고'에 집중하는 시기이기 때문에 음란물에 대한 문제점을 구체적으로 나열해주면 좋겠습니다. 초등학교 고학년부터 중학생까지는 '추상적인 사고'를 하는 시기이므로 자신만의 생각으로 사고합니다. 음란물에 대해서도 문제를 제기하고 아이가 음란물에 대해 스스로 성찰하도록 하는 시간을 줍니다. 그래야 스스로 오류를 발견하고 수정하며 조절하는 동기가 생깁니다. 지금은 음란물을 본 것이 잘못되었기에 혼나는 분위기에 위축되어 있지만 정확히 무엇이 문제인지 파악하지 못하는 것입니다. 아이가 스스로 음란물에 대해 새롭게 생각할 수 있는 시간을 주어야 합니다.

전문가로서 교육을 할 때 음란물로 배우는 성이 어떤 것인지 알려주는 방법이 있는데, 부모가 직접 교육하는 것도 좋은 효과가 있습니다. 먼저 부모가 음란물 예방 교육을 자녀에게 하려면 '음란물이 알려주는 잘못된 성'에 대해 이야기하는 것으로 시작할 수 있습니다. 어떤 것이 있는지 미리 공부해야 합니다. 부모가 강제적으로 음란물을 보는 것을 '죄'라고 단정 지으면, 아이들과 어떤 공감대를 형성하지 못합니다. 아이가 생각할 수 있도록 보편적인 화두를 던지는 교육이 되면 좋겠습니다. 다음은 청소년 교육에서 주로 사용하는 음란물 교육 방식입니다.

음란물이 알려주는 '여섯 가지 잘못된 성'

① 남성과 여성의 성기에 대한 오해를 만들어냅니다. 음란물에 나오는 출연자의 성기나 성행위가 과장과 연출로 보여주는 형태로 나타납니다. 음란물 출연 배우는 성기 확대 및 가슴 성형을 한 경우가 대부분입니다.

② 지극히 성기 중심적 행위만을 묘사해 '성기'만 기억하게 만들어 중독성을 위해 만든 연출입니다. 진짜 성관계와 차이를 만들어냅니다.

③ 여성을 인격체로 보지 않고 성행위 대상으로 만들어 '흥분'의 재료로 휘발되게 만들어 버립니다. 그래야 지속적으로 다른 영상이 만들어지는 마케팅 효과를 불러옵니다.

④ 강하고 세게 하면 만족이 되는 쾌락의 과몰입을 극대화합니다.

⑤ 음란물은 보여주기 위해 만든 것이므로 계속 보게 하기 위해 음란물 중독이나 자위 중독에 대한 책임을 지지 않습니다.

⑥ 자극적인 장면에만 길들여지고 현실에서 흥분하지 못하는 성기능 저하와 뇌의 반응을 만들어냅니다.

음란물에 빠르게 중독된 아이들에게
천천히 일어설 시간 주기

우리의 일상 속 디지털 환경에서는 속도의 경쟁에서 승자만 살아남습니다. 유튜브, 틱톡과 같은 빠르게 공유되는 플랫폼의 영상이 지속적으로 문화 지배력을 발휘할 것입니다. 문화 국력, 문화 식민지, 문화 통치라는 말이 어색하지 않은 시대입니다. 하루에도 수많은 영상 콘텐츠가 쏟아지고, 대중의 선택을 받기 위한 치열한 경쟁이 펼쳐집니다. 그동안 문화를 주름잡던 TV와 라디오, 잡지 중심의 레거시 미디어는 유튜브와 같은 뉴미디어의 시대가 열리며 빠른 속도로 패권을 빼앗기고 있습니다. 전체를 보지 않아도 짧은 클립이나 임팩트 있는 릴스reels 영상이 레거시 미디어 프로그램의 인기를 압도하고 대중문화를 이끌어갑니다.

이제 시대의 흐름은 정보화에 있으며 정보산업을 주체로 전개되는 사회가 열리며 정보의 권력이 생겨나고 있습니다. 정보의 홍수를 넘어 과다한 정보에 몸살을 앓고 있을 지경에 이르렀습니다. 얼마만큼 좋은 정보를 선택할 수 있는지 그 능력이 평가받는 시대입니다.

영상에 화려한 효과와 자막은 과하다 못해 TMI를 만들어 과다 복용

시키고, 우리에게 생각할 틈을 주지 않는 과도한 친절을 베풀고 있습니다. 시청하는 것이 눈과 뇌에 정보를 부어주는 느낌이 들 정도로 늘 정보에 배부를 것입니다. 그래서 인간은 점점 성찰의 시간, 생각하는 환경이 사라지고 사고의 시간이 줄어듭니다. 뇌에 저장하거나 배운 것을 습득하려는 과정이 생략되고, 이미지만 남고 정보는 스쳐지나갑니다. 그 다음 영상, 그 다음 생각이 스킵의 연속으로 다음 정보에 덮여 버립니다.

'핵노잼'이라는 말이 있습니다. 핵이란 단어가 붙을 만큼 재미없다는 의미입니다. 점점 재미가 떨어지고 집중력이 짧아지기 때문에 생각을 차근차근 하는 게 어렵고 어떤 정보든 속도가 느리면 지루합니다. 유튜브 영상의 제한시간은 10분 내외가 효과적이지만 오히려 3분 이내의 영상을 선호하게 됩니다. 더 짧아지고 있고, 틱톡 같은 15초 영상이나 광고가 선택을 받습니다. 아무리 유용한 정보도 영상 초반에 도입 부분의 설명이 길어지면 '설명충'이 되어 시청자의 선택에서 밀려날 것입니다.

심사숙고가 사라지고 빠른 설명이 효과적인 세상이 도래한 것입니다. 모든 면에서 지식 습득도 언어를 배우는 능력도 줄어들고 있습니다. 그래서 대화와 소통보다 정보를 인식하는 속도가 성공의 열쇠가 되기도 합니다. 사람과의 대화가 불필요해 인공지능의 빠른 결정이 점점 더 큰 호응을 얻게 됩니다. 용건만 간단히 되는 효율적인 '챗', '톡'이 인간의 소통보다 많은 선택을 받게 됩니다.

혼밥, 혼술에 이어 나 혼자 살아도 되는 세상이 열리기 때문에 점점 '혼자의 철학'이 효율적이고 유연한 세상의 법칙으로 만들어집니다.

이러한 효율 속에 생각과 사고 시간이 짧아진 SNS적 사고는 여러 가지 문제점을 불러옵니다. SNS로 주로 소통하는 요점 소통은 맥락을 전부 검토하기 전에 결정하고 이해해버립니다. 현대인의 가장 큰 문제로 충동적이고 욕구 조절이 어려운 상황이 발생한다는 것입니다. 욕구 조절이 점점 어렵고 지루함을 못 견디고 빨리 결과를 얻으려는 조급함이 생겨 불안해집니다. 그래서 이러한 불안은 여러 가지 정신적 질환을 불러옵니다.

사고의 시간이 줄어든 지금, 성에 대한 의식도 줄어들고 있는 것은 아닐까요? 음란물의 잠식은 성적 욕망과 욕구를 빠르게 채우는 심리를 악용하는 결과가 아닐까요? SNS, 인터넷, 스마트폰, 유튜브로 언제 어디서든 흥분의 재료를 찾아낼 수 있습니다. 부모의 눈을 피해 얼마든지 음란물을 볼 수 있습니다. 비디오 기반의 음란물이 SNS로 옮겨지는 이유는 기술적 발전과 음란물이 결합되는 최고의 조건을 만들어낸 것입니다. 자위 기구, VR 포르노, 리얼돌 음란물의 침입은 더욱 빠르게 생각의 시간을 줄어들게 하면서 진화될 것입니다. 세상의 변화 속도에 우리 자녀들에게 성찰의 시간을 확보해주어야 합니다.

청소년들의 '음란물 해부하기' 프로그램을 진행하면 반응이 좋은 시간이 있습니다. 일본의 포르노 제작이 어떤 과정을 통해 만들어지는지 함께 분석하고 음란물을 리터러시하는 시간입니다. 음란물이 현실적이지 않은 이유를 구체적으로 설명합니다. 성기와 성행위만을 강조하기 위해 만드는 음란물은 기술적으로 연출 효과를 극대화하기 위한 프로세스일 뿐입니다. 특히 상업적 포르노물에서 카메라 앵글을 조작하고 특수효과를 쓰고 편집하는 과정은 충격적이고 놀라운 반응을 일으켜야 하는 제작 의도를 담고 있습니다. 진짜가 아니지만 진짜로 믿고, 논픽션의 판타지를 갖게 될 때 영상에 몰입시키는 전략입니다.

일본의 포르노는 이러한 시각적 효과를 가장 높이는 기술력을 취하게 됩니다. 단번의 몰입으로 장사를 하는 것입니다. 스킵 없는 선택을 받기 위해 충격적인 성기의 모조품이나 특수효과 처리, 사정 행위의 조작, 특수촬영 장치, 배우의 과장된 행동과 신음소리 연기, 효과음, 금기에 대한 기획 등 금방 빠져버리게 만드는 상업적인 산물입니다.

이러한 방식에 취약한 사람들이 금사빠(금방 사랑에 빠져버린)하거나 낚이게 되는데, 이러한 분석을 미리 해줌으로써 실체를 파악하고 예방할 수 있는 기회가 됩니다. 음란물은 '관계성'을 배제합니다. 음란물을 보며 배우 간의 관계가 드러날 필요가 없습니다. 2~3분 안에 바로 성행위가 시작되는 조건을 만들면 됩니다. 스토리에서 죄의식이 느껴진다면 성적 흥분의 상품적 가치가 떨어집니다. 지독하고 가학적인 성행위지만 죄의식이 분리되도록 만들어야 합니다. 성 판타지를 극대화한 것이 포르노 산업입니다.

음란물에 빠지는 '중독에 이르는 과정'의 원인을 부모가 알아야 합니다. 미국의 심리학자인 빅터 클라인Victor B.Cline은 음란물 중독 4단계를 이렇게 설명합니다. 1단계는 호기심으로 음란물을 본다. 2단계는 점점 더 자극적인 것을 찾게 된다. 3단계는 음란물 내용이 일반적이라고 생각한다. 4단계는 실제 경험해보고 싶은 욕구

가 생긴다. 이러한 위험의 단계를 거쳐 중독에 이른다고 주장합니다. 이 단계를 받아들여 스스로 인정하고 내가 음란물에 노출된 정도를 알아야 합니다.

음란물에 빠지는 아이들을 막기 위해 우리는 어떻게 방어를 하고 있나요? 통제는 음성화의 수단이 됩니다. 빠르게 사고하는 아이들에게 '성찰의 시간'을 주어야 생각할 수 있습니다. 가만히 있어야 사물을 보고 생각하는 시간이 생깁니다. 음란물의 거짓됨과 왜곡된 면을 정확하게 알려주고 음란물에 속지 않도록 생각할 시간을 주어야 음란물이 위험하다는 것을 알게 됩니다. 음란물을 보면 자꾸 보고 싶고 충동적이며 조절이 안 되는 이유를 설명합니다. 음란물에 대해 이야기할 때는 부모는 절대로 훈계하거나 혼내지 않아야 합니다. 음란물로 향하는 '욕구'는 인정하되, '존재' 자체를 부정적으로 대하지 않도록 유의해야 합니다. 그래야 아이에게 변화될 기회가 주어집니다.

부모가 알려주면 좋은 '음란물에 지지 않는 법 네 가지' 중에서 첫 번째는 음란물에 노출되더라도 음란물에 속지 말아야 합니다. 노출된 것은 자신의 의지로 벗어나기 힘들지만 그 다음 대책을 세우거나 음란물에 의존하게 되는 것은 자신의 선택으로 막을 수 있습니다. 두 번째는 음란물을 보았다면 스스로 약속을 정해 항상 음란물에 노출되던 취약 시간을 피하고, 다른 활동으로 방향을 전환하도록 해야 합니다. 이러한 취약 시간대를 거르는 연습이 음란물의 지배를 피하는 분위기를 만들어줍니다.

세 번째는 음란물이 내 안에 들어온 만큼 건강한 성 지식을 습득하기 위해 노력하고, 음란물에 대한 교육을 받으며, 잘못된 자극에 방어하는 노력을 해야 합니다. 네 번째는 나의 성 욕구와 성 충동을 긍정적인 곳에 쏟기 위해 욕구 조절과 자기 통제에 대한 준비를 합니다. 말 그대로 성 욕구의 '차단', '시프트'가 작동되도록 에너지를 다른 곳에 사용할 수 있는 준비를 하는 것입니다. 내가 견뎌내고 버틸 수 있는 희망적인 활동을 찾아야 합니다.

음란물의 특성은 자꾸 생각나고 따라 하고 싶은 충동이 생길 수 있다는 점입니다. 이러한 특성을 짚어주고, 그런 욕구와 충동은 있을 수 있다는 것을 인정하면서 다음 행동으로 이어지지 않게 충동을 조절하는 방법과 자기를 통제하는 방법을 설명합니다. 사춘기 시절 나만의 방식이 만들어질 때까지 시행착오가 생기겠지만, '음란물에 지지 않는 법'을 생각하는 성찰의 시간을 충분히 가져야 합니다. 안전을 위한 브레이크가 작동되기 위해서는 천천히 브레이크를 몇 번씩 밟고 속도를 줄여야 하는 것처럼 제동의 경험치가 쌓여야 합니다. 그래서 부모는 지켜보며 기다리는 것입니다.

그리고 충동적 욕구의 속도를 줄이기 위한 '액셀'에서 발을 떼어야 하므로 냉정한 자기 조절의 시간이 필요하고, 충분한 성찰을 위한 운행 연습이 필요합니다. 그러한 경험이 쌓이며 안전 주행으로 갈 수 있는 경력이 쌓여야 안전 운전을 할 수 있는 경로가 확보될 것입니다.

나는 제작하지 않았다!
뻔뻔한 페티시즘

    N번방 사건 이후, 한동안 디지털 성범죄 사건과 관련된 보도가 이어지다가 잠잠해졌는데, 최근에 아동·청소년 성 착취 영상의 거래 실태가 보도되었습니다. 텔레그램의 검열이 심한 틈을 타서 또 다른 플랫폼으로 옮겨 버젓이 N번방에서 거래되었던 아동·청소년 성 착취 영상을 사고파는 10대를 검거했다는 보도를 보게 되었습니다. 새로운 플랫폼에서 성 착취 영상 거래를 주도하고 비밀방을 운영한 판매책 10대 A군이 검거되는 과정을 보며 검거 당시 취재진에게 말한 이야기가 먹먹하게 남게 되었습니다.

    피해자에게 할 말이 있는지 물어보는 취재진의 질문에 A군은 "판매한 아동·청소년 성 착취 영상물은 제가 직접 제작한 것이 아니다"라고 말했습니다. 자신이 제작하거나 착취한 것은 아니라는 핑계를 대는 것인지 처벌의 책임을 피하려는 것인지 자신은 '판매'했다는 것만 강조한 것입니다. 이 A군의 발언은 그동안 N번방 사건이 계속되고 있었다는 증표이며, 디지털 성범죄 피해 여성을 얼마나 대상화했는지 알 수 있는 대목이었습니다. 자신이 검거되는 자리에서조차 저런 인터뷰를 할 정도로 문제의식이 없는 10대 청소년의 모습은 우리 성 문화의 현주소를 여과 없이 보여주는 것이었습니다.

영상 속 피해자에게 그는 어떤 마음을 가지고 있었을까요? 어쩌면 뿌리 깊은 디지털 성범죄의 깊이가 우리가 예상하는 것보다 더욱 깊게 내린 것은 아닐까요? 우리 청소년 문화 안에 성 의식을 되돌아봐야 하는 지점입니다. 지금 디지털 성범죄는 우리 사회에 커다란 경종을 울리고 있습니다. 10대들이 또래들에게 가해를 하고 있으며, 아동·청소년 성 착취 영상을 사고팔고 있다는 뉴스를 보며 성교육 종사자로서 부끄러운 마음을 감출 수 없었습니다.

디지털 성범죄에 대한 인식이 바뀌어가는 지금의 시대 속에 아동·청소년 성 착취 영상은 왜 이렇게 만연하게 퍼져 있는 것일까요? 아무리 해외 서버라고 해도 법률적으로 검열하고 억제할 수는 없을까요? 여전히 아동·청소년 불법 성 착취 영상을 소비하는 국가로 낙인되어 지금도 공급과 수요가 발생되는 이유는 무엇일까요?

디지털 성범죄에 해당되는 아동·청소년 성 착취 영상을 SNS를 통해 업로드하고 공유하고 거래하는 사람들은 누구인지 궁금했습니다. SNS로 급속도로 퍼지는 아동·청소년 성 착취 영상을 올리는 사람은 누구일까요? 어떤 사람들이 유포하고 있는지 우리는 2018년부터 2020년까지 YTN 뉴스기획과 함께 푸른아우성이 취재를 공조하여 온라인 음란물 유포자 연령을 조사했습니다.

SNS나 메신저에 게재한 아동·청소년 음란물 유통 실태를 조사해보니 그 연령대가 초등학생이 28%이고 중·고등학생이 23%의 비율로 나타났습니다. 청소년에 해당되는 연령이 51%라는 조사 결과가 충격적으로 다가옵니다. 소셜미디어와 온라인을 주로 이용하는 연령대에서 디지털 성범죄 유포도 이루어지고 있는 것입니다. 아동·청소년 성착취 영상 유포자가 절반이 청소년이라는 사실입니다.

물론 이 한 가지 통계로 전체 청소년의 문제로 일반화하기는 무리가 있다고 하지만, 우리가 음란물 유포나 유통에 대한 심각성을 갖기에는 충분한 조사 내용으로 보입니다. 유포자들 중 몇몇을 인터뷰하는 과정에서 그 이유를 물었습니다. SNS 해외 계정이라 안 걸릴 것이라 생각해서 아무 의심 없이 올렸다는 이유, 올리는 게 불법인 줄 몰랐다는 이유, 실제로 자신이 제작하지 않았고 그냥 공유만 하는 것은 큰 문제가 되는지 몰랐다는 이유였습니다. 앞서 검거된 A군의 이야기와 같은 범죄 공식입니다.

해외 계정을 플랫폼으로 이용하더라도 분명히 검열되고 수사 받을 수 있습니다. 세컨드 계정도 범행의 꼬리가 밟히면 수사될 수 있습니다. 소셜미디어에 업로드하다가 검거된 유포자의 인터뷰에서 SNS 팔로우 숫자를 늘리기 위해 음란물을 게시했다는 이유는 관종의 영역을 넘어 수익 창출로 악용되어 범죄로 발전될 위험성을 보입니다. 암호화되고 비밀스러운 채팅 메신저와 SNS를 통해 음란물을 올리는 행위는 디지털 성범죄입니다. 우리 온라인 문화 안에 만연하다고 하지만 이것은 분명히 처벌을 받습니다.

우리는 왜 이러한 문제점을 방치했을까요? 그토록 음란물 거래와 음란물 공유 문화에 관대했던 이유는 무엇일까요? 우리가 주저하고 망설이는 시간에 이 불법 행위는 수익이 된다는 이유로 어른들이 방관하고 성을 상품화했습니다. 돈이 되니까? 사람이 모이니까? 판매가 되고 요청이 있으니까? 더욱 치밀하게 돈이라는 약점을 파고들었습니다.

온라인에서 판로를 찾는 아이들은 어른들이 했던 것처럼 음란물 거래에 쉽게 손을 뻗고 돈이 되는 거래를 합니다. 불법이나 범죄임에도 채널을 만들고, 비밀방을 개설하고, 오픈 채팅방을 운영합니다. 그 범죄의 경계를 넘나들도록 묵인하고 허용한 것은 어른들이었습니다. 더이상 어른들이 만든 성폭력 산업의 구조가 다음 세대로 이어지면 안됩니다. 여전히 불법적 거래는 쉽고, 아동·청소년 성 착취 영상이 높은 가격으로 판매되는 비밀방이 존재합니다. 피해자의 아픔보다 돈이 되는 장사로 여기는 생각이 아이들을 유입시키고 있습니다. 우리가 싸워야 할 분명한 이유는 음란물로 돈을 버는 것이 괜찮다고 생각하는 의식입니다.

정신분석학에서는 특정 부분이 전체를 대신하는 현상을 페티시즘이라고 합니다. 현대에는 주로 성적 취향을 나타내는 표현으로 쓰이고 있습니다. 하지만 페티시즘은 왜곡을 말하고 있습니다. 이 페티시즘의 대표적인 미디어 장르가 '포르노그래피'입니다. 음란물이라는 것입니다. 특정 부분이 전체를 대표하는 것은 분명한 왜곡입니다. 성을 성기 삽입이라는 행위로 상징하는 것은 왜곡이며, 성을 착취한 영상이 제작물이고, 사물화라고 하는 것은 성을 대상화하고 도구화하는 범죄입니다.

아무리 포장해도 변함없는 진실입니다. 이 비정상적이고 진실을 왜곡하는 페티시즘의 성 문화를 우리 스스로 정화해야 합니다. 범죄로 돈을 벌 수 있는 것, 즉 소지하고 거래가 가능하도록 하는 음성적인 유통망을 어렵게 만들어야 합니다. 여전히 이것을 주저한다면 오늘도,

내일도 우리의 성 문화는 왜곡된 페티시즘화로 남을 것입니다. 음란물 소지와 유포는 범죄이며 범죄자는 반드시 처벌됩니다. 그래야 비로소 아이들의 내일은 우리 어른들의 어제와 달라질 것입니다.

메타버스, 가상과 현실을 함께 세울 수 있는 미래 수업

로블록스ROBLOX라는 게임을 알고 계신가요? 가상의 공간을 창조하고 가상의 내가 새로운 삶을 살 수 있는 것? 가상 게임에서만 존재하는 세상일까요? 로블록스는 가상세계를 스스로 창조하고 활용하는 실시간 게임입니다. 이미 미국의 10대 아이들에게는 로블록스로 대표되는 디지털 세계, 즉 메타버스의 세상이 열리고 있습니다.

메타버스는 증강현실, 라이프로깅, 거울세계, 가상세계를 포함한 용어로 저도 앞으로 이 용어를 자주 사용할 것 같습니다. 그만큼 대중화되고 있고 새로운 이해가 필요한 개념입니다. 증강현실이라고 불리는 3차원 가상공간의 개념이 사회적·경제적 개념으로 확산된 메타버스Metaverse는 현실세계를 나타내는 유니버스Universe와 가공이나 추상을 의미하는 메타Meta의 합성어로서 '3차원 가상세계'를 의미합니다. 증강현실의 확대된 개념으로 보면 좋을 것 같습니다.

1990년대부터 2000년대 초반까지 유행한 싸이월드를 기억하시나요? 이미 메타버스의 초창기를 우리는 이 미니홈피를 통해 경험했던 것입니다. 당시에 유행하던 미니홈피는 나를 대리하는 아바타가 있고

사이버 머니처럼 사용되던 '도토리'가 가상통화의 매개가 되어 타인과 네트워크로 소통하던 추억이 새록새록한 커뮤니티였습니다. 일상의 포스팅, SNS, 아바타 기능, 파도 타기, 싸이월드 미니홈피는 메타버스를 이해하는 개념으로 보면 좋을 것 같습니다.

더 확장된 메타버스 공간은 3차원을 넘어 4차원으로 인간적 교류까지 이끌어갈 새로운 개념의 플랫폼입니다. 이미 시민화된 디지털 10대들이 나타나고 있습니다. 미국의 디지털 문화적 변혁이 시작되고 있는 것을 이러한 메타버스의 발전으로 알 수 있습니다. 16세 이하 절반 이상이 이미 메타버스를 사용 중이며, 수많은 아이가 이를 통해 돈을 벌고 있습니다. 사이버 세상에서 실제로 수익을 생산해내고 있습니다.

2021년 3월, 로블록스가 미국 증시 상장 기업가치 300억 달러(약 36조 원)에 이르렀습니다. 어떻게 가상공간의 투자가 현실 속 투자로 이어지고 있을까요? 미국 〈CNBC〉에서 어린이·청소년을 조사해보니 유튜브 사용 시간보다 로블록스 평균 접속 시간이 훨씬 앞지른다는 결과가 나왔습니다. 이제 영상 플랫폼을 넘어 가상공간 메타버스가 현실화되고 그곳으로 디지털 세대가 넘어가고 있음을 알 수 있습니다.

현실세계에는 더이상의 신대륙은 없어졌다고 말합니다. 21세기 디지털화의 속도가 빨라지며 기존의 직업은 점점 사라지고 있습니다. 제4차 산업혁명의 변화 앞에 새로운 영토가 대안이 되는 것이 바로 가상세계 '메타버스'입니다. 인간의 또 다른 가상세상, 콜럼버스가 항해를 통해 신대륙을 발견했다면, 이제는 컴퓨터와 스마트폰만 있으면 어디에서든 가상세계의 신대륙을 발견할 수 있습니다. 메타버스는 단순히 자신의 아바타를 만드는 것을 넘어 가상세계에서 자신의 정체성을 담고 아이덴티티를 만들며 자신을 표현하는 자아가 만들어져 타인과 교류하는 또 다른 세상을 구축해나갈 수 있습니다.

우리나라의 메타버스는 어디까지 찾아온 것일까요? 우리의 가상세계는 어떻게 열리고 있을까요? 이미 우리나라의 10대들에게 큰 변화가 일어나고 있습니다. 마인크래프트와 닌텐도 동물의 숲이라는 게임이 잘 알려진 가상세계 게임이며, 일명 LOL(리그오브레전드) 등과 같은 게임세상에서 다양한 메타버스를 경험하고 있습니다.

10대들의 신대륙이 되어가는 네이버의 제페토ZEPETO 누적 사용자가 2억 명을 넘어섰다고 합니다. 제페토에는 이미 많은 10대의 가상세계가 펼쳐지고 있습니다. 지금의 MZ세대는 '제페토에서 논다'라는 말이 있을 정도로 기성세대가 놀이터에서 뛰어놀았다면 이제 MZ세대는 제페토에 모여서 놀고 있습니다. 메타버스 증강현실의 아바타 세상으로 자신이 원하는 맵을 선택해서 입장할 수 있습니다. 나를 본떠 만든 페르소나의 아바타가 친구를 사귀고 만날 수도 있습니다. 데이트하고, 전시회를 관람하고, 친구의 집에 초대되어 사진을 같이 찍을 수 있습니다.

증강현실에서는 자신의 우상이나 아이돌, 인기 게임 캐릭터, 인기 웹툰 등을 직접 만나거나 경험하게 됩니다. 비싼 명품 하나를 사려면 수백만 원이 필요하지만, 제페토에서는 몇천 원이면 명품도 종류별로 가지고 다닐 수 있습니다. 아이돌이나 원하는 스타일로 나에게 동화시킬 수 있습니다. 10대를 위한 메타버스 공간이 대중문화의 소비 코드가 확산되어 수많은 아이템을 구매하는 시장, 소비 생태계로 발전하고 있습니다.

이러한 변화 앞에 기성세대들은 "사이버? 가상공간? 그 가상세계가 뭐라고 거기에 돈을 쓰는 거냐?"라고 지적한다면 메타버스에 적응하지 못하는 어른으로 남게 될 수 있습니다. 메타버스, 디지털 세대의 격변은 누구나 경험하게 될 것입니다. 게더타운과 같은 메타버스 형태의 화상 채팅도 줌 교육을 넘어 머지않아 많은 삶에서 변화를 겪게 될 것입니다. 이미 우리는 오프라인 공간과 함께 가상공간이 공존하는 삶을 살아가고 있습니다. 코로나 재난시대로 더욱 앞당겨져 우리는 생활공간 속 메타버스를 맞이하게 되었습니다.

이러한 새로운 환경에서 발생되는 문제점 중 가장 뚜렷하게 보이는 것이 메타버스 속의 성희롱입니다. 제페토 가상세계에서 아바타로 만나는 사람들과 채팅을 하며 수영장이나 친구의 집에서 놀면서 '야한 포즈'를 따라 '벗어봐' 등의 성희롱적 발언이 쏟아지는 문제점을 발견합니다. 아바타를 통해 성적인 제스처 구현이 논란이 되었습니다. 가상세계를 경험하는 10대들에게 이러한 디지털 성폭력에 대한 대응이 반드시 필요합니다. 그동안 채팅 문화와 디지털 문화의 문제점인 욕설, 폭언, 성희롱, 성폭력이 통제 없이 그대로 발생될 수 있습니다.

아이들이 메타버스 공간에서 가해 행동을 하더라도 페르소나를 사용하면 덜 미안하고, 아바타 뒤에 숨어 자신의 성폭력을 감출 수 있다고 생각하는 것일까요? 메타버스 공간도 이제 디지털 성범죄라는 기준을 만들어 적용해야 합니다. 여성 아바타를 졸졸 쫓아다니며 스토킹을 일삼는 것도 게임이나 놀이로 치부하는 것일까요? 메타버스 세계가 아바타라는 익명의 가면을 쓰고 욕망을 드러내고 성폭력을 필터 없이 드러낸다면 바꾸어야 합니다. 관련한 제도와 법률을 손을 봐야 합니다. 경찰은 아이피 주소 검색으로 메타버스에서 일어나는 성폭력도 충분히 수사할 수 있도록 처벌을 강화하며 메타버스에서 건강한 성문화를 만들기 위한 보호 장치를 가동해야 합니다.

서울 강남의 좋은 가정에서 엄마의 지도에 따라 좋은 학군에서 특목고와 미국 석·박사 포스트닥터 학위를 마치고 한국에 돌아온 서른 후반의 아이가 엄마에게 말합니다. "엄마, 이제 나 뭐 하면 돼?" 무엇을 만들어주어야 하는지의 문제가 아닙니다. 아이들 스스로 어떤 사람이 되도록 도왔는지가 문제가 될 것입니다. 메타버스의 공간은 만들어진 가상공간입니다.

아이들이 직접 자신의 삶을 경험하도록 만들고, 가상의 성취감이 아닌 살아 있는 삶의 경험을 스스로 찾도록 해야 합니다. 자신다움을 찾는 길은 스스로 경험할 때 가능합니다. 가상이 아닌 실제적 삶을 경험해야 성숙하고 성장할 것입니다. 메타버스의 가상 경험에 의존하고 그것에 매몰되는 것을 막는 방법은 현실의 자유로운 경험들일 것입니다. 미래를 세우는 수업은 부모가 가상과 현실을 직접 선택하는 아이로 키우는 것입니다.

PART 3

디지털 성교육, 어떻게 할까?

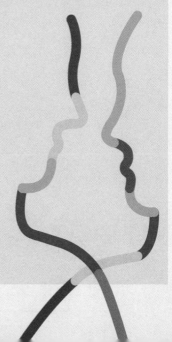

디지털 네이티브에 맞는
'디지털 멘토'

산부인과에서 아기의 울음소리만큼 크게 울려 퍼지는 것이 '찰칵! 찰칵!' 하는 카메라 촬영 소리입니다. 아기가 태어나면서 탯줄을 자를 때, '인증샷'을 찍기 위해 여기저기서 날아드는 가족들의 카메라 소리가 하모니를 이룹니다. 아이의 작은 숨소리라도 담기 위해 동영상 녹화 버튼을 누르기도 합니다. 아이의 몸짓 하나하나를 영화제 레드카펫에 오르는 주인공을 찍듯이 스마트폰 카메라에 담습니다. 세상의 빛을 처음 보는 아기는 쏟아지는 가족들의 카메라 세례을 받으며 세상과 만나게 됩니다.

디지털 시대, 태어나면서부터 자연스럽게 디지털 기기를 자유자재로 사용하는 세대를 '디지털 원주민Digital Native'이라고 지칭합니다. 디지털 원주민은 온라인과 오프라인의 경계가 무의미하고 누가 가르쳐주지 않아도 스마트폰이나 디지털 기기를 자유롭게 다룹니다. 신체의 일부처럼 스마트폰을 사용한다고 하여 호모 사피엔스를 빗대어 '포노 사피엔스Phono Sapiens'라고 부르기도 합니다. 디지털 시대를 이끌어갈 우리 자녀들의 세대인 '디지털 네이티브' 세대가 등장한 것입니다.

하지만 부모와 양육자(교육자)는 아날로그 시대를 살아왔고, 자녀들과 다르게 디지털 시대로 이주한 '디지털 이주민Digital Immigrant'에 속합니다. 디지털 원주민 자녀들과 '문화적 관점'의 차이가 생겨나고 갈등을 겪게 되는 것은 당연한 일입니다. 이 디지털 시대를 인식하지 못하고 '감시와 통제'로 자녀들의 디지털 기기 사용을 제한하면 갈등이 일어나는 것입니다. 아이들은 스마트폰을 내 몸의 일부처럼 사용하는데, 이 스마트폰 때문에 부모와 갈등하는 상황이 힘들다고 말합니다.

디지털 기기를 사용하는 자녀들을 대하는 부모들은 여러 부류로 나누어집니다. 아이들의 사용 자체를 제한하는 제한적 부모형이 있고, 디지털 기기를 잘 활용하도록 부모가 함께 멘토링하는 '멘토형 부모'가 있습니다. 그리고 어떤 제한이나 조언도 하지 않는 자유방임형 부모가 있습니다. 어떤 부모의 유형이 되길 원하시나요? 앞으로 디지털 원주민인 자녀를 키우는 부모의 역할은 이전과 많이 다를 것입니다. 이제 부모는 오프라인에서뿐만 아니라 온라인에서도 자녀들이 더욱 성숙한 인격체로 자라도록 도와야 할 것입니다. 그것이 디지털 원주민의 부모로서 새로운 시대의 역할이 아닐까요?

우리는 디지털 원주민을 키우는 방법에서 과도기에 놓여 있습니다. '스마트폰 과사용'을 막고 게임 중독이나 음란물 노출을 막는 것이 부모들이 선택하는 방법입니다. 부모가 아이들에게 최대한 늦게 사용하도록 하고, 중독되지 않게 사용을 억제시키고, 차단앱과 보안앱을 깔아 디지털 기기 사용을 제한하는 방식이 쉽게 선택하는 방법일 것입니다. 하지만, 당장은 아이가 디지털 기기를 덜 사용하거나 어리면 컨트롤이 가능하지만, 아이의 '자아'가 형성이 되고 자신의 의지대로 인터넷과 스마트폰을 사용하게 된다면, 갈등이 일어나기 시작합니다.

청소년기의 억제와 차단은 오히려 역효과를 불러와 아이들을 자칫하면 '위험한 초대'에 응할 수밖에 없는 상황을 만들기도 합니다. 공부방이나 학원으로 속이는 앱을 깔고 GPS 위치 추적기를 깔았다고 안심하는 부모를 속이고 PC방에 가는 아이들도 있습니다. 아이들은 성장하면 할수록 부모의 감시와 통제에서 벗어날 수밖에 없습니다. 그래서 안전한 연령까지 보호하되 감시와 통제는 본질적인 해결책이 아닙니다.

공룡박사 7세 민호(가명)가 상담실을 찾았습니다. 민호는 음란물에 노출되어 부모와 함께 면접 상담을 하려고 푸른아우성을 찾아왔습니다. 민호는 양손에 티라노사우루스와 알로사우루스 메탈로봇을 쥐고 있습니다. 민호는 1억 8,000년 전의 쥐라기 시대 공룡 이름을 줄줄이 외우기 시작합니다. 브라키오사우루스, 스피노사우루스…… 긴 공룡의 이름과 프로필이 쏟아집니다. 부모는 이미 이골이 나서 대꾸도 해주지 않습니다. 저는 긴장을 풀어주고자 "우리 똑똑한 공룡박사 민호는 누가 이렇게 공룡을 알려주셨을까?" 부모의 어깨를 으쓱하게 해드리기 위해 던진 질문에 민호는 큰소리로 대답했습니다. "유튜브~!"

민호의 멘토는 유튜브였습니다. '흔한 남매'나 '도티', 우주대스타 '펭수' 같은 유튜브의 스트리머나 크리에이터는 동경의 대상이 됩니다. 그 영향력도 커서 틱톡이나 슬라임 같은 유행을 모방하는 아이들은 '셀럽'이 되기도 합니다. 초등학교 교실에 울려 퍼지는 게임 이야기는 '브롤스타즈'부터 '롤'까지 하루가 모자랍니다.

스웨그swag 넘치는 랩 배틀, 힙hip한 힙스터의 군무, 쇼미더머니, 댄서들의 댄스 대결이 교실에서 벌어집니다. SNS나 유튜브에서 유행하는

'짤방' 혹은 패러디물은 아이들의 밈meme을 형성하며 웃음 코드가 되어 유행어가 됩니다. 디지털 시대의 주인공은 아이들입니다. 시공간의 제약 없이 마음껏 디지털 사회의 구성원이 되어 살아갑니다. 이 '디지털 원주민'을 부모들은 어떻게 지도하고 키워야 할까요? 우리 자녀들의 문화적 환경을 얼마나 이해하고 다가가시나요? 우리 청소년의 스마트폰 보급률은 이미 90%를 넘어섰습니다. 세계 어느 나라에서 찾아볼 수 없는 스마트폰 보급률 앞에 여전히 스마트폰을 '빼앗느냐', '빼앗기느냐'의 전쟁을 하고 계신 것은 아닌가요? 언제까지 감시와 통제로 아이를 보호할 수 있다고 생각하시나요?

이미 뼛속부터 디지털 DNA를 지닌 '디지털 원주민'들의 삶을 부모가 쥐락펴락할 수 없습니다. 이제 디지털 시대에 맞는 부모의 새로운 역할이 요구됩니다. 자녀 스스로 올바른 선택과 결정을 하고 성숙한 인격체로 성장하도록 돕는 디지털 세상에 맞는 부모가 되어야 합니다. 디지털 부모로서 자녀의 미디어 사생활을 인정하고, 안전한 울타리를 만들어 늘 열린 태도로 새롭게 리부트해 '디지털 양육'을 시작하는 '디지털 멘토'가 되어야 합니다.

디지털 시대에는
'디지털 양육법'이 필요합니다

코로나19가 세계의 팬데믹을 만들고 그로 인해 디지털 시대는 더욱 앞당겨졌습니다. 포스트 코로나 시대에도 여전히 온라인 영역의 폭은 넓어질 것입니다. 언택트 시대(비대면 시대)가 학업의 환경을 바꾸었으며 디지털 시대를 가속화했습니다. 온라인 수업(원격 수업), EBS 교과서 인터넷 강의, 검색, 게임, 넷플릭스 OTT, 쇼핑, 셀카, 팬픽, SNS, 유튜브 등 우리 아이들의 생활권이 디지털 온라인 세상으로 빠르게 옮겨가고 있습니다.

이러한 온라인 생활권에서 인터넷과 스마트폰을 자유롭게 사용하다가 '차단벽'이나 '보안벽'에 막히면 'STOP'이라는 인식보다는 VPN Virtual Private Network 으로 '우회'하여 이용하는 특징이 있습니다. 시청 제한이나 연령 제한에는 분명

한 이유가 있습니다. 하지만 아이들은 그 이유가 궁금하지 않습니다. 자신이 원하고 이루려는 목적을 위해 우회하거나 빨리 뚫고 가는 것을

추구합니다. 그래서 온라인 생활권에서 '합법과 불법'의 경계가 무너지고 있는 것에 대해 경각심을 가져야 합니다.

특히 알고리즘의 신뢰성이 늘어나면서 부모와 선생님의 말씀을 받아들이는 것보다 알고리즘의 영상 추천을 더욱 신뢰하는 일도 늘어나고 있습니다. 영상 피팅feating의 일상화로 '좋아요', '별점', '리뷰', '추천 영상'에 따라 선택하는 디지털 의존성이 생겨납니다. 이러한 현상에 대해 유튜브 엔지니어 출신의 기욤 샬로Guillaume Chaslot는 자신이 설계한 영상 추천 기능을 끄고 서비스를 사용할 것을 권장할 정도입니다.

사춘기 아이들을 키우는 부모들의 가장 큰 고민을 꼽으라고 한다면 단연코 '스마트폰'일 것입니다. 스마트폰 사용 시간을 두고 자녀와 갈등을 빚고, 매일같이 양보 없는 전쟁을 치르고 있습니다. 초등학교에 입학하면 어쩔 수 없이 아이의 안전한 동선을 위해 울며 겨자 먹기로 스마트폰을 사준다고 하지만 그 순간부터 골칫덩어리가 되어버립니다. 어떤 부모는 '스마트폰을 사주는 순간 지옥의 문이 열린다'고 말씀하시는데 과언이 아닌 듯합니다. 부모들은 다양한 방법으로 자녀의 스마트폰 관리를 할 것입니다.

이미 스마트폰이 아이들의 손에 들어가면 부모로서 뾰족한 수가 없습니다. 그리고 부모도 스마트폰을 갖고 있으면서 아이들을 지도하기는 힘듭니다. 마이크로소프트의 빌 게이츠나 애플의 스티브 잡스는 자신들의 자녀에게 성인이 되기 전까지 인터넷 사용이나 스마트폰 사용을 필사적으로 막았다는 이야기는 유명하게 전해지고 있습니다. 실리콘밸리의 IT업계 프로그래머들의 가정도 자녀들에게 '스마트폰'이나 '게임'을 허용하지 않은 것으로 유명합니다. 그들은 디지털 기기를 창조했기 때문에 잘 알고 있습니다. 최근에 디지털 육아법, 디지털 시민의식, 스마트폰을 올바르게 사용하는 부모의 지혜를 말하는 도서들이 발간되고 있습니다. 스마트폰 사용 제한에 대해 많은 부모가 공감하는 것입니다.

부모는 자녀가 최대한 스마트폰을 늦게 사용하길 원합니다. 두뇌 발달이 시작되는 만 2세 이전에는 디지털 기기 이용을 자제하라는 2016년 미국소아과학회의 발표처럼, 24개월 미만의 아이들에게 대뇌 발달의 악영향이 되는 스마트폰이나 영상을 보여주지 않기 위해 노력합니다. 하지만, 밥 먹기 위해 잠시 시간을 만들기 위해 스마트폰을 쥐어준 것은 부모입니다.

하루 7시간 동안 스마트폰에 노출될 경우 대뇌피질 두께가 정상보다 얇아지고, 발달이 지체될 수 있다고 강조합니다. 특히, 유아기는 대뇌 발달이 매우 중요한 시기입니다. 이때 신경회로 연결(정보 해석하는 길)이 세상을 배우는 방법인데, 동영상만 보면 시각에 영향을 받는 후두엽만 발달하고 아이들의 창의력과 생각을 주관하는 전두엽이 미성숙해질 수밖에 없습니다. 그래서 공폰(안 쓰는 구형 스마트폰)에 와이파이만 되도록 하거나 키즈폰이나 미니폰 등과 같이 자녀용으로 제한적인 폰을 사주는 부모들이 나타나고 있습니다.

그렇게 부모들과 아이들의 치열한 스마트폰 전쟁이 시작되고 아이들과 줄다리기를 시작합니다. 또, 우리 아이만 단속한다고 하더라도 또래 친구들 대부분이 스마트폰이 있다면 더욱 관리되지 않습니다. 스마트폰으로 불거지는 갈등은 늘 부모의 예상을 빗나갑니다.

어떤 부모는 아이가 트렌드에 뒤처질까봐, 스마트폰을 몰라서 사회성이 떨어질까봐 아이들과 타협하기도 합니다. 이제 스마트폰은 한 가정의 문제가 아니라 공동체의 문제가 되어버렸습니다. 친구들과 비교하며 스마트폰으로 비교우위와 피해의식이 쌓여가는 아이들과 갈등이 만들어지고 빼앗고 빼앗기는 '스마트폰 전쟁'은 어쩌면 당연한 결과입니다.

아이들과 스마트폰 사용 시간으로 빚어지는 갈등은 늘 싸움의 불씨가 됩니다. 입시 환경에서 스마트폰 과몰입과 과사용으로 부모의 잔소리는 더욱더 많아집니다. 이미 대화는커녕 '과몰입한 아이'와 매일 같이 감정싸움을 하다 보니 부모는 지쳐갑니다. 아이와의 관계가 소원해진 이유가 스마트폰 갈등이라고 하소연하는 부모들이 늘어납니다. 자녀의 스마트폰이나 디지털 기기 사용으로 인한 갈등은 이미 사회적 문제가 되었습니다. 왜 그런 것일까요? 디지털 기기를 사용하는 디지털 원주민의 생활권이 달려 있는 문제이기 때문입니다.

부모는 디지털화化가 두렵습니다. 안전이 보장되지 않고 부모가 모르는 상황 속에 벌어지는 일들이 두려운 것입니다. 유해 사이트 접근은 쉬워지고, 사이버 폭력, 보이스 피싱, 스미싱과 같은 사이버 범죄가 언제 아이들을 덮칠지 모릅니다. '몸캠 피싱'과 같은 디지털 성범죄에 노출되기 때문에 불안감이 가득한 부모는 조급해집니다.

하지만, 아이들은 부모의 걱정이 자유를 속박하는 것이라고 생각합니다. 디지털 기기를 통제하는 것은 자신을 못 믿는 것이라고 생각합니다. 부모의 감시와 통제를 벗어나기 위해 아이들 나름대로 많은 돌파구와 노하우가 생겨납니다. '구글 크롬'으로 다른 경로로 숨고 옮기거나 사용 내역이 보이지 않도록 음성적인 공간을 찾습니다.

최근에는 청소년의 사이버 폭력이 위험을 넘고 있어 대책이 시급합니다. 그런데 더욱 큰 문제는 어린 가해자·피해자가 늘어나고 있다는 사실입니다. 온·오프라인에서 받는 괴롭힘이나 따돌림이 SNS나 온라인으로 확장되고 있어 위험 수위에 다다른 지표들이 속속 나타납니다.

우리 아이들의 안전이 최우선 사항입니다. 모든 문제를 불문하고 온라인 세상 속 아이들의 안전을 지켜야 합니다. 그러기 위해서 디지털 기기 활용이 많은 아이들이 온라인 폭력에 대해 이해하고 디지털 문화의 위험에 대해 올바른 노력과 선택이 필요합니다. 특히 콘텐츠의 옳고 그름을 분별하는 능력도 필요하고 위험에 대처할 수 있어야 합니다. '그루밍(심리적으로 지배한 뒤 성폭력을 가하는 것) 범죄'나 '딥페이크(특정인의 얼굴 등을 합성한 편집물)' 같은 심리적·기술적 범죄에 대한 대항적 교육이 필수적으로 필요합니다.

이러한 디지털 폭력과 범죄는 부모가 알지 못하는 상황에서 벌어집니다. 우범 지역이 눈앞에 있다면 아이들을 가지 못하게 부모들이 관리할 수 있겠지만, 온라인 우범 지역은 시간과 장소의 제한 없이 아이들의 손 안에 들어옵니다. 거기가 숲인지 늪인지 부모의 보호와 영향력을 발휘하기 힘든 현실입니다.

마스크를 써서 코로나 바이러스를 스스로 지키기 위해 안전 수칙을 실천하듯이 우리 자녀들을 지키기 위해 부모의 마스크 역할이 요구되는 시점입니다. 아이들이 문제 상황을 직면하면 빨리 극복할 수 있는 방법을 찾고, 부모에게 도움을 청하고, 문제가 지속되지 않도록 해답을 찾아가는 능력, 디지털 시대에도 그런 '디지털 양육법'이 필요합니다.

우리나라는 2015년 4월 16일부터 청소년의 스마트폰 앱에 유해 정보를 차단하는 수단을 의무적으로 설치하도록 하고 있습니다. 부모가 직접 네트워크 차단이나 차단 앱을 설치해 관리할 의무가 있는 것입니다. 자녀의 연령이 낮을수록 스마트폰 관리 앱으로 사용 시간과 콘텐츠 이용을 부모가 직접 관리해야 합니다. 부모와 양육자가 관리하면 자녀는 유해환경을 막는 방법을 자연스럽게 익히는 것입니다. 자녀의 스마트폰 망의 속도에 따라 3G용, LTE용, 5G망에 맞는 차단앱 설정도 중요합니다. 비용이 들더라도 유료 모바일 펜스나 엑스키퍼 같은 성능 높은 차단앱으로 아이들의 사용량, 시간관리, 위치 동선 추적 게임이나 앱의 활성화를 조절할 수 있습니다. 각 통신사별로 설치 여부가 다르기 때문에 SKT : T청소년 유해 차단, SKT 잼(부모용, 아이용) / KT : KT 자녀폰 안심프리 / LGU+ : U+자녀폰지킴이를 설치하고 안드로이드용과 아이폰용의 차이도 구별해야 합니다. 특히 중학생 아이들은 주로 아이폰 사용률이 높아 '스크린 타임'과 같은 설치는 가능하나 아이폰 iOS에는 아쉽게도 통신사 전용 차단앱을 사용할 수가 없습니다. 그 대신, iOS 전용 유해물 차단앱 '사이버 가디언(앱스토어에서 사이버 가디언을 검색해 다운로드하고 실행)'을 설치해 실행하면 됩니다. 구글 '패밀리 링크'라는 무료 차단앱은 부모와 아이 모두 구글 아이디가 있어야 하며 부모 폰으로 컨트롤되고 아이가 무슨 앱을 깔았는지 부모에게 연락이 됩니다. 유튜브나 동영상 시간이 체크되고, 로그인 상태와 위치 추적 등 단점을 보완하도록 두 가지 기능을 동시에 설치하는 '더블더치(2개 이상 차단앱)' 방법은 아이들이 차단앱을 우회하거나 차단앱을 뚫는 위험을 막아주며 차단 효과를 높일 수 있습니다. '사이버 안심존'은 청소년 스마트폰 중독 예방 프로그램으로, 학교와 가정에서 함께할 수 있습니다.

사이버 안심존 앱 다운 및 사용 방법 바로가기

🏠 https://ss.moiba.or.kr

부모는 자녀와 디지털로 소통할 수 있어야 합니다

아이들은 스마트폰을 아주 친숙하게 여기고 카메라로 촬영하는 일이 익숙합니다. 디지털 공간에 사진을 올리고 공유하는 것이 자연스러운 디지털 원주민입니다. '셀카', '인증 사진', '먹방', '단체사진'을 쉽게 찍고, 서로 찍히는 것을 경계하지 않습니다. 다양한 '필터앱'으로 자신의 얼굴을 편집하고 SNS, 틱톡, 유튜브에 자연스럽게 노출합니다. 온·오프라인의 경계가 없는 소통의 공간에서 나를 표현하는 수단이 됩니다.

영유아를 키우는 부모들은 디지털 생활을 곳곳에서 체감합니다. 아이를 혼자 둘 수 없어 스마트폰을 주로 이용합니다. 밥을 먹이거나 부모가 밥을 먹을 때, 아이를 돌봐주는 것은 스마트폰입니다. '스마트폰 없으면 밥도 못 먹는 세상'입니다. 아이와 함께 외출할 때면 유모차, 카시트, 식당, 카페에서 스마트폰이라는 친구가 아이와 더 많은 시간을 보내게 됩니다. 그렇게 아이의 눈도 자연스럽게 스마트폰을 향하게 됩니다.

초등학교 아이들은 삼삼오오 모여 신나게 뛰어놀다가 어느 순간 조용해집니다. 누군가 스마트폰을 열었기 때문입니다. 아이들의 손은 앱을 실행하고 게임을 열어 친구들과 온라인 놀이터로 장소를 옮깁니다. 게임을 잘하는 아이가 멋지고, 우월해지고, 최신 스마트폰을 가진 아이가 권력을 갖기도 합니다. 이제 아이들의 사회성은 디지털 기기 활용 능력과 정보력에서 갈리기 시작합니다.

하지만 이러한 기술발전과 디지털화에 가장 큰 문제점을 꼽으라고 한다면, 자신의 삶을 성찰하는 시간과 환경이 빠르게 사라지고 있다는 점입니다. 편리함을 주는 디지털 공간도 '인간관계'가 형성된 사회입니다. 그런데 온라인 중심으로 바뀌며 사회 속 인간관계를 쌓는 기회가 사라지고 정보의 영향력이 더욱 커지고 있습니다.

온라인에서 익명이 보장된 활동은 책임지는 행동보다 주장을 펼쳐야 인정을 받습니다. 이러한 경쟁 문화, 능력 위주 활동은 에고이즘Egoism이 강화되어 오로지 '나'만 추구하는 개인화를 부추기게 되며, 그로 인한 미디어 환경의 위험성을 높이고 있습니다. 온라인 공간은 기본적인 예의를 갖추는 것보다 빠르게 소통하는 것이 우선입니다. 그렇게 익숙해지면 '관계성'이 약해질 수밖에 없습니다.

디지털 기기의 발달과 활용에 앞서 더욱 요구되는 것이 '디지털 에티켓'을 갖추는 교육이라고 생각합니다. 아이들은 스스로 온라인 속의 개인화에 대한 위험을 감지하기 어렵고, 부모의 직접적인 관리가 필요한 나이기에 부모의 '능동적인 개입과 관리'가 필수적으로 요구됩니다.

성장 과도기에 있는 아이들에게 '자율'이 허용되어야 하지만 그 전제로 안전이라는 '울타리'는 있어야 합니다. 아이들은 크고 작은 실수를 저지르며 교육을 통해 수정 보완하는 과정을 겪게 됩니다. 그러한 과정이 성숙한 인격체를 길러줍니다. 하지만 지금의 디지털 환경은 아이들이 실수 과정에서 교화보다 처벌이 먼저 되며 결국 아이들에게 책임지도록 돌아가고 있습니다. 제한적 연령까지는 충분히 막아주고 스마트폰 사용을 늦추어야 하지만, 스마트폰을 사용하는 연령이 될 경우 제한하고 보호하는 기능을 반드시 설치해야 합니다.

부모로서 반드시 그런 교육의 기회를 미리 제공하고 지혜롭게 양육하는 인격 형성 과정을 만들어야 합니다. 초등학교 저학년까지는 '모바일 펜스'나 '스마트 보안관'과 같은 차단앱을 설치하는 것은 기본적으로 해야 할 의무입니다. 안전이라는 울타리는 기본 사항입니다. 부모로서 미리 막아야 할 것은 해두어야 한다는 것입니다.

최근에 '코딩 수업'이 열풍처럼 몰아닥쳐 여기저기 코딩 수업이 생겨났습니다. 코딩도 일종의 프로그램 '문해력literacy'입니다. 코딩을 갖추는 것은 디지털 시대를 준비하는 과정입니다. '디지털 문화를 소비하는 주체'인 자녀들이 미디어를 바라보고 해석하는 능력이 필요하고, 올바른 디지털 문해력을 갖추도록 일정한 연령까지 부모가 돕는 것은 필수입니다.

이러한 기회를 통해 콘텐츠를 창작하고, 이용하고, 소비하며 디지털 시대의 주인으로서 자신의 방향을 정해야 합니다. 그리고 미디어를 안전하게 사용하며 디지털 범죄를 예방하고 디지털 폭력에서 자기 자신을 지키는 방법을 배워야 합니다.

이것이 부모가 자녀와 디지털 시대를 맞이하는 소통 방법입니다. 디지털 소통 능력은 사회를 형성하고 만들어가는 새로운 역량이 될 것입니다. 타인과의 관계 속에서 타인을 배려하고 존중할 때 더욱 인정받는 리더가 될 것입니다. 건강한 소통 방식을 통해 개인정보 보호, 초상권 보호, 저작권 보호, 디지털 성범죄 예방과 철저한 보안 의식을 기반으로 안전하고 성숙한 온라인 공간을 만들어가는 의무입니다.

우리가 기억해야 할 것은 코로나19와 N번방 사건은 함께 찾아왔다는 사실입니다. 온라인화되며 급진적으로 바뀌어가는 삶에 '디지털 위험도'도 높아졌습니다. 사이버 사회는 개인적이고 익명화 속에 개인 VS 개인, 개인 VS 다수, 개인 VS 인공지능으로 소통하게 됩니다. 제4차 산업혁명, 인공지능, 알고리즘, 빅데이터, 비트코인은 점점 인간관계를 줄어들게 하고 이윤을 중시하는 사회를 만들어갑니다. 편리함에 가려지고 경쟁 속에 묻히며 기술력에 지배될 때 인간관계를 성찰하고 관계를 쌓는 방식에 어려움이 생겨날 것입니다.

인간은 인간끼리 '라포 형성'을 통해 신뢰감을 주고받으며 감정을 교류합니다. 또, 서로의 생각을 공유하고 대화하며 성장합니다. 타인의 어려움에 공감하며 '양심', '이성', '동의', '공정', '존중'이라는 가치를 통해 서로를 배려하는 마음이 성장합니다. 이것이 온라인 환경에서 더욱 필요한 관계 교육이 될 것입니다.

우리 부모들은 디지털 기기나 SNS로 자녀와 소통하는 것이 어렵고 부자연스럽습니다. 하지만 어렵다고 노력하지 않으면 아이들을 이해하거나 아이들과 소통할 수 없습니다. 혹시 '몇 시에 들어오니?' '너 어디니?' 이런 감시와 통제만 하고 계시지 않나요?

스마트폰으로 아이들과 소통하는 기회는 많을 것입니다. 시대에 맞는 소통이 되었음을 인정하고 그 안에서 아이들과 대화를 시작해야 합니다. 디지털 친화적인 부모는 소셜미디어에서 아이들의 마음에 더 공감한다는 조사 결과가 있습니다. 부모가 디지털 기기를 통해 아이들과 더 많은 시간을 공유하고 소통하는 시대가 찾아왔음을 인정해야 합니다. 여전히 부모는 부모의 방식으로 소통하려고 하는 것은 아닐까요? 미디어를 통해 아이들이 이해하는 미디어 사용법을 알려준다면, 그것이 자녀에게는 가장 큰 '디지털 소통법'이 될 것입니다.

장난이 단순한 일탈이 아닌 범죄가 될 수 있습니다

어떤 무명의 여성그룹이 유튜브 동영상 하나로 역주행 신화를 만들어냈습니다. 몇 년 전에 나온 음반과 음원이 다시 조명되고 예전에 출연한 방송이 회자되어 폭발적인 인기를 얻기 시작합니다. 실제로 역주행이 시작되고 다시 음원 차트를 치고 올라갑니다. 방송가에서 섭외 1순위가 되어 얼마 전까지 무명이던 가수가 며칠 만에 유명가수로 판을 뒤집어버립니다.

포켓몬 빵처럼 온라인에서 입소문이 난 유명 과자 하나를 사려고 새벽부터 줄을 서는 진기한 일이 일어나고, 무명이던 배우가 유명하게된 계기가 하나의 짤이 화제가 되어 하루아침에 벼락스타가 되기도 합니다. '병맛'으로 대표되는 청소년 문화의 특징은 어디에서 웃어야 할지 모르지만 폭발적인 반응이 일어나기도 합니다. 벼락스타가 만들어지기도 하고, 정확한 의미는 규정하기 어려우나 이모티콘으로 팔리기도 하고, 병짤, 병맛 만화, 병맛 놀이가 B급 문화처럼 급진적으로 유행을 타기도 합니다.

'뭐가 대단하다는 건데?' 기성세대는 알 수 없는 그 병맛의 특별함이 발생합니다. 이런 미묘한 상황이 문화로 발전하는 현상이 밈 문화입니다. 정주행 신화처럼 이유는 알 수 없지만 예측할 수 없고 강력한 폭발력을 지녔습니다. 한 번 그 힘이 작동되면 집단화되어 소비됩니다. TV와 신문처럼 레거시 미디어가 아닌 뉴미디어가 영상문화를 중심으로 민감한 변화를 지속적으로 보여주는 세대들이 누리는 밈 문화가 대중문화를 만들고 소비로 발전합니다.

여기서 '밈'은 『이기적 유전자』의 저자이자 영국 옥스퍼드대학 뉴칼리지 명예교수인 리처드 도킨스Richard Dawkins가 1976년에 최초로 제시한 단어입니다. 그는 밈을 '문화적 진화를 이끄는 새로운 복제자'라고 칭했습니다. 사전적인 의미도 살펴보면, 모방을 뜻하는 그리스어 mimeme와 유전자를 뜻하는 gene를 합성해 밈이 탄생했습니다. 밈은 앞으로도 다양한 형태로 청소년 문화의 특징으로 등장할 것입니다. 채팅이나 게시물에 유행하는 짤과 이모티콘으로 재생산되는 것을 볼 것입니다.

이런 문화 현상을 다 분석하고 평가할 수 없습니다. 하지만, 그 문화를 바라보고 이해하는 능력은 필요합니다. 밈 문화를 들여다보면 그 속에 재미와 특별함만 존재하는 것이 아닙니다. 차별, 혐오, 외모 비하 등 부정적인 요소를 담고 있으나 그것이 '재미있다'로 포장되고 심지어 그 대상은 피해나 상처를 입기도 합니다.

친구들끼리 생각 없이 사용하던 '짤'이 도용된 사진으로 밝혀지고, 다른 곳에서 퍼온 영상이 내가 유통하는 과정에 '피해자'에게 2차 가해를 해서 책임져야 하는 상황을 만들기도 합니다. 이러한 평가는 개인이 하기에 역부족이며 부모가 객관적이고 합리적인 판단을 충분히 할 수 있습니다. 아이들의 고유하고 특별한 문화적 특징으로 볼 것이 아니라 함께 살펴보며 합리적으로 경계를 하고 조언을 하는 역할을 해야 합니다. 아이들의 문화를 넓게 보도록 시야를 넓혀주고, 그 안에 객관적인 '경계'를 형성하는 데 도움을 주는 것입니다.

몇 년 전 '앙 기모띠'란 말이 유행처럼 번졌던 시기가 있었습니다. '기모찌(일본 발음 : 기모치)'는 일본어로 '기분'을 의미하며 뒤에 좋다는 의미의 '이이 いい'가 들어가 '기모찌이이'로 발음되어 사용됩니다. 이 단어가 우리나라에서는 주로 일본 성인물에 자주 나오는 단어로 알려져 있어 많은 밈 문화가 만들어졌습니다.

특히 이것을 음란하게 따라하는 사람들로 인해 단어의 '희화적 현상'이 만들어졌고, 유명 유튜버에 의해 변형되어 폭발적인 유행이 되었습니다. 슈퍼챗 신화가 기모찌라는 유행어를 만들어 폭발적으로 번지고 사회적으로 사용되기도 합니다. 그렇게 만들어진 단어인 '앙 기모띠'는 유행어처럼 번졌습니다. 유행어가 확산되어 모방이 되고 결국 기모띠 현상을 만들어냈습니다.

제가 자문으로 참석한 한 학교폭력위원회 사례 중에 여학생이 체육시간에 넘어져 난감한 상황이 벌어졌을 때, 그 여학생을 둘러싼 남학생들이 '앙 기모찌'를 외치며 놀리던 사건이 있었습니다. 남학생들은 꽤나 큰 처벌을 받게 되었고, 여학생은 심리적 불안감으로 정신과 치료와 상담을 받게 되었습니다. 사건 당시 남학생들의 진술서에는 '그냥 장난인데 왜 이런 처벌을 받는지 모르겠다'는 억울한 하소연이 기록되었습니다. 아이들의 인식을 바꾸기 위한 교육이 시작되었고, 인격적인 존중을 배우는 시간을 만들었습니다.

그것이 가해 예방 교육이라는 인식이 있은 후 '피해 여학생에게 사과하고 싶다', '후회된다'는 아이들의 진심이 담긴 변화가 일어난 것입니다. 단어 자체의 문제보다 청소년들이 이러한 단어들을 어떻게 적용하고 있는지 우리는 그 현상에 주목해야 합니다.

온라인상에는 이렇게 적용된 사이버 폭력이나 사이버 괴롭힘이 존재합니다. '혐오와 비하'가 섞여 피해자가 발생하기도 합니다. 이러한 집단 괴롭힘의 형태를 살펴보면 단순한 아이들의 언어가 아닌 언어폭력이라고 진단할 수 있습니다. 누군가에게 이 같은 상황을 적용할 때, 카톡으로 이런 메시지를 전할 때, 이것이 어떤 피해를 주는지 아이들은 알아야 합니다.

앎이란 무지에서 벗어나 옳고 그름을 판단하는 기준을 배우는 것입니다. 제대로 알게 된 아이들은 잘못된 적용이나 문제에 대해 올바른 사고를 합니다. 특히 성적인 폭력이 정도를 떠나 청소년의 일탈 현상이라고 여기는 것이 아니라 '성폭력'과 '성범죄'라는 사실을 인지하고 자각하도록 분명한 경계를 만들어주어야 합니다. 그리고 사과와 용서는 인간에게 부여된 최고의 가치입니다. 잘못된 것에 대해 사과하는 용기, 용서해주는 마음을 존중할 줄 아는 교육이 되어야 합니다.

'비교'와 '차이'를 통해
기준을 세워야 합니다

　청소년이 많이 보고 있는 영상 플랫폼 유튜브의 인기 콘텐츠는 '얼마나 재미있느냐?'에 따라 조회수가 큰 차이를 보이고, '재미'있는 채널은 구독자를 많이 보유하고 있습니다. 한마디로 재미있어야 보는 것입니다. 아이들의 콘텐츠 평가는 극명하게 나타납니다. '꿀잼', '노잼', '어쩔TV' 같은 평가를 확실하게 보입니다. 하지만 이러한 '재미'만 추구하다 보면 놓치는 것이 많고 선택적 편향성이 생기게 되는 것이 유튜브 생태계입니다.

　물론 유튜버들의 인성을 평가하고 논하는 것이 아니라 무조건 인기가 많고 즐겨 보는 영상이라는 이유로 높은 평가를 받는 것에 객관적인 시각을 가져야 한다는 의미입니다. 영상 콘텐츠는 '재미'를 넘는 평가 기준이 있어야 합니다. 아무리 동경하는 채널이라도 '합리적 평가'나 '비판적 시각'으로 함께 바라봐야 자신을 통제할 수 있기 때문입니다.

　매월 진행하는 푸른아우성의 남학생 캠프에서는 '자신이 좋아하는 유튜버(스트리머)의 장·단점 평가하기' 활동 시간을 갖습니다. 좋아하는 유튜버의 장·단점을 스스로 파악해 적는 것인데, 신기하게도 참여하는 아이들이 대부분 장점은 거침없이 작성하지만 단점을 적을 때는 머뭇거리며 쉽게 적지 못합니다. 좋아하는 콘텐츠 위주로 찾고 친화적 콘텐츠를 즐겨찾기하니 편향성이 생겨난 것은 아닐까 하며 돌아보는 시간을 갖게 되는 것입니다.

어떤 영상이든 문제의식을 가지고 보는 기준은 필요합니다. 그것이 자기 통제력을 훈련시키며 안전하고 즐겁게 콘텐츠를 소비하는 방법입니다. 재미라는 기준이 위력을 발휘하며 장점만 부각하면 결국 단점을 보는 눈이 희미해집니다. 이것은 균형적인 시각을 흐리게 하는 것입니다. 필터버블은 이용자의 관심사에 맞춰 필터링된 인터넷 정보로 인해 편향된 정보에 갇히는 현상입니다.

콘텐츠에는 '제작자의 의도'나 '콘텐츠의 목적'이 들어 있습니다. 콘텐츠를 서비스하며 목적을 담고 이윤을 추구하고, 그것을 위해 마케팅을 합니다. 우리도 유튜브 콘텐츠에 다양한 목적을 담아 제작합니다. 이 영상을 보고 이런 결과가 되길 그려봅니다. 게임이나 유튜브 영상에는 제작 의도가 많이 담겨 있고, 팬덤 형성이나 관심을 지속적으로 끌기 위한 전략이 숨겨져 있습니다. 중독이라는 부작용을 낳게 되는 것도 이러한 제작 의도가 담겼기 때문입니다. 그런데 제작 의도를 알게 되면 속지 않습니다.

영상을 만드는 크리에이터는 자신의 이념이나 신념을 담게 됩니다. 그것은 자율적인 유튜버의 판단으로 만드는 것입니다. 윤리적 검열을 하지 않고 창작자의 자율적인 권리에 맡깁니다. 그래서 콘텐츠를 소비할 때 스스로 기준을 갖고 이용해야 합니다. 내가 좋아하고 동경하는 이유로 검증 없이 맹목적으로 받아들이는 순간 유튜버의 시각을 편향적으로 흡수하게 됩니다. 유튜버의 시각이 나의 의견이 되어버립니다.

유튜버가 재미를 기준으로 '장난인데 뭐 어때?'라고 말할 수 있지만 그것으로 정당화될 수는 없습니다. 그 논리만으로 정당성을 갖고 폭력을 미화하고 누군가를 혐오하게 된다면 위험한 일이 될 수 있습니다. 우리는 이러한 사례들을 뉴스 사회면에서 종종 만나게 됩니다. 그로 인해 그 폭력이 발전되면 범죄가 되는 것이며, 반드시 처벌이 따라야 합니다.

디지털 시대에 유튜버의 잣대를 높게 만들어야 한다고 이야기하는 것이 아닙니다. 비논리와 비상식의 구별이 있어야 하고 무분별하게 흡수가 되지 않도록 필터링이 필요하다고 이야기하는 것입니다. 좋아하고 재미있는 영상이라도 스스로 합리성을 따져보는 것은 필요합니다. 영상에 나오는 정보가 모두 맞는 것일까요? 비판적 시각으로 콘텐츠를 검열할 때 객관적인 시각이 형성됩니다.

학교폭력위원회 자문위원으로 참석했던 안타까운 사례를 들어보겠습니다. 중학교 같은 반 여학생을 좋아했던 남학생이 학기 초부터 좋아하는 마음을 고백하려고 노력했지만 용기가 나지 않아서 고민 끝에 '유튜브' 영상에서 본 '고백하는 법'을 검색했습니다. '너 나랑 ㅅㅅ할래?'란 돌직구 고백법을 받아들여 여자의 마음을 떠볼 수 있다는 '꿀팁' 영상을 보며 용기를 얻고 직접 실행에 옮긴 사건이었습니다.

그 결과는 당연히 성폭력 사건이 되었습니다. 그 남학생은 여학생에게 '너 나랑 ㅅㅅ할래?'라는 메시지를 보내고 그 반응으로 여성의 마음을 알 수 있다는 상식에서 벗어나는 범죄 행동을 구별하지 못했습니다. 그 메시지를 받은 여학생은 곧바로 그것을 캡처해 담임선생님께 제출

했고, 학교폭력위원회가 열리게 된 중대한 성범죄 사건이었습니다.

이 사건에서 보듯이 자신의 결정과 선택에는 반드시 책임이 따릅니다. 그 유튜버는 어떠한 책임도 지지 않습니다. 온전히 내가 책임지는 것입니다. 비판적 사고는 범죄를 알아보고 자신을 지켜주는 합리적 사고 방식입니다.

'우리 아이들은 성을 어떻게 배우고 있는가? 도대체 성 정보를 어디에서 얻고 있는가?'라는 학습의 경로가 궁금했습니다. 푸른아우성에서는 2013년부터 코로나19가 발생하기 전인 2020년 1월까지 캠프를 진행하며 매월 조사를 멈추지 않고 데이터화하고 기록했습니다. 이 조사에서 64%의 친구들이 '매체(대중매체, 음성매체, SNS, 유튜브, 구글, 아프리카TV 등)'를 통해 배운다는 응답이 가장 많았습니다. 그 뒤를 이어 21%의 친구들이 '친구'를 통해 배운다고 했습니다.

추측하지만 이 '친구'들도 결국은 매체의 영향권에 있고 다른 친구에게 전파했다면 대략적으로 85%의 청소년들이 성 정보와 성 지식을 '매체를 통해 영향을 받고 있는 것'으로 볼 수 있습니다. 유튜브 영상을 포함한 매체(미디어)는 그 영향력만큼이나 아이들에게 객관적이고 건강한 성을 전달하고 있을까요? 우리는 그 점을 놓쳐서는 안 됩니다.

미디어가 주는 정보는 부모가 파악하기 힘들 정도로 많은 양이 쏟아집니다. 실제로 아이들이 찾게 되는 성 정보는 '재미' 위주로 선택하는 유튜브의 선택적 편향성처럼 '야한 것'일 수 있습니다. 그 콘텐츠가 자극적이고 선정적일 수 있습니다. 어떤 기준이 필요할까요? 앞에서 언급한 객관적이고 건강한 시각으로 통제가 가능한 기준으로 바라봐야 합니다. 그것을 갖춰야 할 것입니다.

뉴스에서 강력범죄가 연일 보도되고 있습니다. 또 N번방 사건 이후 쏟아지는 '디지털 성범죄'에 대한 뉴스들이 어떤 영향을 주고 있습니까? 부모는 그런 사회적 성범죄 이슈가 있을 때 자녀들을 보호하기 위한 예방 교육으로 '금기', '감시', '억제', '통제'를 선택합니다. 자칫 아이들을 '잠재적 가해자'로 몰기도 하고 피해 예방 교육에 몰두해 '조심하라'는 말만 늘어놓기 쉽습니다.

예방 교육의 기본은 아이 스스로 '비교'하는 것입니다. 나의 생각과 유튜버의 생각을 비교하고, 친구의 생각과 공동체의 생각을 비교하여 다른 이유와 차이를 느끼는 것입니다. 그 과정에서 나만의 기준과 나의 생각을 찾게 됩니다. 그리고 잘못된 정보를 수정하는 과정이 생겨납니다. 그것이 자연스럽게 비교와 차이를 구분하는 긍정의 교육이 될 것입니다.

디지털 성폭력이란 무엇인가요?

1997년 일명 '빨간 마후라'라는 10대 아이들의 비디오가 유출되면서 사회적으로 큰 충격과 파장을 일으켰습니다. 10대 아이들의 노골적인 성관계 장면은 신문과 미디어를 통해 자극적인 기사로 도배되었고, 10대들의 심각한 성 의식이 사회적 문제로 떠올랐습니다. 하지만 시

N번방은 1997년에 시작되었다

간이 흐르고 이 사건은 '겁 없는 가출 청소년의 일탈'로 마무리되었습니다. 비디오에 나온 피해 여학생은 보호받지 못했고 불법 촬영, 불법 유포, 성 착취 범죄임에도 어른들은 이 사건을 '일탈 사건'으로 종결시킨 것입니다.

이러한 사회적 관점이 만든 비극은 20여 년 동안 이어지다가 결국 2020년 N번방 사건이라는 '성 착취 범죄'로 나타난 것입니다. 디지털 성폭력이 미성년자의 성적 일탈이라는 시각에 갇혀 더욱 음성화되었고, 우선적으로 보호되어야 할 미성년자의 성 인권은 보호받지 못하고 있습니다.

그것은 바로 '정의'를 내리는 것에 대한 중요성을 간과했기 때문입

니다. 더 지능적인 성범죄는 우리 아이들에게 다가왔으며, 디지털 세상의 '정의'는 여전히 난제로 남아 있습니다. 디지털 시대에 더욱 중요하게 요구되는 '정의'를 내리는 것은 시간을 미룰 수 없는 우선순위가 되어야 합니다.

'음란물'은 '야동(야한 동영상)'이라는 이름으로 불려왔습니다. 우리의 인식 속에서 얼마나 혼용되어 사용되었는지 '야동'의 정의를 통해 새롭게 인식해야 합니다. 그동안 성인물, 국산 야동, 국산물, 몰카물, 국내 포르노 등이 모두 '야동'이라는 이름으로 통칭되었습니다.

몇 년 전 한 예능 프로그램에 출연한 패널이 "나는 외국 야동보다 리얼함을 주는 국산 야동이 더욱 흥분돼요"라고 발언하자, 진행자와 다른 패널들이 공감의 박수를 보내는 장면을 보며 경악할 수밖에 없었습니다. 그동안 'B급 영화'로 불린 에로물은 합법적인 검열 과정을 거친 성인물입니다. 하지만 이러한 에로물도 야동으로 불렸습니다. 불법 유포한 '리벤지 포르노'로 불린 헤어진 연인들의 영상물을 야동이라 하고, 지하철과 계단을 가리지 않고 촬영한 몰카 영상과 도촬 영상 모두 음란물에 포함시켰습니다. 이렇게 혼용된 '야동'의 의미가 범죄를 구별하지 못하고 폭력을 경계하지 못하는 현상을 만들었습니다.

앞으로 '야동'이 아니라 피해자가 존재하는 '피해물'이며 '성 착취 영상'으로 범죄에 해당되는 불법 영상이라고 불러야 합니다. 몰카 영상, 도촬 영상은 '불법 촬영물'로 지칭하여 반드시 처벌되는 범죄 영상임을 상기시켜야 합니다. '연예인 합성물', '지인 능욕', '딥페이크'는 '야동'이 아니라 '불법 편집물', '불법 유통물'로 규정되어야 합니다. 그것이 신종 디지털 성범죄의 경계를 분명하게 긋는 것입니다. 우리가

정의 내리는 시간이 지체되면 우리는 '제2의 빨간 마후라'와 같은 현상으로 오랜 시간 많은 피해를 감내해야 합니다. '음란물'의 재정의가 되지 않으면 그 이름에 정당화가 생기고 구분이 모호해 악순환을 만들어낼 것입니다.

이렇게 올바른 정의가 내려지지 않는다면 우리의 일상으로 범죄는 더욱 교묘하게 스며들 것입니다. 단호하고 명확하게 범죄의 선을 긋고 폭력에 대응하기 위해 정확한 명칭으로 구분되어야 합니다.

청소년들의 소통 수단은 '톡TALK'입니다. 많은 톡방, 단톡방, 1:1 대화를 통해 소통을 하며 또래 문화와 네트워크를 형성합니다. 그 수많은 대화 중에 범죄와 폭력의 경계가 있습니다. '다른 친구들도 다 하는데 어떻게 나만 빠져?'라는 대화에는 분명한 경계가 보이지 않습니다. 이성이나 동성 간의 '외모 비하', '외모 품평', '성적 모욕', '폭력적인 언어', 험담을 하게 되거나 목격하는 공간에 함께 있는 아이들은 이 경계에 서 있습니다.

친구들의 눈치를 보거나 이미 형성된 관계 속에 피하기 힘든 상황, 아무리 잘못된 언행이라 판단되어도 친구를 신고할 수 없다고 말합니다. '이게 무슨 범죄야?'라는 정당화 논리에 서로가 갇히게 됩니다. 친구들끼리 '이 정도 장난도 못 치면 안 되지~', '좋은 게 좋은 거야~', '어차피 비밀방인데~ 알려지지 않으니 큰 문제가 있을까?', '많은 사람이 하고 있는데 문제가 될까?' 또래 문화가 만든 집단 극화 현상입니다.

유튜브 영상이나 사이트 링크 주소 공유, 수위 팬픽이나 19금 웹툰, 연예인 동영상(합성), 딥페이크, 게임 거래, 카메라를 이용한 불법 촬영 등 공유되고 목격된 상황은 폭력이나 범죄로 인식하지 못하고 아무 생각 없이 남의 주장에 일방적으로 따라가고 동조하는 '쏠림 현상'이라고 합니다.

노르웨이 지역에 서식하는 레밍이라는 들쥐들의 특성은 떼를 지어 들판을 달리다가 절벽에 도달해서 제일 앞에 있던 들쥐가 뛰어내리면 나머지 뒤에 있던 들쥐들도 따라서 집단 자살을 합니다. 이것을 '레밍 효과lemming effect'라고 부르는데 우리 청소년들의 디지털 폭력 앞에 이러한 '레밍 효과'가 나타나는 것을 경계해야 합니다.

우리는 어떤 정의를 내려야 할까요? 정의를 내리는 것이 집단에 동조되지 않는 통제력을 만드는 것입니다. 스스로 디지털 폭력을 이겨내는 동력이 됩니다. 디지털 시대, 촉망받는 인격체는 디지털 공간의 폭력과 범죄를 구분하는 능력을 갖고 있습니다. 그래서 경계를 확고히 지켜내는 실천이 건강한 디지털 시민의 자격이 될 것입니다.

디지털 성폭력Digital Sexual-violence은 디지털 기기를 이용하여 타인의 동의 없이 신체를 '성적 대상화'하여 촬영, 저장, 유포, 협박, 전시, 판매, 시청, 소지하는 등의 온라인 환경 속 미디어나 SNS 등의 공간에서 일어나는 모든 폭력을 포괄하는 의미입니다. 디지털 성범죄Digital Sexual Crime는 카메라 등의 매체를 이용하여 상대의 동의 없이 신체를 촬영하거나 유포·협박·저장·전시하거나 사이버 공간·미디어·SNS 등에서 타인의 성적 자율권과 인격권을 침해하는 범죄 행위를 일컫는 것입니다.

우리는 이러한 디지털 성범죄와 성폭력에 대해 정확한 정의를 내릴 수 있어야 합니다. 정의된 뜻과 의미는 나의 행동에 통제력을 갖게 됩니다. 또, 디지털 성폭력의 특징을 바로 알게 되어 자신의 행동을 억제하고 통제하게 됩니다. 디지털 성폭력은 교묘하게 스며들어 익명성, 시공간의 무無제약성을 가지고 있으며, 비대면성을 이용해 새로운 지능 범죄로 우리 아이들을 노리고 있습니다.

이러한 디지털 성폭력·성범죄의 피해 유형은 크게 집단 괴롭힘으로 나타나고 카메라 등을 이용한 범죄로 나타납니다. 불법 촬영, 성적 괴롭힘, 딥페이크, 온라인 성 착취, 유포·협박 피해, 온라인 그루밍, 가스라이팅, 아웃팅과 같은 유형을 모두 포함합니다. 즉, 언제든지 '봉인 해제'되기 쉽다는 것입니다.

부모와 자녀가 디지털 성폭력의 민감성과 예민성을 가질 때, 디지털 성폭력과 성범죄의 감수성이 높아질 것입니다. 그것이 안전을 담보하는 예방이 됩니다. 폭력과 범죄의 경계를 분명하게 인식하는 사람은 스스로 '자기 통제력'을 높일 수 있습니다. 위험 인식을 갖고 어려움에 처하더라도 극복하기 위한 '회복 탄력성'을 발휘할 것입니다. 디지털 범죄와 폭력 앞에 정확한 정의를 내리는 사람은 선을 지키는 사람이 됩니다.

미디어 리터러시 활용 교육은
필수 안전 교육입니다

〈겨울 왕국〉의 엘사 여왕은 전 세계적으로 사랑받는 디즈니의 대표적인 성공 캐릭터입니다. 여자아이들에게 '엘사 드레스'는 필수 아이템이라 할 만큼 엘사 여왕을 향한 사랑이 다른 캐릭터와 비교해 '넘사벽'으로 느껴질 만큼 전 세계 어린이들의 사랑을 받습니다.

그런데 2014년 유튜브 채널에서 '엘사게이트'가 강타했는데, 전 세계 어린이들을 큰 혼란에 빠트렸습니다. 이 사건으로 유튜브 알고리즘 정책까지 바꾸게 되었습니다. 엘사게이트는 〈겨울 왕국〉의 엘사, 〈마블〉의 스파이더맨 등 어린이들이 좋아하는 애니메이션이나 실사 영상을 이용해 상상도 할 수 없는 선정적이고 충격적인 장면을 연출해낸 사건이었습니다.

비윤리적 내용이 담겨 있지만 아이들에게 사랑받는 엘사가 등장하기에 아이들이 검색으로 찾아보게 되었고, 해시태그(#)로 노출되면서 세간에 알려졌습니다. 이 영상에서 〈겨울 왕국〉의 엘사가 제일 유명해 '엘사게이트'라는 명칭이 붙었습니다.

유튜브에서 '엘사'를 검색하면 〈겨울 왕국〉의 엘사가 아닌 유사한 가짜 영상이 나옵니다. '엘사' 얼굴이 합성된 포르노가 검색되기도 하고, 엘사가 자살을 하거나 다리에서 떨어지는 영상이 추천되기도 합니다. 엘사를 동경한 어린아이들을 큰 충격에 빠트렸습니다.

이 영상이 '엘사'라는 이름으로 버젓이 검색되었지만, 유튜브에서 이를 인식하지 못하고 어떠한 검열도 하지 못했습니다. 엘사게이트 영상들은 몇 년 동안 서비스되었고, 어린이 전용 유튜브앱 '유튜브 키즈'로 넘어가며 설상가상으로 유튜브의 추천 알고리즘이 엘사 영상을 본 아이에게 추천하게 되어 순식간에 퍼져갔습니다. 오리지널보다 가짜 영상의 조회수가 더 높게 나왔습니다.

이로 인해 엘사게이트 영상을 만들고 문제를 일으킨 채널은 막대한 수익을 올린 것으로 드러났고 유유히 법망을 빠져나간 것으로 알려졌습니다. 그러자 유튜브에 대한 비난이 시작되었습니다.

〈BBC〉, 〈가디언〉, 〈뉴욕타임스〉는 '엘사게이트'를 포함한 키즈 콘텐츠 알고리즘의 문제점을 전면으로 제기하는 기사를 냈고, 심지어 대기업들이 유튜브 '보이콧'을 하며 광고를 중단하는 사태가 일어났습니다. 결국 대기업 광고가 끊어지자 유튜브는 다급하게 엘사게이트 채널들을 찾아서 막았고, 사태를 수습하기 시작했습니다. 이후에 재발 방지를 위한 검열 시스템을 강화하는 정책을 발표했고, 시청 시간 4,000시간, 구독자 1,000명을 충족하지 못하면 채널에 수익을 주지 않는 지금의 정책을 만들어냈습니다.

문화를 이끄는 플랫폼은 그만큼의 책임을 져야 합니다. 문화를 선도하려면 철저한 검열이 필요하기 때문에 디지털 성폭력의 안전망이 확보되어야 합니다. 엘사게이트 이후 가면을 쓰고 포장을 하는 성폭력의 검열을 강화하고, 위험을 인식하는 미디어 리터러시가 플랫폼 운영에 중요하다는 교훈을 전해주었습니다. 지금도 엘사게이트와 같은 유사한 유해 영상들이 여전히 많은 플랫폼에서 검열되지 않은 채 서비스되고 있습니다.

특히 수익이 발생되기 때문에 네임밸류가 있는 이름을 도용하고 이미지를 가져오는 가짜 영상들이 계속해서 만들어지고 있습니다. 이것은 큰 범죄이며 성폭력이 됩니다. 우리는 이 가짜 영상의 부당함을 알리고 이것을 검열해야 합니다.

미국의 비영리단체인 'Battelle for Kids'는 '21세기에 갖춰야 할 학습 능력Partnership for 21st Century Skills' 4가지를 제시했습니다. 이를 영문 앞글자를 따서 '4C 역량'이라고 표현하는데, 이 능력은 위기 대응과 함께 건강한 '디지털 시민'으로서 갖춰야 할 개인의 미디어 리터러시라고 생각합니다.

'기존 것을 비판적으로 생각할 수 있는 능력Critical thinking', '창의적으로 기획하는 능력Creativity', '원활한 소통 능력Communication', '협업을 통한 관계와 사회를 만드는 능력Collaboration'으로 제4차 산업혁명 시대와 디지털 시대의 리더로서 '필수 역량'으로 꼽힙니다. 이러한 '4C 역량'은 다음 세대를 이끌 우리 아이들에게 필수적으로 필요한 역량이며 미디어 리터러시의 근거가 되고, '디지털 성교육'과도 연결됩니다.

우리 자녀들이 '디지털 성교육'을 통해 디지털 시대에 맞는 합리적이고 비판적인 이해 능력과 표현 능력을 갖춰 타인과 소통하고 공동체와 협업하는 자세를 갖춰야 합니다. 이것이 디지털 시대의 안전 수칙이 되고 디지털 성범죄를 예방하는 개인의 역량이 될 수 있습니다. 미디어 리터러시 강화를 통해 유해 사이트를 분별하며 검열할 수 있습니다. 특히 비판적 사고는 속지 않는 아이들을 만들어가기 위한 중요한 역량이라고 생각합니다.

유튜브 플랫폼에 교묘히 파고들었던 '엘사게이트' 영상처럼 아이들의 주체적 판단을 가리고 '기술적 허약함'을 파고들어 수익을 얻기 위해 더 많은 유해 콘텐츠를 제작하는 사람들은 돈을 벌기 위해 수단과 방법을 가리지 않을 것입니다. 또, 도덕적 기준을 가리고 집단적 소비층을 노리는 전략을 만들 것입니다. 마케팅 전략으로 중독되는 효과, 팬덤을 만들어 지속적인 소비를 만들 것입니다.

아이들은 '인기 있는 영상', '많이 본 영상'을 비판 없이 받아들이는 경우가 많습니다. 그래서 미디어 리터러시를 통해 콘텐츠 소비 시 판매자가 어떻게 마케팅하는지, 어떻게 소비를 촉진하는지, 어떤 관심을 끌려고 하는지, 속이는 방식은 무엇인지 등을 분석하고 해석해야 합니다. 알고 접근할 때와 모르고 있을 때 분명한 차이를 느낄 수 있습니다. 화려한 포장 이면에 숨어 있는 것이 무엇인지 파악하는 것이 미디어 분별력을 갖추는 것입니다.

미디어의 속임수를 제대로 바라보고, 미디어를 바르게 해석하는 능력이 미디어 리터러시입니다. 이러한 '미디어 리터러시 활용 교육'은 반복적인 교육을 통해 향상될 수 있는 학습 능력입니다. 이미 다른 선진국에서는 1987년부터 국어 교육 과정에 '미디어 리터러시' 수업이 포함되어 있습니다. 다양한 매체의 메시지에 접근해 분석·이해·평가하고 의사소통할 수 있는 능력을 기르는데, 그 핵심은 스스로 구별하는 능력을 키워주는 것입니다. 이러한 미디어 리터러시는 스스로 키워내는 능력입니다.

자전거를 우리 집 앞에 무데뽀로 세워두는 사람이 있습니다. 주차금지를 크게 써 놓아도 다음 날에도 그다음 날에도 계속 불법 주차를 합니다. 엄포를 놓기 위해 '여기다 세우면 벌금'이라고 해도 무시하고 또 불법 주차를 해놓습니다. 어떤 해결책이 있을까요? 이렇게 붙여 놓으면 어떨까요? '자전거 무료 나눔! 필요한 사람 아무나 가져가세요'라고 적어두는 것입니다. 이 글을 본 자전거 주인이 깜짝 놀라서 이후부터 자전거를 세워두지 않았다는 일화가 있습니다.

미디어 리터러시의 핵심이 이 이야기에 들어 있습니다. 아무리 겁을 주고, 하지 말라는 압박을 주어도 스스로 느끼지 않으면 절대로 변화되지 않는 것처럼 '미디어를 구별하는 능력'은 미디어를 바르게 보려는 자신의 의지가 생기지 않으면 발전시키기 어렵습니다. 미디어를 이용하며 바르게 해석하는 능력을 갖추는 실천 교육이 되어야 합니다. 미디어 리터러시는 디지털 성폭력 예방 교육이며 스스로 강해지는 디지털 시대의 대응법입니다.

위험은 낯선 사람의 쪽지가 아니라
아는 사람의 '톡'입니다

　청소년 디지털 성범죄의 위험성을 이야기할 때, 우리가 가장 밀접하게 만나는 위험이 있습니다. 제일 먼저 꺼내게 되는 것이 바로 '채팅'과 메시지 '톡'에 관한 디지털 성범죄일 것입니다. 말 그대로 무한한 디지털 공간에서 타인과 소통하다가 생기는 위험성을 인식해야 한다는 이야기입니다.

　서울시(탁틴내일)가 초·중·고교생 1,607명을 대상으로 '아동·청소년 대상 디지털 성범죄에 대한 첫 피해 실태조사'를 실시했습니다. 이 조사에서 인상 깊은 결과가 나왔는데, 바로 낯선 사람에게 쪽지나 DM을 받아본 경험이 있다는 응답이 36%였습니다. 10명 중 4명의 청소년이 낯선 사람의 쪽지를 받았다는 것입니다. 그럼, 이러한 쪽지나 메시지에 어떻게 대응했을까요? 보통은 차단하거나 삭제할 것 같지만 놀랍게도 낯선 사람에게 자신의 '개인정보'를 알려준 적이 있다는 응답이 64%가 되었습니다.

　왜 이런 놀라운 결과가 나온 것일까요? 어떻게 낯선 사람에게 자신의 정보를 알려주었을까요? 일상적으로 누군가에게 쪽지나 DM을 받게 되는 환경에 놓여 있고, 그러한 메시지나 쪽지에 응답하는 아이들이 있습니다. 채팅, 채팅앱, 오픈 채팅, 랜덤 채팅 등 아이들은 온라인에서 알 수 없는 사람들과 소통하며 위험에 노출되는 것입니다.

이 조사에서 '나이, 전화번호 등 개인정보를 알려달라고 요구'하는 메시지가 23%나 되었습니다. 또 채팅, 인터넷을 통해 알게 된 사람에게서 직·간접적인 피해 경험이 있는 학생은 5%였습니다. 그리고 이러한 피해 가운데 'SNS나 가족, 친구에게 너의 나쁜 점을 알리겠다'고 협박을 받은 경우가 56%로 나타났습니다.

이러한 결과를 통해 우리는 온라인, 모바일, 인터넷으로 만나게 되는 낯선 사람들의 위험성을 인지하고 그 위험에 대한 예방책이 반드시 필요하다고 생각합니다. 의외로 청소년들은 채팅의 위험에 대해 경계를 낮추는 경향이 있습니다. 그리고 온라인으로 접근한 낯선 사람들은 대부분 또래 아동·청소년이라고 생각하는 경우가 많았습니다. 실제로 피해 사례를 살펴보면 또래 친구인 줄 알았지만 가해자는 성인이 상당히 많습니다.

채팅 피해 사례를 살펴보면 '신체 사진이나 성적인 행동을 요구하는 동영상을 보내라'는 협박이 17%로 나타났고, 협박에 못 이겨 실제로 사진이나 동영상을 보낸 경우가 6%로 조사되었습니다. 피해를 입는 경우 가해자의 협박을 경험하는 것입니다.

왜 이런 일이 발생할까요? 왜 낯선 사람들을 경계하지 않을까요? 아이들의 피해 예방 교육이 부족한 것일까요? 피해 사례 대부분이 '온라인 그루밍' 양상이 두드러지게 나타나는 것을 알 수 있습니다. 낯선 사람으로 접근하지만, 결국 친해진 후 익숙한 사람이 되어가고, 아는 사람이 되어 '본색'을 드러낸다는 사실이 밝혀졌습니다. 채팅을 통해 만난 사람이 더이상 낯선 사람이 아닌 것에 대해 경계심이 무너지는 것을 이용하는 것입니다.

푸른아우성의 2019년 자녀 성 상담 1,027건 중 채팅 관련 상담이 93건을 차지합니다. 이 건수는 해마다 늘어나고 있습니다. 특히 채팅으로 인해 지속적인 협박을 받다가 2차 피해로 이어지는 사례가 늘어나고 있습니다. '성 착취'를 목적으로 청소년에게 접근하는 그루밍 성범죄를 분석하면 '청소년을 대상'으로 삼는 이유는 간단합니다. 청소년에게 어떠한 대가를 지불하지 않고 협박을 하거나 마음대로 부릴 수 있다고 생각하기 때문입니다.

만일 문제가 되더라도 미성년자인 아이들에게 뒤집어씌우고 가해자는 빠져나가기 쉽기 때문에 점점 대범하게 청소년에게 접근합니다. '쉽다'는 이유가 있기 때문에 아동·청소년을 대상으로 한 '성 착취 범죄'가 증가하는 것입니다. 아이들을 대상으로 하는 범죄가 결코 쉬운 일이 되어서는 안 됩니다. 저는 오랜 시간 '디지털 그루밍' 접근법을 연구했습니다. 청소년이 타깃이 되고 범죄 피해로 이어질 때 어떤 수법을 사용하는지, 어떻게 접근하는지 연구했습니다. 적을 알아야 예방할 수 있고, 대응할 수 있기 때문에 피해 사례와 접근법을 알기 위해 현장 조사를 시작했습니다.

청소년을 대상으로 한 채팅에서 이들은 '칭찬을 잘하고, 어떤 이야기든 들어주려고 시간을 투자하며, 청소년의 장점을 세워주고, 작은 일도 큰 것처럼 맞장구를 쳐주는 태도'를 보입니다. 외로움이나 자신이 갖고 있는 문제에 대해 공감해주며 어려운 사정을 알고 도움을 주

려고 노력하는 모습을 보입니다. 너무 씁쓸할 정도로 아이들의 약점을 파고 든 것 같습니다. 마음을 나누고, 위로해주고, 경제적인 도움을 주는 사람으로 접근합니다. 부모 자리를 파고들어 온다는 사실이 무섭고 두렵습니다. 아이들은 경계를 풀고, 상대방이 좋은 사람으로 인식하게 되며 온라인에서 연인 사이로 발전하기도 합니다.

그렇게 '관계'가 형성되면 나이, 주소, 학교, 전화번호 등 개인정보를 서로 공유하게 되는 것입니다. 상대방도 자신의 정보를 먼저 알려주고 인증하며 안심시킵니다. 때로는 금전적으로 호의를 베풀어주려고 하기도 하고, 문화상품권과 게임 아이템 등 필요한 것을 충족시켜줍니다.

그루밍
성범죄

다. 그리고 은밀한 제안을 하거나 (개인)메신저로 연결하자고 제안을 합니다. 그루밍grooming은 원래 마부groom가 말을 빗질하고 갈퀴를 다듬어줄 때 마부를 전적으로 따르는 것에서 유래되었습니다. 관계가 가까워진 상대방은 이제 낯선 사람이 아닙니다. 그가 원하는 대로 해주고 싶은 소중한 사람입니다.

실제 피해 부모들은 이렇게 이야기합니다. "평소에 교육이 잘되었다고 생각했어요. 어떻게 낯선 사람을 경계하지 않고 친구 수락을 하거나 채팅까지 하게 되었는지 도무지 이해가 되지 않습니다." "아무리 철없는 아이라도 자기 스스로 신체 사진이나 몸캠에 동영상을 직접 보내다니 믿을 수가 없습니다. 기본이나 상식적인 교육은 되었다고 생각합니다." "상황이 이렇게까지 심각한데 부모에게 끝까지 알리지 않았다는 게 더 충격적입니다."

온라인 소통은 아이들에게 생활입니다. 얼굴을 몰라도 누군가를 알아가게 되는 과정입니다. 나와 맞는 사람을 찾고 사귑니다. 그렇게 알아가는 과정이 지나야 친해지고 그 이후에 본색을 드러냅니다. 아이들은 그 사람과 관계를 형성하고 신뢰를 쌓게 됩니다. 감정 상태, 취미, 학교 정보, 위치 등 신상정보를 공유하고 알려줍니다. 솔직하게 오픈하면 아이는 잘 통하는 친구로 인식합니다.

이제 우리가 알고 있었던 '피해 예방 교육'의 방식이 완전히 달라져야 합니다. 낯선 사람을 경계하는 교육이 아니라 '스스로 위험 상황을 인식하는 교육'이 시작되어야 합니다. 온라인에서 친구를 사귀고, 관계를 형성할 때 정당한 행동, 요구, 불편하고 위험한 것이 무엇인지 아이들이 인지하도록 교육하는 것입니다.

미리 그 상황을 알 수 있도록 사건의 과정도 알려주고 정확한 판단을 내리도록 교육하는 것입니다. '너는 이런 상황에 어떻게 할래?' 자녀가 직접 사고할 수 있는 상황을 제시합니다. 그루밍 성범죄는 상대방의 판단을 흐리

디지털
안전 수칙

게 만들고 자신의 명령에 길들이게 하는 교묘한 범죄입니다. 오히려 가해자들을 변호하고 피해 상황을 인지하지 못하게 됩니다. 그 상황 속에서 아이들이 합리적인 의심을 하기 쉽지 않습니다. 그래서 가정에서 더욱 필요한 교육으로 인식해야 합니다. '너는 어떻게 해볼래?'라고 자녀의 의견을 들어보며 부모가 도와줄 수 있는 부분에 대해 알려주는 것이 '채팅' 예방 교육의 시작입니다.

대중의 관심을 사고파는
오픈 채팅방

　주로 메시지를 주고받는 플랫폼 '카톡'에는 숫자를 셀 수 없을 만큼 다양한 초등학생 연령의 '오픈 채팅방'이 존재합니다. 인기 키워드만 검색해도 채팅방이 열리고 들어가서 대화를 나눌 수 있습니다. 물론 오픈 채팅방마다 룰이 존재하고 조건이 있지만, 대화를 나누는 일이 어렵지 않습니다.

　기성세대들은 지인들이나 업무상 연락처가 공유된 사람들과 카톡을 주고받지만, 청소년은 랜덤이나 검색을 통해 온라인 공간에서 알지 못하는 사람들과 자연스럽게 대화를 합니다. 그것이 '오픈 채팅 문화'라고 할 수 있습니다. 기본적으로 길거리를 걷다 보면 사람들을 마주치 듯이 온라인 공간의 낯선 사람들과 만나게 됩니다. 친구 등록도 되지 않은 '낯선 사람'이 보낸 메시지에 아이들이 쉽게 반응하는 것이나 경계를 늦추는 것도 크게 문제의식을 갖고 있지 않기 때문입니다.

　'카톡'이나 '라인'과 디스코드, 텔레그램 같은 채팅 기능의 메시지앱은 누구나 계정을 만들어 사용할 수 있습니다. '플필'이라는 프로필 사진과 기본 정보가 드러납니다. 이 밖에 스마트폰 번호를 공유하거나 아이디만 공개되어도 대화가 가능합니다. '챗'은 이제 우리가 대화를 할 수 있는 통로가 되었습니다.

오픈 채팅방 대화로 만나는 사람들 중 목적을 갖고 있는 사람들이 있습니다. 특히 약자나 연령이 어린 사람에게 목적이 있는 사람들이 존재합니다. 아이디나 해시태그, 검색 기능으로 접근해 타깃을 설정합니다. 특히 활동이 왕성한 아이들은 아이디가 많이 공개되기 때문에 더욱 찾아보기 쉽습니다. '비공개'가 아니더라도 기본 정보나 제한된 신상정보를 파악해 '아이디'와 '플필'이 일치하는 연계된 SNS까지 타고 들어가 검색합니다. 해커가 아니어도 보통 아이들의 이메일이나 카톡, SNS 계정은 모두 동일한 아이디를 사용하기 때문에 하나의 정보를 가지고 여러 개의 정보를 캐낼 수 있습니다. 구글 이미지 검색이나 SNS 검색 보트로 정보를 모아 특정한 친구를 타깃해 접근할 수 있습니다.

청소년의 **SNS**에 들어가면 의외로 '신상정보'를 파악할 수 있는 단서와 힌트가 곳곳에 올라와 있습니다. 우연히 학교에서 체육복을 갈아입다가 찍은 '셀카', 그 사진 속의 배경, 체육복에 적힌 이름이나 학년, 학교 앞이나 학

오픈 채팅방
접근 수법

원에서 자신을 나타내는 정보가 담긴 사진을 무심코 찍어 올리는 경우가 있습니다. 친절하게 사진 밑에 글로 정보를 공개하기도 하고 해시태그나 위치 지정을 하기도 하여 GPS가 아니더라도 '학교 이름'과 '지역 정보'를 보여주게 됩니다. 학교 이름뿐만 아니라 '반'과 자신의 번

호까지 노출되기도 합니다. 자신도 모르는 사이에 신상정보가 공개되는 것입니다. 또, SNS를 살펴보면 관심 분야나 관심사를 찾아낼 수 있습니다. 좋아하는 연예인 사진, 반려동물, 음악이나 여행 사진, 무엇을 좋아하는지 포스팅되어 있어 알 수 있습니다.

아이들에게 낯선 사람이 정보를 파악해 접근하면 반응하게 됩니다. 관심사에 공감하며 친근하게 접근해올 때, 아이들은 경계심 없이 마음을 열게 되는 것입니다. 음식 사진을 찍어서 올리기도 하고, 친구와 자주 가는 코인노래방 사진을 올리기도 합니다.

친구들과 보기 위해 찍은 여러 가지 사진 속에 나도 인식하지 못한 음식점 상호나 노래방의 이름이 나옵니다. 심지어 친구들과 주로 활동하는 동선이 그대로 드러납니다. 즉, 상대가 아이들의 활동 반경을 알 수 있는 정보를 제공하는 것입니다.

이런 정보들을 가지고 대화를 시도하면 경계심이 자연스럽게 풀리고 자신과 공감대가 많은 상대에게 호기심이 생기기도 합니다. 공감대가 형성되는 사람은 점점 아는 사람으로 인식해 대화가 싹트고 자주 연락하는 사이가 됩니다. 그러면 상대방은 더욱 많은 정보를 캐낼 수 있게 됩니다. 절대로 초반에 무리해서 아이들에게 무언가를 요구하거나 수작을 부리지 않습니다. 경계가 확실히 사라졌을 때, 그 틈을 이용해 아이들의 마음을 얻습니다.

채팅 피해 사례를 분석해 알게 된 사실은 나중에 이런 청소년의 정보들은 협박의 자료로 사용되고 신상정보는 겁박의 재료로 사용됩니다. 아이들이 능력이 없어서 당하는 것일까요? 아이들이 예방 교육을 받지 못해서, 혹은 부모의 관심이 부족해서 이 지경에 이르는 것이 아닙니다. 그만큼 또래 문화를 이용하는 지능적인 범죄자이고 전략적으로 다가오기 때문에 피해를 입게 되는 것입니다.

사회적인 문제가 되었고, 학교 밖 청소년들만의 문제가 아니라 우리 모든 아이의 예방 차원의 교육이 되어야 합니다. 당장 아이들의 스마트폰을 빼앗고 활동을 차단하거나 SNS를 비공개로 돌리고 앱을 삭제하는 것이 아이들을 보호하는 방법이 아닙니다. 아이들을 통제하는 것은 지켜주는 것이 아니라 무능력하게 만드는 것입니다. 아이들은 능력이 없는 것이 아니라 연습해본 경험이 없습니다. 주변을 살펴보고 비교하며 판단할 수 있는 시간이 부족했습니다. 앞으로 새로운 미디어를 접근하고 경험할 때, 혹시 닥쳐올 문제점이 무엇인지, 다른 친구들의 사례를 들어 타산지석을 삼고 나만의 대처법을 연구하게 만들어야 합니다.

SNS와 채팅은 부모가 만들어준 삶이 아니라 아이들이 헤쳐 나아가는 소통의 통로입니다. 채팅 공간을 인정은 하되 다양한 사람을 마주치는 공간임을 알려주는 것입니다. 스스로 그 속에 어떤 문제점이 있는지 미리 파악하고, 문제가 될 경우 어떤 도움을 받아야 하는지 아이들이 생각할 시간을 만들어주어야 합니다. 온라인 공간에서 낯선 사람과의 관계 형성에 스스로 판단할 수 있도록 주체적인 힘을 길러주어야 합니다.

채팅은 청소년의 '소통 필수품'이지만 때로는 나쁜 사람들을 만날 수 있는 가능성이 언제든지 열려 있습니다. 제대로 알고, 어떤 대처가 필요한지 묻고, 도움을 받는 것이 아주 자연스러운 일이며, 피해를 입으면 신고할 수 있는 용기를 심어주어야 합니다.

부모는 디지털 공간이 '부모 중심의 공간'이 아니라 '아이 중심의 공간'임을 인지하고 아이 스스로 콘텐츠의 올바른 사용법을 익히도록 도와주세요. 안전을 지키기 위한 피해 예방 교육은 '미디어 주권자'로서 선행되어야 합니다. 아이들이 소통 공간에서 스스로 자신을 지키는 방법과 힘을 기를 수 있게 도와야 할 것입니다.

TIP

오픈 채팅방 이용시 주의사항

① 상대방에게 개인 톡을 알려주지 말고 개인 톡으로 옮길 때는 한번쯤 의심해보며 팩트체크합니다.

② 나와 대화하는 상대방의 정보(플필, 아이디, 나이, 성별)에 대해 확인합니다.

③ 방장의 요청사항을 준수합니다.

④ 선정성, 폭력성, 음란성 채팅은 계정 삭제될 수 있습니다.

⑤ 오픈방 개설 시 건강한 방이 되도록 규칙을 정합니다.

행복한 사람만 존재하는 별스타그램

"인간은 타인의 인정을 갈구하고 욕망한다"라고 프랑스의 정신분석학자 라캉이 말했습니다. 디지털 시대에는 SNS에서 타인의 인정을 갈구하는 욕망을 많이 보게 됩니다. '구독', '좋아요', '하트'가 넘쳐 서로의 인정으로 만들어지는 집합체 같습니다. 물론 '인정욕구'는 인간의 가장 기본적인 욕구지만 과용된다는 느낌을 지울 수 없습니다. 인정을 받고 싶은 것은 청소년 시기에 돌입하면 스스로 조절하기 힘들 만큼 남의 시선에 민감해집니다. 칭찬은 고래도 춤을 추게 하듯 아이들은 부모의 칭찬을 먹고 자랄 것입니다.

그래서 사춘기 자녀와 부모의 소통은 '칭찬', '인정'이라는 키워드가 매우 중요합니다. SNS는 자신의 일상을 표현하는 공간이며, '노출에 대한 욕구'와 다른 사람의 일상을 들여다보는 '관음의 욕구'가 동시에 존재하는 공간입니다. 그래서 많은 사람이 매력을 발산하고 끌림을 받고 공감과 선택을 받고 보여주고 싶은 삶을 나타내며 포장된 자아를 가상공간에서 실현하게 됩니다.

SNS 이용자들에게는 인친이나 페친과 같은 온라인으로 이어진 친구들에게 '좋아요'를 받는 것은 다른 무엇보다 큰 '힐링'이 될 만큼 삶에서 누리는 큰 칭찬으로 여겨지기도 합니다. 이런 '욕구'를 넘어 '존재성'을 찾기도 합니다. 한편으로 게시물의 '좋아요'는 콘텐츠의 가치를 판단하는 기준이 되기도 합니다. 소비 권력을 이끌기도 하고 마케팅 수단이 되기도 합니다. '좋아요'를 받기 위해 이용자는 삶의 여러 가지 대가를 지불하고, 비용을 치르고 있기도 합니다.

독일의 한 연구소에서 '소셜미디어가 우리의 신경계에 외적 동기 요인으로 작용한다'는 흥미로운 연구 결과를 발표했습니다. '좋아요'가 돈을 받았을 때 느끼는 보상의 짜릿함처럼 우리 뇌의 '보상계'를 자극한다는 것입니다. 이 실험에 참여한 피실험자의 SNS에 '좋아요'나 '댓글' 등을 많이 받게 되었을 때 뇌에서 어떻게 반응하는지 조사했는데, 돈으로 보상을 받을 때 반응하는 뇌 부위에 불이 들어오는 것을 자기공명영상(fMRI)에서 확인하게 되었습니다. SNS에 올린 자신의 콘텐츠가 '좋아요'를 받을 때 성취감과 만족감이 그 크기를 상상할 수 없을 것입니다.

이러한 보상계를 자극한다는 것은 그만큼 '집착'이 되는 부작용을 낳기도 할 것입니다. '좋아요'를 받으면 더 큰 반응을 얻고자 다음 게시물에 대한 고민이 이어집니다. 이것이 업로드할 동기 부여가 되지만 그만큼 '부담'이나 '불안'으로 작용되는 것입니다. "무엇을 올려야 '좋아요'를 더 많이 눌러줄까?" 밤잠을 설치고 그 고민에 갇혀 불안으로 이어집니다. 나의 게시물이 남들에게 얼마나 인정받고 있는지 나의 존재의 평가로 비춰져 더욱 예민해질 수밖에 없습니다. 다른 사람들의 평가에 하루의 감정이 좌지우지되는 지경에 이른다면 그것에 지배되는 것입니다.

인간의 심리와 소셜미디어의 만남이 만들어낸 삶은 디지털 시대의 새로운 우리의 모습이 되어갑니다. 게시물을 올리는 것이 기뻐서인지, 남들의 반응이 즐거워서인지, 다양한 욕구가 혼재되어 어느 순간 남들 눈에 비치는 자신은 다양한 가면을 쓰게 됩니다. 또, 타인의 SNS를 둘러보면 나와 비교되는 삶을 보며 피해의식으로 빠져들기도 합니다. 세상 예쁘고 멋진 사람, 꾸준히 운동하는 몸짱이 넘쳐납니다. 해외여행을 밥 먹듯이 즐기고 사진을 찍어 올리는 사람이 가득하고, 맛집 탐방으로 맛있는 음식을 향유하는 '맛있는 녀석들'이 넘쳐나는 세상입니다. 대리만족을 느끼기도 하지만 대체적으로 이용자들은 모방심리, 비교우위, 피해의식으로 심리적 박탈감을 표현합니다.

SNS에서 행복을 누리는 사람들은 모두 만족한 삶을 살고 있을까요? '행복을 인위적으로 보여주는 행위'를 심리학 용어로 '인상 관리' 혹은 '자기 연출'이라고 합니다. 타인이 보게 될 자신의 인상 관리를 지속하는 것입니다. 그러나 자신의 인상 관리가 드러나는 '인스타그램', '페이스북' 등의 SNS 속에서 타인의 기준이 아닌 자신의 기준을 세우는 것이 필요합니다.

최근에는 SNS의 순기능보다 역기능에 대한 우려가 많이 나타납니다. 행복한 사람들과 비교해 나의 일상이 초라해지고 자존감은 떨어져 자신의 삶을 포장하는 방법을 찾게 됩니다. 자신도 모르게 '인상 관리'를 모방하는 것입니다. 행복한 사람으로 꾸미게 되고, 과시하고 싶은 것을 극대화하고, 나의 외모를 최대한 미화하는 '인상 관리'를 통해 가상의 자아를 실현하는 상태라면 이미 불안과 스트레스 속에 피로감이 쌓여 있을 것입니다. 자기 자신이 자각할 때 자기 조절에 대한 고민을 시작할 수 있습니다. 하지만 SNS는 자기 조절을 고민하지 못하게 만드는 심리를 이용한 산업으로 자리를 잡았습니다.

사진이나 동영상 게시물을 올리기 전에 사진을 수정해주는 보정앱이 넘쳐납니다. 이모티콘, 뽀샵, 사진 보정앱, 스티커앱 등이 사랑받습니다. 대리만족을 일으켜 심리적으로 취약한 10대들의 마음을 사로잡기 위한 전략으로 삼게 됩니다. 그래서 '아바타'에게 부여한 자신의 형상을 꿈꾸는 청소년들은 SNS 산업의 확실한 타깃이 됩니다. '불안'을 이용한 소비 심리인 '나만 소외되는 것 아닌가' 하는 소외 공포Fear Of Missing Out를 아주 전략적으로 이용합니다.

고객에게 박탈감을 심어주어 소비 향상을 노리는 전략은 효과적인 마케팅입니다. SNS만 보면 모두가 예쁘고 행복한데 '나는 못생기고 불행한 것 같아'라는 불안감은 소비 심리로 이어집니다. 또, 그들처럼 살기 위해 별세상 삶을 따라하고 별스타 인생을 살아보려는 온라인 인생역전의 허상을 만들기도 합니다. 미국 여성 중 모델처럼 마른 사람은 2%에 불과한데 현실은 2%를 추구합니다. 사람들은 타인과 비교를 많이 합니다. 그래서 그 모델 같은 2%의 사람 때문에 98%의 사람은 불행해지고 2%를 부러워하고 동경합니다.

부모는 자녀가 자기 객관화를 갖도록 도와야 합니다. 미디어나 가상 공간에서 만들어낸 마케팅 기준에 휩쓸려 가지 않도록 해야 합니다. 우리는 감정을 표현하는 동물입니다. 감정이 발달하고 감정을 표현하며 그것이 때로는 좌절이 되기도 합니다. 우리에게는 부정적인 감정도 있고, 긍정적인 감정도 있습니다. 어떤 감정이든 솔직하게 표현할 수 있어야 합니다. 남들의 시선에 따라가고 남들의 평가에 움직이는 것은 디지털 허상에 갇혀 성장하지 못하는 어린아이로 남게 되는 것입니다. 컴퓨터 키보드에서 한글로 SNS를 치면 '눈'이라는 단어가 됩니다. 이제 SNS를 새로운 눈으로 바라보기 시작해야 합니다.

소셜미디어는 소외되고 불안감을 자극하며 상처받을 수 있는 곳임을 알게 해야 합니다. 아이들이 그곳에서 자신을 포장하는 게 아니라 자신을 표현하는 기준을 만들어가도록 도와주어야 합니다. SNS는 사적인 공간이고 부모가 매번 자녀의 감정을 표현하는 일에 개입할 수 없습니다. 하지만 SNS를 이용해 자신을 표현하는 자유는 가질 수 있지만, 책임을 지는 행동도 기르도록 조언해야 합니다. 행복한 사람을 따라 하는 것이 아니라 행복한 삶을 추구하는 아이로 시간과 기회를 열어주세요.

TIP

모바일, SNS, 온라인 이용시 주의사항

① 틀린 정보, 가짜뉴스, 거짓말을 하지 않습니다.

② 인종, 성별, 장애, 혐오, 차별, 비하하는 표현을 점검합니다.

③ 나의 게시물이 상대방을 비방하거나 욕하는 댓글을 쓰지 않도록 노력합니다.

④ 우울하거나 화가 날 때 글을 쓰거나 메시지를 보내지 않습니다.

사실을 사실대로 보는
뉴스 리터러시

'프레임'이란 어떤 선입견이라든가 무의식적으로 반복하는 행동과 생각일 것입니다. 무심코 자리 잡아 버린 생각과 자연스러운 행동과 관습 등이라고 표현합니다. 우리가 사는 세상에는 다양한 프레임이 존재합니다. 디지털 공간에서는 이 프레임이 극명하게 표현되고 경쟁을 합니다. 미디어 리터러시 교육은 이러한 프레임에 대한 교육을 일상에서 하는 것입니다. 우리는 생활 속에서도 프레임을 씌우고 프레임에 대한 해석을 합니다.

한 번 잘못 씌인 프레임을 깨기란 쉽지 않습니다. 그래서 우리는 프레임에 갇히는 것을 경계하는 것일지 모릅니다. 부모와 자녀 간에도 서로 차이를 갖는 프레임이 존재합니다. 부모가 일상에서 객관적인 시각을 갖게 하는 훈련 중 하나인 뉴스 바라보기를 활용하면 효과적일 것입니다.

뉴스는 사실을 다룹니다. 팩트에 근거하고 실제 존재했던 일을 말해 줍니다. 하지만, 이러한 사실도 누군가의 '프레임'에 의한 사실이 될 수 있습니다. 그래서 우리는 뉴스를 볼 때 제작자의 프레임을 분석하고, 어떤 의도를 갖고 있는지 비판적 사고를 통해 사실을 어떻게 보도하는지 건강한 감시자가 되어야 합니다. 뉴스 프레임에 대한 개념을 알고 언론 보도와 기사를 마주하면 객관적인 시각이 생길 것입니다.

언론이 '미디어' 현실을 구성하는 데 어떤 특정 사건이나 이슈를 일정한 방식으로 '의미 짓는 틀'을 볼 수 있습니다. 어쩌면 이것이 우리가 만나는 디지털 정보들의 모습일 수 있습니다. 뉴스는 외부 세계의 현실을 객관적으로 반영하는 것이 아니라, 뉴스 제작자의 선택과 배제, 강조와 해석 등을 통해 재구성된 현실로도 볼 수 있습니다. 그래서 우리는 방송국마다 어떤 시각이 있는지, 각 보도국의 뉴스 프레임은 무엇인지, 사건을 바라보는 다양한 시각을 발견할 수 있습니다. 그래서 언론과 뉴스 분석이 일상에서 미디어 리터러시 교육에 활용하기에 좋은 시각을 길러줍니다.

뉴스 프레임은 언론에서 다루는 '성'의 시각을 비추기도 합니다. 언론에서는 성을 사건 중심으로 '성범죄', '성 이슈', '성차별' 등의 프레임으로 보여줍니다. 이런 시각에서 우리 자녀들이 일상의 뉴스를 접하며 성 의식을 키우는 방법으로 활용하고 넓은 세계관을 만들어가기에 더할 나위 없다는 것입니다. 다양한 뉴스 보도를 비교해 프레임에 갇히지 않는 자신의 생각과 기준을 만들기도 합니다. 부모가 이러한 사고를 할 때 아이들의 다양한 이야기와 관점을 이끌어낼 수 있습니다.

언론에서 다루는 '강력 성범죄의 모습'을 바라보며 미디어 리터러시 교육의 방향을 가이드하겠습니다. 실제로 현장에서 중요하게 사용되는 디지털 성교육 방식이기도 합니다.

'노원구 세 모녀 살인사건'으로 불리는 '김태현 스토킹 살인사건'을 뉴스를 통해 접하셨을 때 이 사건의 본질은 무엇이라고 생각하셨습니까? 이것은 '스토킹 범죄'입니다. 우리 사회에 스토킹 범죄가 심각해 1999년부터 법으로 강력하게 처벌하고 있습니다. 하지만 우리는 얼마나 스토킹 범죄를 알고 있을까요? 이 세간을 떠들썩하게 만든 '김태현 스토킹 살인사건'은 뉴스 프레임을 통해 만나게 되고 '스토킹 범죄'라고 인식하게 만듭니다.

세 모녀 살인사건이 보도되던 초기에 언론(뉴스매체)은 '스토킹 범죄'를 '추측성 보도'들로 시작했습니다. 가해자가 피해자의 '남친이었다', '큰 딸의 연인'이라는 추측성 기사들로 사건을 보도하기 시작했습니다. 마치 치정에 의한 연인 사이의 다툼으로 살인사건이 발생했다는 보도가 나오며 많은 사람이 연인 간의 범죄로 인식했습니다.

어떤 뉴스에서는 '헤어진 연인'으로 단정해 연속 보도했습니다. 그런데 시간이 지나면서 수사가 진행되고, 언론 보도와 뉴스의 형태가 바뀌기 시작합니다. 주민들을 취재하며 그들의 입을 빌려 '헤어진 연인'이라고 보도했던 형태가 사라지기 시작합니다. 게임에서 만난 사이이고 일방적인 스토킹이라는 기사로 바뀌기 시작합니다. 일면식 없는 범죄, 스토킹 범죄로 방향이 바뀌었을 때 '남자친구', '연인'이라는 단어는 사라집니다. 어디에서도 오보에 대한 정정을 찾아보기 힘듭니다.

뉴스 보도 초기에 '노원구 세 모녀 살인사건'으로 네이밍되어 보도되었지만, 사건을 가해자의 이름을 따서 '김태현 사건'이나 '김태현 스토킹 살인사건'으로 불

리게 되었습니다. 강력 성범죄에서 피해자 중심으로 이름 붙인 사례가 많다 보니 관행적으로 보도를 해서 피해자와 유가족에 2차 가해를 해 왔습니다.

이후 성범죄 사건의 뉴스 방향은 피해자의 고통은 뒤로하고 '김태현이 게임을 했다', '살인사건 현장에서 맥주를 마셨다' 등의 기사와 제목이 뽑혀 속보, 단독보도 경쟁으로 이어지며 잔인하게 사건을 묘사해서 우리의 뇌리에 남게 됩니다. 이런 기사의 목적이 가해자에 대한 증오심을 고양시키기 위한 것인지, 피해자에 대한 동정심을 보도하는 것인지 알 수 없습니다. 그동안 강력 범죄의 보도 형태는 목적을 알 수 없는 기사들로 홍수처럼 쏟아졌습니다. 이것은 2차 가해입니다.

뉴스가 범죄 수법의 잔혹성을 보여주고, 시청자를 놀라게 해서 겁먹게 하는 것이 도대체 어떤 효과가 있는지 묻고 싶었습니다. 가해자에게 서사를 만들어주고 동정을 유발하는 것인지 모르는 형태를 취합니다. 살인자가 한 말을 여과 없이 받아쓰기하는 뉴스 보도는 고인이 된 피해자를 두 번 죽이는 결과를 만듭니다.

성범죄 피해자는 좌절된 인생처럼 무엇인가 빼앗겨 버린 사람의 모습으로 묘사하고, 피해 여성의 외모를 부각하거나 피해자가 구석에 처박혀서 울고 있는 모습으로 묘사했습니다. 성범죄에서 최우선은 '피해자 보호'에 있습니다. 피해자를 보호해야 한다는 것은 프레임을 막론하고 가장 중요한 일입니다. '스토킹 범죄' 가해자의 범행 이유를 그대로 받아쓰기하여 마치 '구애 행위'에 빗댄 기사로 "너무 사랑해서 그랬다", "왜 안 만나줘?", "어긋난 사랑?"으로 보도되는 현실이 피해자를 더욱 극악한 공포로 밀어 넣었습니다. 뉴스는 사건을 공정하고 객관적으로 보도하고 진실을 발굴하며 진상을 밝히는 의무를 가져야 합니다. 그러한 뉴스 보도가 사회의 긍정적 변화로서 가치가 있다고 생각합니다.

언론이 잘못된 프레임으로 사건을 보도할 때, 우리는 그 영향을 받게 되고 가해자 중심 시선에 머무는 보도를 믿게 됩니다. 그래서 뉴스를 보며 분별하고 자각하는 훈련이 필요합니다. 성범죄 보도를 '흥밋거리'로 소비한

스토킹 범죄 처벌
제대로 알기

언론의 모습을 지적하고, 피해자 입장에서 바라봐야 합니다. '그 피해자는 어땠을까?' 그런 문제의식을 갖고 공감하며, 언론 보도를 비판적 사고로 통찰할 때 프레임에서 벗어날 수 있고 초월할 수 있습니다.

MZ세대의 젠더 갈등 앞에
인간애를 말하는 부모 세대

"강사님, 혹시 성 인권·성평등 교육이나 페미니즘 교육을 하시나요?"

"강사님, 혹시 동성애 반대 교육이나 양성평등 교육을 하시나요?"

"강사님, 남자아이들과 여자아이들의 성교육이 다른가요?"

최근 들어 성교육에 관심이 있는 부모의 요청과 요구가 다양해지고 있습니다. 부모가 원하는 '정치관', '이념관', '종교관', '가치관' 등을 그려놓고, 거기에 맞는 성교육을 원하시는 '교육기관'과 '학부모들'을 만나게 됩니다. 편향성이 짙은 부모들의 요구를 만나면 원하는 기대치도 상대적으로 높기 때문에 균형 잡기 어려운 성교육이 됩니다.

성 인권 교육에 관심이 많아서 페미니즘 운동과 더불어 사회적인 여성 불평등에 대한 진보적인 '젠더관'을 원하시는 방향이 있는가 하면, 페미니즘 교육의 일변도를 우려하는 입장을 보여주시며 '성적 자기 결정권'에서 결혼관이나 성관계에 절대적 원칙을 고수하며 보수적인 교육을 원하시는 '양육관'을 지닌 양쪽의 요구를 만나게 됩니다.

성교육 종사자로서 성인지 관점교육, 성평등, 양성평등, 성 인권, 페미니즘, 젠더 교육, 4대 폭력 교육, 디지털 성범죄 예방 교육 등 카테고리가 늘어나고 다양한 어젠다를 보여주는 성교육을 환영합니다.

하지만 결국은 부모들이 바라는 이상적인 교육 목적을 지닌 편향적 사고를 보편적으로 교육하길 원하는 요구라면 저는 어떤 일변도로 가고 싶지 않습니다. 이미 성교육 시장에서도 '젠더 교육 VS 보수적인 성교육'이 양립된 요구가 많이 발생되고 있습니다. 다양성이 존중되고 성인지 감수성을 키우는 것이 어떤 편향성으로 흐르는 것이 아니기 때문입니다.

여성가족부가 선정한 '나다움' 도서 논란이 거세게 일자 여성가족부 선정도서를 지지하는 입장과 '나다움' 도서를 반대하는 입장이 첨예하게 대립합니다. '조기 성애화 VS 조기 성교육'의 논쟁이 되는 것입니다. 앞으로도 이러한 갈등은 줄어들지 않을 것입니다.

성평등 기반의 포괄적 성교육은 제자리걸음을 하며 좀처럼 앞으로 나가지 못하고 있습니다. 또 초등학생들에게 외설적 성관계나 동성애 조장 도서를 보급하는 여성가족부를 폐지하자는 주장이 어떤 상황을 만들어갈까요? 교육을 받는 학생들의 입장도 나누어지게 되는 것입니다. 성교육을 하기 위해 온·오프라인으로 학생들을 만나게 되면 '성차별의 민감도'를 높이는 여학생들과 반페미(백래시) 정서로 역차별을 주장하는 남학생들의 '온도 차이'를 극명하게 느끼게 됩니다. 특히 대학가의 성교육 환경은 이러한 '젠더 갈등'으로 갈라치기 된 강의 문화도 만나게 됩니다. 주최 측이 원하는 성교육관으로 강사를 섭외하게 됩니다. 우리는 이러한 대립과 갈등 속에 '시대의 성교육' 변화를 이야기하고 있습니다.

여성가족부가 15~39세, 청년 1만 명을 대상으로 실시한 '성평등 인식을 조사한 결과'를 대표적으로 언급하겠습니다. 20대의 56%가 성 갈등을 제일 심각한 갈등으로 본다고 대답했습니다. 갈등 상황을 인지하는 것은 남녀 모두 이견이 없습니다.

여성의 74%는 "우리 사회가 여성에게 불평등하다"고 답한 반면, 남성의 51%는 "남성에게 불평등하다"고 대답해 '성별 간 인식 차이'가 뚜렷하게 나타났습니다. 결국 남녀 모두 불평등하다고 느끼는 것입니다. 이러한 결과를 정치권이나 언론에서는 성차별에 대한 논쟁으로 쟁점화했습니다. 젠더 갈등으로 몰아가서 '표몰이'를 하거나 사회적 이슈로 끌어올려 주목을 받기 위한 발언이 쏟아집니다.

특히 민감도를 보이는 20대들의 젠더 갈등에 불을 붙일 만한 군가산점제, 여성할당제, 경력단절, 가사분담, 결혼관, 저출산, 혐오와 차별 등 남녀가 느끼는 '성 차별 문제'를 점화시켰습니다. 반페미 운동 VS 여성혐오를 멈춰라!(페미니즘) 운동의 갈등을 조장해 토론 프로그램이나 정치인들의 행보에 이용하기 시작했습니다. 성차별이 성평등으로 둔갑하고 첨예한 갈등 앞에 한쪽으로 치우친 성교육 방향을 제시해서는 안 됩니다. 우리는 새 시대, 새로운 교육관으로 이분법적인 갈등에서 벗어나야 합니다.

1980년대 초반에서 2000년대 초반에 출생한 '밀레니얼 세대'와 1990년대 중반에서 2000년대 초반에 출생한 'Z세대'를 아우르는 말로 'MZ세대'라고 부릅니다. MZ세대는 이전 세대와 달리 성을 표현하는 것이 달라졌고, 이제 그러한 현상이 10대로 이어지는 특징을 보여줍니다.

MZ세대는 산업화 서사를 가진 어른들의 세대와 다릅니다. 민주화 항쟁의 이데올로기적 세대들이 아닙니다. '2030세대'라는 새로운 시대의 주체이며 진영이나 이념에 속하지 않는 MZ세대가 등장한 것입니다. 기성세대가 만든 경쟁이라는 전쟁터에 놓이고 이전 세대와 다른 '공정함을 추구하는 세대'로 위선이나 규범을 깨는 것, 흙수저와 금수저의 부당함을 지적하는 것, 당당하게 공정 경쟁으로 나아가길 원하는 세대입니다.

그 MZ세대의 요구는 '공정함'입니다. 성별을 막론하고 '공정'이라는 키워드에서는 이 시대가 가야 할 올바른 방향이라고 대답합니다. 디지털 시대에는 양립적, 편향적, 이분법적 입장이 갈등으로 나타납니다. 성의 갈등을 넘어 화합이나 공정함이라는 돌파구가 필요합니다. 부모와 양육자는 찬반의 입장에 서고, 찬반 여부를 묻거나 '페니냐? 반페니냐?'라는 질문에서 한 걸음 물러나야 합니다. 젠더 갈등의 프레임을 깨고 '인간'이라는 큰 틀로 인도하는 입장이 되어야 합니다.

새 시대의 세대들은 자유로운 성을 이야기할 수 있어야 합니다. 학생들과 성교육을 하는 교육 현장만큼은 자율 속에 차이를 인정하고, 실수가 용인되고, 그 안에서 수정과 오류를 찾아 개선하는 과정이 필요합니다. 혐오가 아닌 배려로 차별을 넘어서야 합니다. 부모도 이러한 공정의 기준을 세워야 하지 않을까요? 자녀들과 자유로운 성을 격의 없이 대화해야 합니다. '남자라서, 여자라서'라는 기준에서 벗어나 '우리'라는 이름으로 '인간'이라는 포괄적인 세계관을 우리 자녀들인 MZ세대와 공유할 수 있어야 합니다.

[**세계인권선언 제1조**]에는 '모든 사람은 자유로운 존재로 태어났고, 똑같은 존엄과 권리를 가진다. 사람은 이성과 양심을 타고났으므로 서로를 형제애의 정신으로 대해야 한다'고 명시합니다.

[**헌법 제11조 제1항**]은 '모든 국민은 법 앞에 평등하다. 누구든지 성별·종교 또는 사회적 신분에 의하여 정치적·경제적·사회적·문화적 생활의 모든 영역에 있어서 차별을 받지 아니한다'고 나와 있습니다.

'아동·청소년 성적 표현물'
아청법~철컹철컹

저는 성교육 강사라는 본캐가 있지만, 요즘에는 유튜버와 웹툰작가로 활동하는 부캐가 있습니다. 이것은 교육의 범위보다 더 넓은 문화적 소통을 하기 위해 따라온 저의 다양한 활동입니다. 이따금 유튜브에 콘텐츠를 업로드하게 되면 독자들의 쪽지를 받게 되는데, '자신이 이용하는 콘텐츠가 혹시 문제가 되는 것인지 판단'해달라고 묻습니다.

흔히 '아청법 철컹철컹'이라는 말이 있는데, 음란물을 보면 감옥 간다는 의미로 청소년들에게 알려진 '법률적 기준'으로 사용됩니다. 아동·청소년 성적 표현물을 잘못 건드리면 철창 신세가 된다는 '문제의식'을 갖고 고민하는 친구들이 자신이 콘텐츠를 이용하며 양심에 걸렸던 부분을 솔직하게 묻는 모습이 반가워서 하나하나 답장을 하고 있습니다.

이것이 '문제가 되는 것인가, 안 되는 것인가?' 문제성에 대한 확인 여부만 알려주면 되는 것일까요? 음성적으로 디지털 공간에서 욕구와 열망을 표출하는 청소년들이 '맞다? 틀리다!'의 제도적인 합법과 불법의 사고에서 한 발 더 나아가 '건강한 성 인식'으로 나아갈 수 있도록 기회를 만들어주어야 하지 않을까요?

청소년들이 주로 이용하는 콘텐츠들은 자신의 선호에 따라 유튜브 영상, 틱톡, 게임, 웹툰, 팬픽 등 짬나는 시간에 가볍게 즐길 수 있는 고효율의 '디지털 콘텐츠'입니다. 스트레스가 해소되고, 즐기면서 여가를 보내는 수단이며 잠깐의 숨을 쉴 수 있는 휴식이 되기도 합니다. 그리고 콘텐츠 자체가 좋아서 선택하는 취미일 수도 있습니다. 그렇게 자신의 선호에 따라 콘텐츠를 이용하며, 이용 시간과 이용 공간에서 예기치 않게 '성적 표현물'을 만나게 됩니다. 이 콘텐츠를 이용해도 되는지, 문제가 되는 것인지, 이러한 문제점에 대한 고민이 되어 물어보는 것입니다.

물론 스스로 검색을 통해 SNS나 관련 커뮤니티에서 답을 찾을 수 있지만, 정작 듣고 싶은 것은 '문제가 되느냐? 안 되느냐'의 확실한 여부를 전문가나 법률가에게 직접 확인 받고 싶어서 질문하는 것입니다.

청소년이 웹툰, 쇼핑, 검색, 유튜브와 같은 콘텐츠를 이용할 때 어떤 문제가 있을까요? 가장 크게 제한되는 것이 '시청 연령'에 대한 부분일 것입니다. 연령 제한으로 이용하지 못하는 것을 불법적으로 이용하게 되면서 벌어지는 상황이 걱정되는 것입니다.

19금 웹툰, 웹소설, 팬픽, 짤, 동영상 등 청소년 이용 콘텐츠는 선정성에 따라 연령 제한을 두고 있습니다. 특히 '학원물'과 같은 학생들이 등장하는 소재는 '폭력성'과 '성적 표현물'의 중요한 검열을 받고 있습니다. 이러한 연령 제한에 묶인 콘텐츠를 불법적으로 서비스하는 사이트가 무수하게 존재하고, 이를 불법적으로 이용하는 친구들이 상당수 있습니다. 연령 제한으로 분명히 법으로 막아놓은 콘텐츠를 공유하는 대범함을 보이지만 '불법' 유통이라서 강력하게 처벌하고 있다는 사실을 알아야 합니다.

콘텐츠 이용시 시청 제한보다 더 확실하게 의식해야 하는 것이 있습니다. 남들이 보지 못한 영상을 보았다는 우월감보다 엄중한 법의 심판이 따를 수 있다는 것을 알아야 합니다. '뭣이 중한디?' 영화 속 한 장면의 대사처럼 불법 이용이나 시청 제한을 우회하는 것보다 '진짜 자신을 지키는 중요한 문제'를 알려주어야 합니다.

바로 '아동·청소년(미성년자)이 등장하는 성적 표현물'입니다. 이러한 성적 표현물을 "아동·청소년 성 착취물"이라는 기준으로 검열하는데, 아동·청소년 또는 아동·청소년으로 명백하게 인식될 수 있는 사람이나 표현물이 등장하여 제4호 각 목의 어느 하나에 해당하는 행위를 하거나 그 밖의 성적 행위를 하는 내용을 표현하는 것으로서 필름·비디오물·게임물 또는 컴퓨터나 그 밖의 통신매체를 통한 화상·영상 등의 형태로 된 것을 말합니다. 즉, 아동·청소년이 등장하는 성적 표현물은 엄중한 처벌을 받게 됩니다.

아동·청소년의 성보호에 관한 법률 제2조 제5항에 아동·청소년 성적 표현물(성 착취물)을 구입하거나 아동·청소년 성적 표현물임을 알면서 이를 소지·시청한 자는 1년 이상의 징역에 처한다고 명시되었습니다. 아동·청소년이 나오는 성관계, 성기 노출, 성적 행위, 유사 성행위, 성적으로 묘사된 콘텐츠(게임, 웹툰, 채팅, 광고, 사진, 동영상) 등이 엄격하게 수사되고 처벌받는 것입니다. 그래서 '아청법'이라는 줄임말의 용어가 주는 무게감이 있고, 처벌을 의미하는 수갑을 채우거나 감옥 창살이 닫히는 효과음인 '철컹철컹'이 나온 것입니다. 청소년들은 이미 아청법에 위반된다는 것을 알고 있습니다.

저는 서울북부보호관찰소와 남부보호관찰소에서 한동안 아청법 위반 성인과 청소년을 대상으로 수강 명령 교육 프로그램을 진행했습니다. 미성년자가 등장하는 음란물은 아청법의 '아동·청소년 성 착취물의 제작·배포죄'로 강력한 처벌을 받게 되는데, 재판을 받아 기소유예나 집행유예를 받은 사람들이 의무 수강 교육을 받게 되고 '수강 교육을 받아 사회로 돌려보내는 것이 목적'입니다.

아동·청소년 음란물 소지, 제작, 유포에 대한 아동 이용 음란물죄에 해당되어 처벌을 받은 다양한 수강자를 만났습니다. 아동·청소년 성 착취물을 제작·배포하거나 소지·전시하는 것은 명백한 범죄입니다. 교육을 받는 사람들 대부분이 한결같이 말한 것은 '억울함'입니다. '처벌을 받을지 몰랐다', '내가 이용한 콘텐츠가 아청법에 위배되는 것을 정말 몰랐다'는 고백이었습니다. 범죄를 의식하지 못하는 성인지 감수성이 문제인데, 법을 몰라서 억울하다는 주장도 교육 중에 만나기도 합니다. 자녀에게 관련 법률뿐만 아니라 어떤 의식이 필요한지 '아청법' 교육을 해야 하는 부모들은 이 '아청법'을 이해하기 참 어렵습니다.

저도 법률 전문가가 아니기 때문에 한계가 있습니다. 부모의 역할이 법률을 해석해주거나 아청법을 교육하라는 것이 아닙니다. 아청법에 관한 처벌은 사법적 판단이 이루어진 것입니다. 자녀가 호기심으로 음란물을 다운 받은 가벼운 문제가 아니라 한 피해자의 고통이 담긴 영상을 문제의식 없이 시청하거나 공유하는 것은 죄라는 것을 알고 있어야 합니다. 부모가 아청법의 법조항을 교육하기보다 교육받을 수 있는 장을 열어주면 좋습니다. 디지털 시대에는 기준을 넘을 때 더욱 엄중하게 처벌을 받는다는 사실을 알려주어야 합니다.

'아동·청소년 성 착취물'은 시청하지 않고, 불법으로 다운받지 말고, 스트리밍도 접속하지 말아야 합니다. 사이트 링크 주소가 해외 서버라고 해서 안심하고 이용해서는 안 됩니다. 친구가 보내준 것이라고 책임을 회피해서도 안 됩

아청법이란 무엇인가?

니다. 자기 검열이 강화되어야 합니다. 분명한 범죄에 대해 의식적으로 분별하고 멀리 하는 사고가 필요합니다.

아청법 교육은 겁주는 교육이 아니라 '아동·청소년이 보호받을 권리'를 알려주는 것입니다. 청소년도 '범죄가 되는 콘텐츠'를 제대로 구별하고 지켜야 할 선을 지키는 법을 배워야 합니다. 우리 아이들 스스로 '아동·청소년 성 착취물'에 대한 타협 없는 선을 지킬 때 아동·청소년이 보호받는 권리를 찾는 것입니다.

인터넷 소설,
'팬픽의 포르노화'를 발견하다

　인터넷 소설 중 '팬픽'은 무엇일까요? 중학교 여학생을 키우는 부모의 질문으로 시작된 팬픽 Q&A는 아이들의 문화를 이해하려는 부모들의 노력에서 시작되었습니다. 팬픽은 팬fan과 픽션fiction, 소설의 합성어로 아이돌 가수나 스포츠 스타, 연예인이 주인공으로 나오는 인터넷 소설입니다. 실제 존재하는 보이그룹이나 걸그룹의 팬덤 문화에서 만들어졌고, 남자와 남자의 사랑을 그리는 BLboys love물과 같이 동성애 코드가 있습니다. 흔히 학교를 배경으로 벌어지는 학원물이 많이 있으며, 실제 활동 그룹이나 공동체 안의 멤버들끼리 나누는 사랑을 마치 '빙의'가 되어 쓴다고 하여 '빙의 글'로 표현하기도 합니다.

　장르도 다양하고, 단편 소설부터 장편 소설까지 다양한 포맷을 가지고 있습니다. 포털사이트나 콘텐츠 공유 사이트, SNS, 카페를 중심으로 이러한 팬픽이 활발하게 유통되고 있습니다. 이 인터넷 소설에 삽화나 만화를 활용해 '짤'을 합성하기도 하고, '썰'이라는 픽션 이야기 형태나 삽화를 넣어 사실적인 요소를 넣기도 합니다. 최근에 웹툰 소설이라는 하나의 장르도 만들어졌습니다. 디지털 시대에 10대 여학생들이 '성적인 감정'을 넣는 문화로 10대들의 전유물처럼 여겨져 어른들 중 들어보지 못하고 모르는 사람도 많습니다.

우리나라의 팬픽은 1990년대부터 형성된 H.O.T.로 대표되는 1세대 아이돌 문화를 시작으로 스타에 대한 '팬심'을 글로 표현한 것에서 유래되었습니다. 지금까지 특별히 사회적 문제로 대두된 적은 없다가 스마트폰이 보급된 시점부터 '팬픽 문화'로 유통과 소비가 늘고, 동성애 코드 논란이 된 BL물이 알려지며 '동성애 장르화'에 대한 우려가 이슈화되기도 했습니다. 그런데 N번방 사건 이후 젠더 갈등이 심화된 시점에 '알페스 논란'이 일기 시작했습니다. 알페스는 실제 인물 커플링의 약자인 RPS Real Person Slash를 한국식으로 '알페스'라고 읽은 것이 유래되어 주로 아이돌 그룹의 실명을 들어 소설화한 팬픽입니다.

팬픽의 한 갈래로 보면 되는데, 실제 남자 아이돌이나 어린 배우 등을 이용해 동성애나 성 정체성을 드러내는 소재로 알려지기 시작했습니다. 심지어 2021년 1월 '알페스 이용자들을 처벌해달라는 국민청원'이 나오게 되면서 사회적 이슈로 떠올랐습니다. 남자 아이돌 그룹의 실명을 거론하고, 성적 대상화한 여성 작가의 팬픽을 두고 실제 연예인의 얼굴을 합성해서 만든 '딥페이크'와 별반 차이가 없다는 주장을 펴서 화제가 되었습니다. 남자 아이돌 중에는 미성년자가 있기 때문에 팬픽을 쓴 여성을 아청법 위반으로 처벌하라는 주장을 하여 온라인에서 뜨거운 젠더 갈등으로 쟁점화되었습니다. 디지털 성폭력인 'N번방 사건'을 이번 사건과 동일하게 비교해 '알페스 논란'이 성범죄 사건으로 확대되며 여성들과 대립된 것입니다. 이에 문화평론가들이 개입하며 '팬픽'은 허구 공간에서 발생하는 창작물로 그것이 성 착취 '현실'

로 전환되지 않으며 '성 구매'가 이루어지는 것도 아니라서 N번방과 완전히 다른 문제라고 지적하며 젠더 갈등으로 더욱 확대된 것입니다.

갈등에 불을 붙인 이 래퍼의 발언은 제가 운영하는 유튜브에 '가상의 여성 캐릭터'를 소재로 한 19금 창작물을 '여성 성 착취'라고 주장한다면, '실제 남자 아이돌을 소재로 한 알페스는 더욱 잔인한 성 착취물입니다'라는 의견이 댓글로 달리기 시작했습니다. 이중 잣대로 보는 의견들을 맹폭하고 커뮤니티마다 논쟁이 되었습니다. 결국 이 논란이 '공론화'로 이어진 것입니다.

이에 여성단체나 페미니스트들이 RPS는 서구적 문화이고 '세익스피어가 원조다'는 작가적 해석이 들어 있는 '문화' 자체로 해석해야 한다는 주장을 펼쳤고, '리얼 픽션물' 팬픽은 표현의 자유와 창작의 자유 속에 만들어진 소설의 장르로 보는 것이 맞다고 주장했습니다. 이를 빌미로 알페스 논쟁을 쟁점화하는 것은 '백래시 현상'으로 진단했습니다. 이러한 갈등이 커져 실제로 공중파 토론 프로그램에서 다루기도 하고, 여러 언론에서 '알페스' 갈등을 조명하기도 했습니다.

비록 텍스트로 구성된 글이지만 객체화된 대상이나 '실제 인물'의 성 정체성을 만들어 라벨화하고 스토리를 만들어내는 팬픽인 알페스가 N번방 사건 같은 성 착취 범죄로 인식해야 할까요? 실제 남성 아이돌은 미성년자도 있고, 불쾌감이나 성적 모멸감을 주는 것이기에 명백한 성 착취 범주에 놓아야 한다는 주장과 인권 문제는 바로잡아야 하지만 페미니즘의 백래시로 인한 반발심으로 알페스 논란이 커지면 안된다는 주장이 대립됩니다. 결국 이러한 문제를 자세히 들여다보면 이것은 '젠더 갈등'에서 빚어진 '논란'입니다. 아마도 우리는 이러한 과정을 더 겪어야 할지 모릅니다.

표현의 자유인가? 성 착취 범죄인가? 앞에서 갈등을 벗어나 다른 프레임에서 문제를 바라봐야 한다고 했습니다. 팬픽이라는 문화도 좀더 큰 시각으로 바라봐야 합니다. 현실을 조금 살펴보면 부모들 중에 팬픽이나 인터넷 소설이 어떤 것인지 모르는 경우가 많습니다. 아이들의 문제를 바라보기 위해서는 문화를 알아야 합니다. 관심을 갖고 자녀들의 문화를 체험하고 웹소설, 웹드라마, 팬픽을 직접 읽어보는 것이 필요합니다. 그만큼 문제의 본질을 파악하기 위해서는 아이들 문화를 이해해야 하고, 같은 눈높이로 바라보고 논의하자는 것입니다. 제가 접한 팬픽의 본질적인 문제점을 제시해보겠습니다. 알페스와 팬픽 논란의 쟁점보다 심각한 것은 '팬픽의 포르노화'입니다. 이런 논쟁을 청소년들과 하고 싶습니다.

팬픽에서 성적인 묘사가 강한 장르를 '수위 팬픽'이라고 말합니다. 즉, 어차피 숨어서 마니아로 구성된 사람들만 보는 것인데, 이것이 문제가 될까요? 저는 이 수위가 높은 음란성 팬픽이 청소년에게 주는 악영향을 찾게 된 것입니다. 글로 표현했지만 성적으로 가학적인 묘사와 자극적인 성행위 표현이 엄청난 인기를 끌고, 많은 소비를 일으키고 있었습니다. 이러한 소재는 SM, 강간, 근친상간, 패륜, 수간, 촉수물 등 충격적인 소재가 '공금(공개금지)'으로 묶여 유통되고 소비되며 SNS에서 거래되는 것을 보게 되었습니다. 한마디로 팬픽의 질이 낮고 성적인 왜곡이 심하며 음란물의 방식과 흡사해지기 시작한 것입니다.

실제로 수위 팬픽을 읽은 여학생들을 상담해보면 음란물 중독에 가까운 피해를 호소하기 시작했습니다. 음란성 팬픽에 중독된 여학생들은 팬픽을 보다가 '충동적'이며 '욕구 조절'이 어려운 상황이 점차적으로 나타났다고 밝혔습니다. 수위 팬픽을 보면 욕구가 행동으로 이어지고 그래서 '자위'를 경험하고 성기를 자극하게 된다는 이야기도 상당히 많았습니다. 죄책감이 들어 지연시키려는 노력을 하지만, 중독된 사람들의 고백처럼 '어렵다'는 경험을 털어놓기도 했습니다.

폴더마다 주제별로 소장하고, 성행위 묘사만 집중해서 찾아보게 되고, 몰입하고, 팬픽에 빠져 학원에 가지 못해 일상생활의 지장을 느끼는 상황도 벌어진 것입니다. 그리고 가상과 현실에 대한 구분이 모호해지고, 팬픽에 나온 장면을 보며 모방하고 싶은 욕구가 든다고 했습니다. 마치 음란물을 본 사람들의 후유증처럼 '팬픽의 포르노화'를 증명하고 있는 것입니다.

작은 부분을 전체로 일반화하는 것이 아닙니다. 청소년의 팬덤 문화와 다양한 인터넷 소설 문화는 존중되어야 합니다. 많은 10대 청소년이 이용하는 아이돌 픽션, 창작, 구독, 속편의 재구성 속 소비 문화와 플랫폼이 놀이 문화로 발전하고 있습니다. 많은 소설가와 활동가의 창작 활동의 무대이기도 합니다. 여전히 과도한 오리지널리티나 실존 인물을 대상으로 한 불법 창작, 저작권법 위반, 원작자의 동의 없는 공유, 남녀 동성애 코드가 담긴 컬러링, 슬래시 문화의 변질이나 질 낮은 내용이 계속 문제가 되고 있습니다.

건강한 문화를 만들지 못한 것은 기성세대의 책임이지만, 문화가 병들었을 때는 모든 세대가 건강하게 만들어야 합니다. 2차 창작물을 넘어 선정적이고 자극적인 빙의물, 연예인, 실존하는 가족이나 지인을 대상으로 한 음란물은 팬픽이나 팬 아트를 넘어 폭력이 될 수 있습니다. 그러한 폭력을 구분하고 책임을 지는 행동이 담보될 때 건강한 문화가 됩니다. 한때 우리나라의 유명 예능 프로그램의 작가가 알페스 팬픽 작가 출신이라는 것이 화제가 되었습니다.

이 새로운 문화 앞에 사회의 구성원인 직업인은 스스로 부끄러움이 없어야 합니다. 수위 팬픽을 쓰던 청소년이 우리 기관에 자원봉사를 오게 되었습니다. 비록 지금까지 미성숙한 모습을 보였지만 글을 쓰는 작가로서 자신의 책임에 당당하고 솔직하게 되었습니다. 지금은 무한한 성적 세계관을 가진 어른으로서 다음 세대에게 말합니다. '자신이 쓰는 소설이 폭력이 아닌 작품이 되길 바랍니다.'

부모가 직접 실천하는
'불법·유해 사이트' 신고 요령

"엄마, 여자가 벗고 있는 이상한 사진이 왔어. 스팸 문자야?"

"응? 그냥 보지 말고 지워버려!"

부모는 아이들이 스마트폰이나 인터넷에서 선정적이고 음란한 사진을 예고 없이 만나게 되는 상황을 원하지 않습니다. 그러나 그러한 가능성이 열려 있는 곳이 디지털 공간입니다. 몇 년 전까지 음란성 불법 전단지나 불법 홍보 성매매 명함이 거리 곳곳에 뿌려져 이를 아이들이 보게 될까봐 단속을 강화하고 검열하던 때를 기억합니다. 디지털 시대는 이러한 위험이 아이들 손에 쥐어진 스마트폰에 스팸이나 선정성 이메일, 성매매 홍보 메시지로 쉽게 만날 수 있습니다.

호기심을 자극시키는 '짤', GIF, 광고, 합성 사진이나 딥페이크 영상, 사이트 링크 주소 등이 아이들의 계정에 도배되기도 합니다. 이렇게 예상치 못한 음란 문자에 어떻게 대응하고 있을까요? 그런데 할 수 있는 대응이 마땅히 없습니다. 아이들에게 삭제하게 하고 지우라고 말합니다. '그냥 삭제해.'

아이들도 그것을 지워야 한다는 사실을 압니다. 그런데 그것을 말로 상기시켜주는 것이 효과가 있을까요? 물론 연령이 낮을수록 스팸 메시지나 유해 콘텐츠를 삭제하라는 교육은 중요합니다. 하지만 그냥 지우는 것은 문제를 수동적으로 대응하는 것입니다. 부모의 수동적인 자세를 아이들도 학습합니다. 이후에 같은 상황을 마주한 아이들은 어떻게 대응할까요? 다음에도 이런 스팸 메시지가 오면 수동적으로 대처하지 않을까요? 예측하지 못한 위험과 폭력 앞에 그냥 지우라는 말을 했으니 다음에도 속절없이 당하기만 할 것입니다.

아이가 스스로 적극적으로 대처할 수 있는 방법을 교육해야 하지 않을까요? 성 의식은 피하는 것으로 만들어지고 삭제하는 것으로 보호되는 것은 아닙니다. 우리는 눈으로 보는 것을 뇌에 저장하고 이후에 저장된 것을 꺼내어 사용합니다. 세상을 바꾸는 가능성 있는 아이에게 세상의 잘못된 모습을 삭제하라고 해서는 안 됩니다. 공격은 최고의 방어입니다.

디지털 성교육을 진행하며 부모들에게 가장 많이 강조한 것은 적극적인 대처 방법이었습니다. 호락호락한 디지털 생태계가 아닙니다. 그들은 이윤을 목적으로 필사적으로 달려듭니다. 우리 아이들에게 다음에는 다른 강도로 달려들 것입니다. 아이들이 만나야 할 세상의 괴리가 부모가 알려주는 것보다 훨씬 클 것입니다.

디지털 공간에서 우리 아이들은 어떤 모습으로 살아가야 할지, 어떤 생활을 해야 할지, 어쩌면 우리가 예측하는 것보다 더 어려울 것입니다. 어떤 위험을 마주할지 어떤 정의가 필요할지 어떻게 적극적으로 대처할지를 기억할 것이고, 그것이 아이의 판단과 결정에 영향을 줄 것입니다. 저는 강력하고 확실한 방법을 제안합니다.

음란성 스팸 이메일을 보고 직접 신고하는 강력한 부모가 되어주세요. 현실 세계의 슈퍼히어로로는 아이언맨이나 캡틴아메리카가 아니라 불의에 적극적으로 대응하는 부모입니다. 나에게 온 음란성 이메일을 그냥 삭제하는 것으로 끝내지 마세요. 또, 누군가에 보내질 메시지입니다. 음란 사이트와 음란 메시지의 근절을 위해 적극적으로 신고하세요. 계란으로 바위치기가 아닙니다. 자녀들을 위한 최상의 실천 교육입니다.

"응? 이상한 문자가 왔다고? 많이 놀랐지? 엄마에게 보여줄래?" 부모는 음란성 메시지를 확인하고 캡처해 주소를 복사합니다. 불법 사이트나 성매매 광고, 이미지, 스팸 이메일, 링크 주소를 캡처하고 복사합니다. 그리고 불법·유해 신고 사이트(방송통신심의위원회http://www.kocsc.or.kr/), 모바일로는 불법·유해 스마트 신고 앱으로 신고가 가능하며 전화로는 국번없이 1377번으로 불법·유해 정보 신고, 문의, 민원에서 디지털 성범죄 신고까지 모두 가능하니 지금 바로 접속합니다.

방송통신심의위원회 '불법·유해 스마트 신고' 앱으로 들어가면 메인 화면에 '민원 접수' 메뉴가 나옵니다. 휴대전화나 아이핀으로 본인 인증을 하고 불법·유해 사이트를 신고합니다. 앱(전용 브라우저)

방송통신심의위원회

을 통해 직접 신고할 수 있으며, 인터넷 이용 중에 불법·유해 사이트를 발견하면 '공유'가 가능하고 공유 대상에서 '불법·유해 스마트 신고' 앱을 선택해 신고 내용을 입력합니다.

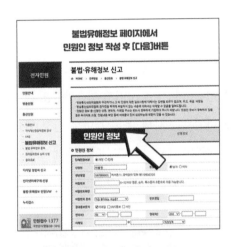

불법·유해 정보 신고 페이지로 넘어가 '민원인 정보'와 '신청 정보'를 입력해야 불법·유해 사이트를 신고할 수 있습니다. '민원인 정보' 입력 후 '신청 정보' 페이지로 이동해 복사했던 불법 사이트 주소를 입력합니다. 복사했던 주소를 '신고하고 싶은 주소창'에 입력하고 캡처했던 사진이나 파일은 '파일 첨부'에 올립니다. 그렇게 작성이 완료되면 '신고하기', '계속 신고하기' 버튼을 눌러 신고 접수를 완료합니다.

접수가 되면 문자로 접수된 사항이 통보되고 처리하는 데 얼마가 걸

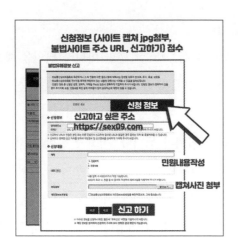

신청정보 (사이트 캡쳐 jpg첨부,
불법사이트 주소 URL, 신고하기) 접수

리는지 안내합니다. 보통 2~4일 소요될 수 있습니다. 아이들에게 직
접 신고하는 것을 보여주면 다음에 부모가 알려준 대로 아이도 신고하
는 습관을 갖게 될 것입니다. 교육하는 것입니다. 며칠 후 신고된 불
법·유해 사이트에는 '가림막warning'이 형성됩니다. 결과는 조회 서비스
를 통해 확인할 수 있습니다. 부모는 자녀에게 이러한 신고 절차를 통
해 "이렇게 해야 다른 친구들의 피해를 네가 막아줄 수 있어"라고 알
려줍니다. 불법·유해 사이트는 언제든지 어떤 모습으로 나타날 수 있
고, 다른 형태로 진화되어 찾아올 것입니다.

경험을 해본 아이들은 '사명감'이 생길 수 있습니다. 부모가 보여준
단호한 신고 요령과 적극적인 실천은 아이들에게 그 무엇보다 확실히
각인이 될 것입니다. 아이는 자신이 유해 사이트를 막는 운동에 참여
했다는 인식을 갖게 됩니다. 앞으로 불법·유해 사이트를 만나게 되더
라도 아이 스스로 어떻게 해야 하는지 판단할 수 있게 됩니다. 아이들
이 이용하는 콘텐츠나 SNS, 게임 플랫폼에는 모두 신고 기능(웹뷰어,

어뷰징)이 있습니다.

적극적인 신고는 나를 보호할 뿐만 아니라 타인을 보호할 수 있는 안전한 디딤돌이 됩니다. 불법·유해 사이트는 나의 신고를 통해 근절해 나아갈 수 있습니다. 가장 큰 방어는 공격입니다. 부모가 신고하면 자녀들도 신고하는 아이가 됩니다. 신고는 선한 공격이 되고 자신을 보호하는 최선의 방어가 됩니다. 신고는 '우리'가 되어 함께 지키고 보호하는 안전망이 됩니다. 부모가 보여주는 준법정신은 우리 아이들도 기억하고 따라하는 정의가 될 것입니다. 교육의 끝은 앎에서 끝나지 않고 아이가 실천에 이르도록 돕는 것입니다.

채팅앱·랜덤 채팅앱,
미성년자에게 접속하는 성인들

"저, 미성년자인데 괜찮아요?"

"괜찮아, 오히려 교복 입고 나오면 나야 더 좋지."

르포 영상에서 채팅앱을 통해 만남을 요구하는 성인 남성이 미성년자 여학생을 불러내기 위해 보낸 메시지입니다. 파렴치한 성 매수꾼들이 미성년을 찾습니다. 저는 채팅앱을 사이버 놀이터라고 생각합니다. 채팅이라는 놀이가 온라인에서는 디지털 놀이터가 되기 때문입니다. 하지만 이 놀이터에는 청소년만 존재하지 않습니다. 위험 요소도 있습니다. 누구인지 알 수 없는 '그들'이 있습니다.

채팅앱에는 성매매를 목적으로 들어오는 성 매수자가 꽤 많이 활동하고 있습니다. 그들의 목적은 성매매를 하려는 것이며, 그 수단으로 채팅앱이라는 랜덤 채팅 놀이터를 이용하는 것입니다. '랜덤 채팅'이란 돌림판처럼 누구나 불특정 다수를 만날 수 있는 방법입니다. 연애를 하고 싶은 사람, 외로운 사람, 친구를 사귀고 싶은 사람들이 이용하지만 채팅앱이 성매매의 온상이 되어버렸습니다. 채팅앱이 '포주'가 되어 조건만남을 연결하는 지경에 이르렀습니다. 그리고 성인뿐만 아니라 아동·청소년을 대상으로 한 성 착취가 채팅앱을 통해 버젓이 이루어지고 있습니다. 더이상 디지털 놀이터는 청소년에게 안전하지 못합니다.

실제로 2019년 여성가족부가 발표한 '온라인 성매매 실태조사'를 살펴보면, 중고생 10명 중 1명은 온라인에서 원치 않은 성적 유인 피해를 경험했다고 합니다. 특히 미성년자를 대상으로 대화한 사례 중 성적 목적의 대화가 76.8%를 차지했다는 것은 충격적인 결과입니다. 성적 유인에서 상위 3개의 경로는 채팅앱(인스턴트 메신저) 28.1%, SNS 27.8%, 인터넷 게임 14.3% 순이었으며, 유인자는 대부분 온라인에서 처음 만난 관계가 76.9%로 나타났습니다.

특히, 위기 청소년 조사에서 조건만남 경로로 87.2%가 온라인을 이용했고, 온라인 경로가 채팅앱 46.2%, 랜덤 채팅앱 33.3%, 채팅 사이트 7.7% 순으로 나타났습니다. 물론 이러한 조사로 청소년의 실태를 일반화하는 것은 어렵겠지만, 채팅앱 사용에 대한 위험성만큼은 문제가 심각하다는 것을 인식해야 합니다.

아직도 채팅앱, 랜덤 채팅앱에서 청소년을 보호하고 성 매수 유인에 대해 규제할 법령을 제정하지도 못했고, 미성년자를 보호할 적극적인 온라인 방어막 구축도 미비합니다. 그러다 보니 지금 이 시간에도 범죄에 취약한 아이들이 채팅앱과 랜덤 채팅앱에서 피해를 입고 있습니다. 가해자 검거가 어렵고 법률적 제도도 없어 그동안 채팅앱·랜덤 채팅앱에서의 청소년 성적 피해를 방관한 것일지도 모릅니다. 수사를 하더라도 솜방망이 처벌로 성 착취 범죄자들에게 면죄부만 주었습니다.

저는 2016년 'SBS 스페셜' 팀과 청소년 채팅앱 실태조사를 취재하면서 그 심각성을 알게 되었습니다. 음성화된 성매매 밤 문화가 채팅앱과 결합된 현장을 보게 된 것입니다. 당시 채팅앱 개발이 한창이었고, 온갖 성매매가 이루어지는 조건만남이 채팅앱에서 이루어졌습니다.

사이버수사대의 협조 아래 채팅앱을 깔고 '오늘 밤 재워줄 오빠'라는 메시지를 게시해보았습니다. 그런데 불과 3분여 만에 반경 1km에 있는 남성들에게서 쪽지 1,500개를 받게 되었습니다. 각종

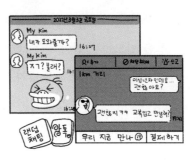

감언이설로 재워주고 먹여주겠다며 당장 만나자고 하는 내용의 쪽지들이었습니다. 실제로 만남을 유인하는 곳으로 위장해 나갔으며, 채팅으로 접근하는 사람들에게 취재라는 것을 밝히고 인터뷰를 요청했습니다.

그렇게 만나게 된 사람들은 10대부터 40대까지 다양한 연령이었고, 집 나온 여중생을 보호해야 할 목적이었다고 하지만 인터뷰가 진행되면서 성관계를 목적으로 나온 것이라는 속내를 드러냈습니다. 오히려 미성년자라고 밝히니 더욱 적극적으로 다가온 사람들도 있었습니다. 그렇게 충격적인 실태조사를 언론에 알리고 보도하며, 채팅앱 취재의 물꼬가 터지기 시작했습니다. 르포 형태의 프로그램에서 채팅앱을 집중적으로 다루기 시작했습니다.

그로부터 6년이 흘렀습니다. 저는 'SBS 스페셜' 팀과 함께 취재했던 온라인 포주, 채팅앱뿐만 아니라 새로운 SNS를 통한 조건만남, 성매매 유통이 여전히 줄어들지 않은 것을 확인했습니다. 피해 상담을 통

해 채팅앱에서 음란한 채팅을 하는 사람, 음란물을 공유하는 사람, 속옷을 파는 사람, 성매매를 하고 광고하는 업체, 조건만남을 하기 위해 들어온 전문업체들까지 채팅앱은 스토어에만 1,000개가 넘게 매일 새롭게 생겨나고 없어집니다.

"칼을 만드는 사람이 잘못인가요? 칼을 잘못 사용한 사람이 문제입니다." 한 채팅앱 업체 담당자가 말했습니다. 우리는 그 담당자에게 "미성년자의 성 착취 문제에는 어떤 보호 장치를 마련했습니까?"라고 물었습니다. 담당자는 머뭇거리더니, "그것은 정부가 해야 할 일"이라며 선을 긋고 인터뷰를 중단한 채 사라졌습니다. 여전히 생성되는 채팅앱과 랜덤 채팅앱이 있습니다. 채팅앱의 실태를 취재하고 고발하는 언론도 있습니다. 하지만, 이것을 제재할 법이 거의 없습니다. 더구나 제도적 장치도 없습니다. 지금 이 시간에도 채팅앱에서는 우리 아이들을 보호할 수 있는 장치가 작동되지 않고 법적 제재를 피해 미성년자를 찾아 접속합니다.

'집을 나와서 쉽게 용돈 벌려는 가출 청소년도 문제다', '채팅을 하는 아이들의 성 의식이 문제다'라며 아이들의 탓으로 돌리는 어른도 많습니다. 그러나 아이들을 탓하기 전에 목적을 가지고 채팅앱을 만든 성 착취 문화는 어른들의 책임입니다.

어른은 청소년을 보호해야 할 의무가 있습니다. 15세 중학생에게 술이나 담배를 팔게 된 편의점 업주는 어떻게 될까요? 판매한 사실이 발각되면 편의점 업주는 처벌을 받습니다. 하지만 술이나 담배를 구입한 중학생은 처벌을 받지 않습니다. 왜 그럴까요? 보호해야 할 책임이 어른에게 있기 때문입니다. 그래서 미성년자에게 술과 담배를 판매한 어른은 청소년보호법에 의해 강력한 처벌을 받습니다. 청소년은 보호받아야 할 대상이기 때문입니다.

청소년보호법은 바로 '사회의 책임'을 말하고 있습니다. 처벌을 받을 수 없는 미성년자이기 때문에 면죄부를 받는 것이 아니라 그러한 '사회적인 책임'이 어른에게 있기 때문에 묻는 것입니다. 지금 이 순간 미성년자를 성을 착취할 목적으로 접속하는 '그들'을 막기 위해 위험 요인을 미리 차단해야 합니다. 청소년들도 자신을 지키기 위해 채팅, 채팅앱 예방교육을 받아야 합니다. 미성년자 '성 착취' 행위에 대해 강력하게 대응하는 어른들의 관심이 많아지길 기대합니다.

10대여성인권센터

인터넷 사이트나 스마트폰 애플리케이션 등 사이버상에서 벌어지고 있는 성매수 범죄 피해 아동·청소년들에게 법률 지원, 의료 지원, 심리 지원, 주거 지원, 진로 학습 지원을 하고 있습니다.

10대여성인권센터

📞 **상담** 010-8232-1319, 010-3232-1318

💬 **카톡** cybersatto, 10upsns

성매매·디지털 성범죄 피해 상담

• 청소년상담 1388 (지역번호+1388)

• 여성긴급전화 1366 (지역번호+1366)

우리 아들이
'신종 몸캠 피싱'에 당했습니다

'SOS 긴급, 이충민 소장님 도와주세요.' 중학생 아들을 키우고 있는 엄마가 보낸 긴급 메시지를 받게 되었습니다. 내용을 살펴보니 저녁에 '엄마, 도와주세요. 몸캠 피싱을 당해서 협박받고 있어요'라고 아들이 메시지를 보내서 서둘러 퇴근을 하고 들어가서 확인하니 아이는 불안 감에 흐느끼고 있었습니다. 아이가 불쌍하기도 하지만 이런 '피싱 사기'에 걸린 것이 더욱 속상했습니다.

아들은 사진이 유포될 것이라며 불안과 절망에 빠져 밥도 못 먹고 있었습니다. 그리고 얼마 후 유포하겠다는 협박 메시지를 받았습니다. 번호를 차단하고 대응하지 않았는데, 어느 날 협박범은 엄마를 단톡방 에 초대해 아이가 보낸 몸캠 영상을 전송했습니다. 엄마의 번호를 알 고 있는 것도 겁이 났고 아이의 얼굴이 나오는 영상이 전송된 것에 두 려움을 느꼈습니다. 그래서 경찰서에 달려갔지만 특별히 수사를 하거 나 도울 수 없다는 답변을 받고 집으로 오게 되었습니다. 결국 저에게 긴급 메시지를 보내게 된 것입니다.

그 후 '몸캠 피싱' 범죄 피해를 입은 아들과 어머니가 다급히 상담실을 찾아왔습니다. '몸캠 피싱' 피해로 어머니와 아들은 심리적으로 바닥을 치고 있었습니다. 몸캠 피싱의 메시지를 보니 초기 영상에 '백도어backdoor 방식'으로 해킹 프로그램을 심어놓은 정황이 보여 민간업체에 분석을 맡겼습니다. 실제로 mp.4 영상에 해킹 프로그램을 심은 것으로 드러났습니다. 어머니가 아들의 영상을 클릭했으면 엄마의 휴대전화도 해킹 피해를 입게 되는 것이었습니다.

협박범에게 '수사관이 당신을 수사하고 있다'며 담당 경찰관 명함을 전송하니 그대로 모든 기록을 삭제하고 사라졌습니다. 꼬리를 잡힐까 봐 도망간 것입니다. 그리고 해킹된 아들의 연락처 목록을 가지고 '전체 문자'를 보내 혹시나 있을 유포에 대해 '안내'를 드리고 2차 피해에 대해 지속적으로 관리를 했습니다. 지금은 중학생 아들이 심리적인 불안에서 벗어나 안정을 취하고 있습니다.

'몸캠 피싱'은 주로 남학생들이 당하는 경우가 많습니다. 또래 친구나 여성으로 접근해 음란한 거래로 유인합니다. 몸캠 피싱은 다른 범죄에 비해 금전적·정신적 피해가 매우 큽니다. 특히 아이들이 겪게 되는 심리적 불안감은 말로 표현할 수 없습니다. 그러한 불안을 이용하여 협박하고 갈취합니다. 현재 이러한 신종 몸캠 피싱은 지속적으로 늘어나고 있습니다. 대부분의 피해자가 돈을 요구하는 협박에 응하고, 범죄자들은 수차례에 걸쳐 돈을 요구해 대형 피해로 이어집니다. 수법이 날로 지능화되어가고 있습니다.

은밀하게 접근해 음란한 거래로 영상통화를 제안하거나 링크 주소를 보내주고 '목소리가 잘 안 들린다. 이 앱을 깔면 화질이 좋은 통화를 할 수 있다' 등 해킹 프로그램을 심는 다양한 수법이 미디어를 통해

알려졌습니다. 그리고 신종 몸캠 피싱이 기술적으로 발
전되고 있습니다. 이제는 짧은 시간에 해킹 프로그램을
영상에 심는 기술로 발전한 것입니다. 범죄는 기술과 함
께 발전할 것입니다. 피해자의 휴대전화에 저장된 연락

신종 몸캠 피싱
예방법

처를 모두 확보하면 '유포한다'며 돈을 갈취합니다.

성적 호기심을 자극해 혼란을 겪는 중학생을 타깃으로 같은 또래 여
학생으로 위장해 접근합니다. 서로 영상을 주고받으며 '연락처를 해킹
하는 수법'은 2019년 푸른아우성 상담을 통해 처음 발견된 후 유사한
수법이 나타나고 있습니다. 동영상이나 그림 파일에 악성 코드를 심어
채팅을 통해 연락처는 물론 저장되어 있는 모든 정보를 해킹하는 '백
도어 수법'입니다. 이것을 사이버 수사팀에 신고하고 정보를 공유했습
니다. 그리고 신종 몸캠 피싱으로 판별하고 지금은 수사에서 모니터링
을 보완하고 있습니다. 지능화된 범죄는 약자를 노리고, 취약한 연령
을 찾을 것입니다.

DM이나 1:1 대화, 카톡이나 라인으로 연락하는 사람을 경계할 수
있어야 합니다. 아이들의 프로필 사진이나 기본 정보를 파악한 후 여
학생인 척 접근하는 수법으로 몸 사진, 나체 사진, 자위 영상 등을 촬
영하게 한 후 신상정보를 해킹하는 수법은 이미 알려진 것입니다. 그
러니 더욱 많이 알려야 합니다. 모르면 당하기 때문입니다.

특히 '남자 청소년'들이 타깃이 되는 신종 범죄입니다. 예전에는 금
품을 갈취하기 위해 청소년을 노렸지만, 최근에는 부모들의 스마트폰
까지 해킹하는 교활한 수법을 사용합니다. 차단하거나 돈을 보내지 않
으면 지인이나 부모를 초대해 피해 학생의 사진이나 동영상을 보내겠

다고 협박합니다.

　이런 상황에 놓였을 때 부모는 초동 대처를 어떻게 해야 할까요? 평소에 위기 상황에 대해 교육을 통해 알려주고, 실제로 '속이려는' 사람들의 이야기를 들려주어야 합니다. 그리고 언제든지 '자녀를 보호하는 것이 먼저'라는 사실을 기억해야 합니다. '내가 찍은 영상이 유포되면 어떡하지?' 자녀가 걱정하는 것은 영상이 유포되는 것입니다. 그것을 역이용해 해킹된 번호로 부모가 직접 전체 문자나 톡을 보내 '우리 아이의 휴대전화가 해킹되었다', '해킹 프로그램이 심어져 있으니 절대로 사진이나 영상을 클릭하지 마라'고 하는 것입니다. 혹시 보게 된 사람들이 있다면 '내 아들'이라고 생각하고 지워달라고 당부 드리는 문자도 보냅니다. 이것이 최선의 방법이 될 것입니다. 가해자의 협박에 무대응이나 차단으로 임하더라도 아이를 보호하기 위한 빠른 대처가 필요합니다.

　'선 보호 후 교육', '선 조치 후 교육'의 정신으로 아이들을 지켜야 합니다. '얼마나 어리석으면 그런 것에 속느냐?'라고 아이를 질책한다면, 심리적 불안에 부모의 질타까지 더해져 정신적 피해가 더욱 커질 것입니다. 아이는 피해자입니다. 먼저 보호해야 합니다. 작정하고 속이는 피싱범들에게는 똑똑한 성인들도 속수무책으로 당하고 있습니다. 이러한 사건을 산교육의 기회로 삼아 적절한 대응 능력을 보여주세요.

우리 딸이 SNS로 아는 오빠에게 '몸 사진'을 보냈습니다

온라인 채팅에서 만난 상대방에게 성기 사진이나 신체의 일부를 찍어 서로 교환하고 보내달라는 요청에 응해주는 아이들이 있습니다. 상담실의 피해 사례를 보다 보면 그러한 빈도가 중학생에서 초등학생으로 점점 피해자 연령이 낮아지고 있습니다. 부모들은 이러한 피해 사실을 너무 늦게 알게 되고, 너무 놀란 나머지 아이를 심하게 혼을 내고 상담실에 도움을 청하러 찾아오는 경우가 많습니다.

특히 이러한 디지털 성폭력 피해는 방학 기간에 많이 발생되는데, 코로나19로 인해 디지털 기기를 활용하는 시간이 늘어나다 보니 최근에는 그 피해가 눈에 띄게 점점 늘어나고 있습니다. 이런 피해가 발생되면 여학생이 사진을 찍어서 보내는 일에 놀라는 경우가 많습니다. 물론 처음부터 아무에게나 자신의 신체 사진을 찍어서 보내지 않습니다. 아이들은 디지털 성범죄에 대해 분명하게 옳고 그름에 대해 인식하고 있습니다. 그런데, 자신의 신체 사진을 전송하게 되는 경우가 발생하기도 합니다. 상담 사례를 통해 이러한 경우를 살펴보면 아이들을 꾀어내어 신체 사진을 찍게 만드는 상대가 지능적인 흉악 범죄를 저지르고 있다는 사실을 알게 되었습니다.

아이들이 속는 이유가 무엇일까요? 흔히 '가스라이팅gaslighting'이라고 하는데, 심리적 조작psychological manipulation을 통해 타인의 마음에 스스로에 대한 의심을 불러일으켜 현실감과 판단력을 잃게 만들어 그 사람을 정신적으로 황폐화시키고 지배력을 행사해 결국 파국으로 몰아가는 것을 의미합니다. 채팅이나 메시지로 알게 된 사람에게 서로를 알아가고 사귀는 과정에서 '가스라이팅'을 당하고 그런 피해가 생기는 것입니다. 그리고 이러한 지능 범죄로 인해 성 착취를 당하는 피해를 입었음에도 그것을 인식하지 못하는 피해자들도 나타납니다.

저에게 이메일로 도움을 청한 민지(가명)는 SNS로 만난 네 살 많은 오빠가 '성기 사진'을 요구하여 보냈다가 이 사실을 부모가 알게 되어 혼이 나고 상담을 오게 되었습니다. 그런데 민지는 끝까지 그 오빠가 피해를 입을까봐 걱정하고 있었습니다. 심지어 부모의 감시와 통제가 다른 부모보다 유별나게 심해서 오빠를 오해하는 것이라고 했습니다. 오빠는 자신을 사랑한다고 믿고 있습니다. 민지는 자신에게 여러 가지 신체 사진을 요구한 오빠를 오히려 보호하고 있었습니다. 결국, 가해 행동을 한 오빠는 경찰 조사나 실제적인 법적 조치를 받지 않고 유유히 빠져나갔습니다.

그리고 몇 주 후 다른 성범죄 사건에 연루된 사실이 밝혀지며 경찰 조사가 이루어지는 과정에 민지와 주고받은 내용을 발견하게 되었습니다. 피해자 조사에서 오빠가 '가스라이팅'을 하며 접근했던 것부터

가스라이팅 가해자를
보호하는 피해자

성 착취 범죄까지 알게 되었습니다. 오빠는 '성범죄 사건'으로 처벌을

받게 되었고, 민지와 또다시 상담을 진행하게 되었습니다. 그리고 제게 마지막으로 남긴 이메일에서 여전히 오빠를 믿고 사랑한다고 했습니다.

사건마다 다른 케이스가 있을 것입니다. 하지만, 민지의 행동이 이해되지 않는 것도, 가해자의 말을 믿고 있는 것도, 가해자가 원하는 대로 지배력을 행사한 것도 화가 났습니다. 악마는 디테일이 강하다는 말이 있는데, 범죄자는 자신의 범행에서 확실히 성공했던 경험으로 피해자를 옭아맵니다.

피해 중학교 여학생인 지연(가명)이는 오픈 채팅으로 알게 된 또래 남자와 친해져서 그가 요구했던 신체 사진을 보내고, 지속적으로 협박을 받는 피해를 알려왔습니다. 그런데 지연이와 상담 중 부모에게 알린 후 가해자에게 계속해서 사진을 전송하고 있었던 사실을 알게 되었습니다. 부모와 아이가 피해를 인식했는데, 지연이의 휴대전화에서 그동안 20여 차례 신체 사진을 더 보낸 것으로 확인되었습니다.

이는 상대방이 유포할까봐 대부분 적절한 대응을 못한 채 지속적인 협박을 받게 되어 2차 피해로 이어지는 경우입니다. 부모가 대응을 제대로 하지 못한 것도 있고, 아이도 사진을 보냈다는 죄책감에 휩싸여 상대방이 그것을 이용해 협박하면 자신도 동의해서 벌인 일로 두려움과 공포에 떨게 된 것입니다. 내가 동의해서 보냈기 때문에 경찰의 도움도 못 받고 나도 잘못이 있는 것이라는 생각에 심리적으로 바닥을 경험하게 됩니다. 이러한 사실을 너무 잘 알고 이용한 가해자의 덫에 지연이는 더욱 깊게 걸려들었습니다. 그 상황을 벗어나려는 의지보다 상대방에게 멈추길 부탁하고 애원하며 더욱 큰 피해를 받게 됩니다.

지금까지 상황을 확인하고 즉각적으로 가해자를 수사하도록 하고, 지연이를 보호하기 위한 절차를 진행했습니다. '동의하고 보냈더라도 보호받을 수 있어'라는 말에 지연이는 안도를 했고, '네 잘못이 아니야'라는 말에 끝내 울음을 터트렸습니다.

실제로 많은 청소년이 이 같은 패턴으로 판단력을 잃고 끌려다니게 되는 사례를 목도하게 됩니다. 이것은 '온라인 그루밍'이라는 전형적인 디지털 성범죄 사례입니다. 채팅앱과 같은 매체를 통해 타깃으로 지정한 피해자와 신뢰 관계를 형성한 후 약점을 잡아 협박을 통해 성적인 노예 혹은 돈벌이 등의 목적으로 극악한 범죄를 저지르고 있습니다. 앞서 가스라이팅과 함께 피해를 인식하지 못하고 대응하기 쉽지 않은 상황으로 계속 유도하는 지능 범죄자들입니다.

부모들은 우리 아이가 당한 것이 도무지 이해가 되지 않는다고 하소연합니다. 당하고 싶어서 당하는 피해자는 없습니다. 물론 부모도 놀랐기 때문에 당황스럽고 힘든 심정을 이해하지만, 결코 해서는 안 되는 것이 아이를 혼내거나 아이에게 책임을 묻는 것입니다. 누구보다 혼란스럽고 불안한 상황에 놓인 사람은 피해를 입은 아이일 것입니다. 이때 부모가 감싸주지 못하면 아이의 상처는 곪아가고 회복하는 시간이 더딜 것입니다. 그리고 그 상처는 생각보다 오랜 시간 우리 아이의 삶에 흔적을 남기게 됩니다. 우리 아이가 이러한 피해를 입었다면 감싸주고 안아주어야 합니다. 아이들을 속이기 위해 치밀하게 계획해 접근한 가스라이팅, 온라인 그루밍 범죄는 가해자에게 더 큰 처벌을 내려야 합니다.

"네 탓이 아니야, 너를 속인 놈이 잘못한 거야." 피해자다움을 강요하는 세상에서 부모가 아이의 잘못이 아님을 일깨워주는 선언이 필요합니다. 미성년자들을 꾀어 성적인 착취를 노리는 사람들은 처음 관계를 형성할 때 세상 착한 사람의 모습을 하고 있습니다. 개인정보, 사는 곳, 자주 노는 곳을 파악해 아이의 기분을 맞추어주고 아이에게 관심을 보입니다.

아이를 특별한 존재로 만들어주어 자존감을 세워주고, 칭찬으로 마음을 얻습니다. 아이들은 속아 넘어갈 수밖에 없습니다. 부모나 가족에게 느끼지 못한 관심과 존중을 한 몸에 받으며 좋은 친구로 인정받을 때까지 아이들의 외로움을 채워줍니다. 한없이 좋은 모습으로 지속적으로 다가갈 것입니다.

이렇게 접근하는 '성 착취범들'을 원천봉쇄해야 합니다. 그러한 수법이나 노하우가 통하지 않도록, 아이들이 그런 어른을 경계하도록 해야 합니다. 사회적인 제도가 필요합니다. 아이들이 속지 않도록 교육하고 그들의 접근을 막아야 합니다. 한 번 접근했던 사람들은 연결되었던 경로가 남아 있기 때문에 차단했다 해도 다시 연락해올 위험이 있습니다. 이때 아이들이 확실한 자기 보호를 할 수 있도록 교육해야 합니다.

자신의 얼굴이나 몸 사진을 상대방에게 보내는 것은 매우 위험한 일입니다. 그 사진이 범죄에 악용될 수 있다는 것을 알아야 합니다. 다시는 속지 않도록 각인시켜야 합니다. 온라인에서 호의를 베풀고 과한 친절로 접근하며 잘해주는 사람들을 처음부터 경계할 수 있도록 예방교육도 철저히 해야 합니다. 아무리 가까운 연인 사이라고 해도 몸 사진이나 영상 촬영은 절대로 주고받지 않아야 하고 요청해서도 안 된다는 것을 알도록 교육합니다.

아이들이 연애와 사랑을 배워가는 과정에서 '성기 사진'이나 '야한 말'을 주고받고, 자위 영상을 강요하거나 공유하는 것은 사랑하는 행위가 아니라는 것을 인식하도록 해야 합니다. 그리고 디지털 환경에서 카메라를 이용하여 사진이나 영상을 동의 없이 함부로 찍는 행위는 위험한 범죄임을 알아야 합니다. 건강한 인간관계는 신뢰가 바탕이 되어야 한다는 것을 교육해야 할 것입니다.

그럼에도 사진이나 영상이 유포되었을 때, 직접 도움을 받을 수 있는 기관(사이버경찰청 – 신고/지원 – 사이버 범죄 신고/상담 – 명예훼손 등 사이버 인격 침해 관련 삭제, 차단, 분쟁 조정 – 개인정보, 타인의 사진(영상) 유포 및 명예훼손 삭제, 차단 카테고리)에서 상담 및 지원을 요청합니다. 시종일관 부모로서 네 탓이 아니라 '나쁜 사람의 잘못이다'라는 사실을 깨닫고 다시 시작할 수 있다는 용기를 주세요. 잘못한 사람이 처벌받고 피해 받은 사람은 보호받는 것을 보여줄 때 회복의 단초가 될 수 있습니다.

성폭력범죄의 처벌 등에 관한 특례법 제14조의2 (허위영상물 등의 반포 등)

① 돈을 보내주지 않기 : 돈을 보내면 계속 협박하며 더 많은 금액을 요구합니다.

② 협박 링크와 보내준 파일 다운받지 않기 : 악성 코드와 해킹 프로그램이 심어져 개인정보가 유출된다는 사실을 인식합니다.

③ 도움 요청하기 : 부모님께 도움을 요청하거나 한국여성인권진흥원 디지털성범죄 피해자지원센터(02-735-8994)로 도움을 요청합니다.

④ 계정 관리 : 협박범의 협박 자료를 캡처해 증거를 모은 후 휴대전화에 연결된 앱 이나 관련된 계정을 삭제하고 상대방을 차단합니다.(새로 가입 시 다른 아이디나 비밀 번호 사용)

디지털성범죄 피해자지원센터

📞 02-735-8994

🏠 https://www.d4u.stop.or.kr

 사진 및 영상 유포 등을 상담하고 삭제 지원, 신고 등의 지원을 받으실 수 있는 기관 (24시간 상담 가능)

딥페이크와 불법 합성의
디지털 성범죄 사이

'인싸놀이'인 얼굴 합성은 이제 놀랄 만한 기술이 아닙니다. 다양한 앱 개발로 인해 누구나 쉽게 합성할 수 있습니다. 이러한 앱 개발은 사업으로 발전합니다. 합성 기술인 딥페이크Deepfake는 딥러닝deep learning과 페이크fake의 합성어로 인공지능 기술을 이용해 제작된 가짜 동영상이라는 의미입니다.

물론 이러한 딥페이크 기술력이 문제가 아니라 성 범죄에 악용되기 때문에 문제가 됩니다. '딥페이크'는 일명 '지인 능욕'이라는 디지털 성범죄로 불리며 2021년 1,408건이 적발되었습니다. "당장 몸캠 찍어서 딥페이크ㄱㄱ", "법무부, 디지털 성범죄TF 출범…'딥페이크' 잡는다", "지인 능욕에 딥페이크…", "플랫폼은 성범죄 천국", "연예인 딥페이크 나체 사진 제작 배포한 20대 취준생 징역 4년" 등 딥페이크와 관련된 기사가 계속 보도될 것입니다. 딥페이크는 SNS와 채팅 메신저로 일반인과 연예인 등 피해자들의 사진과 개인정보를 획득해 성적 허위 영상물을 제작해 판매·유포하는 것입니다.

일상 속
딥페이크 영상

딥페이크는 합성을 잘하는 사람에게 헤어진 여자 친구의 사진과 포르노를 합성해달라고 의뢰해 '지인 능욕'하는 목적으로 유포시키는 성범죄입니다. 디지털 성범죄로 악용되는 신종 범죄이며 이제 연예인을 넘어 대상이 일반인으로 확대되었습니다. '내 얼굴이 야동에'라는 기사들만 봐도 딥페이크 문제의 심각성이 점점 드러나고 있는 것을 알 수 있습니다. 또한 가해자의 연령대가 낮아지는 것도 우려할 대목입니다. 딥페이크는 최근에 뚜렷이 증가되는 것으로 나타나고 있으며, 이러한 허위 영상이 유행하면서 사회적 문제로 번질 조짐이 나타나고 있습니다.

암호화된 메신저 플랫폼에서는 이미 딥페이크 기술을 알려주는 학교방이 여러 개 운영되기도 하고, 이곳에서 가짜 합성물이 거래되기도 합니다. 그리고 돈이 목적이 아니더라도 합성 기술을 뽐내기 위해서 연예인을 넘어 지인과 가족이 대상이 되고 있습니다.

미국의 한 조사에서 온라인 딥페이크 기술의 사용 목적은 96%가 '포르노그래피'라는 결과를 발표했는데, 이는 딥페이크라는 기술의 발전은 성 산업으로 결합되기 쉬운 구조라는 것을 설명합니다. 우리나라는 빠짐없이 딥페이크 영상을 업로드하는 상위권에 랭크되어 있는데, '딥페이크'가 K팝 연예인을 대상으로 이루어지는 성범죄로 발전했고, 한류의 주역이 딥페이크의 피해자가 되어버렸습니다.

심지어 데뷔도 하지 않은 연습생들이 타깃이 되고, 오늘 데뷔한 아이돌이 내일 딥페이크 영상의 피해자가 된다는 이야기가 나올 정도입니다. 최근에 이 딥페이크로 제작된 포르노는 유명인을 대상으로 확산되고 있습니다. 가짜 영상물이지만 유명한 사람은 그만큼 주목을 끌어내어 광고용으로 팔려 나가는 경우가 많고, 이러한 수익으로 업체에 의뢰가 몰리기 때문입니다. 돈이 되는 불법적 음란물에 광고라는 산업이 따라 붙는 것입니다.

또, 딥페이크 피해가 커지는 이유는 '삭제 속도'보다 '퍼지는 속도'가 빠르기 때문입니다. 딥페이크를 활용한 성 착취 영상은 실제 피해자가 인지하지 못하면 잡아내기 쉽지 않습니다. 그래서 더욱 대담해지고 이제는 딥페이크 대상의 신상을 공개하는 악질 범죄로 진화되고 있습니다. 연예인 대상의 합성물들은 이미 검색만 해도 찾아볼 수 있으며 다양한 사회적 문제로 이슈가 되었습니다. 그래서 대형 기획사도 합성 논란이 확산되어 알려지면 부정적인 영향을 주기 때문에 일부 피해가 일어나도 그냥 침묵하고 무대응으로 일관하고 있습니다.

이제 딥페이크는 우리의 일상 속으로 다양하게 찾아오고 있습니다. 한 딥페이크 앱의 월별 이용자 수는 10만 명을 훌쩍 넘어선 곳도 있습니다. 딥페이크 앱 활용도가 높아지면서 IT 업계에선 해당 기술을 활용해 다양한 사업을 계획합니다. 그리고 합성 앱을 넘어 최근엔 메타버스로 현실 세계의 인물과 유사한 아바타를 만들었습니다. 그런데 기술의 발전과 함께 어떤 보호 장치가 마련되어 있는지 궁금합니다.

더군다나 안면 인식 기술을 악용한다면 딥페이크로 합성한 얼굴을 통해 성범죄와 가짜 영상 음란물 거래뿐만 아니라 경제적 피해가 되는 '금융거래를 해킹하는 일'도 벌어질 수 있습니다. 외국에서 딥페이크 기술을 악용한 경우, 업체에 징벌적 책임을 물게 하거나 세금을 부과하는 법률적 제도가 있어 그만큼 안전을 보장하고 있습니다.

현재, 대한민국에는 합성 앱 업체를 처벌할 수 있는 법률이 없습니다. 더군다나 디지털 성범죄로 업체를 처벌하려면 절차 자체가 까다롭습니다. N번방 방지법 이후 피해 영상 업로드가 2020년 6월 25일(개정) 이후라면 성폭력 특례법으로 허위 영상물을 제작·배포한 가해자를 처벌할 수 있습니다. 하지만 그 이전의 피해는 처벌이 쉽지 않고, 개정 이후 불법 합성 가해자를 검거하지만 이를 전부 기소하거나 범죄 의도를 밝히는 일은 쉽지 않습니다.

불법 합성 딥페이크 업로드는 흔적이 남습니다. SNS나 트위터의 서버가 해외에 있더라도 해외 공조를 통해 아이피 추적을 통해 수사가 가능합니다. 앞으로 이러한 기술력을 이용한 신종 범죄에 대한 포괄적인 대책과 처벌이 이루어질 것입니다. 수사기관은 온라인상에서 공유하고 노출하는 2차 피해를 신속하게 차단하고 피해자의 심리적 지원과 보호를 해야 합니다. 딥페이크 기술이 음지에서 양지로 나온 만큼, 안전한 시장 환경 조성을 위한 노력이 뒤따라야 합니다. 콘텐츠 중 합성이나 지인 능욕과 같은 유포용 목적을 둔 범죄는 반드시 처벌받아야 합니다.

우리는 불법 합성에 대한 문화 교육을 해야 할 것입니다. 비록 앱이나 프로그램으로 합성을 하지만 그 대상자가 존재하는 실제적인 영상이나 사진이라면 이것이 불법 콘텐츠로 소비될 수 있음을 자각해야 합니다. 영상 편집물, 아바타, 이모티콘, 짤, GIF, 릴스앱 등 합성 콘텐츠 관리가 제대로 이루어지지 않으면 그것이 가해 행동이 될 수 있다는 것을 알아야 합니다. 기술이 발전할수록 인간의 감각은 무뎌져서는 안 됩니다.

성폭력범죄의 처벌 등에 관한 특례법 제14조의2 (허위영상물 등의 반포 등)

① 반포 등을 할 목적으로 사람의 얼굴·신체 또는 음성을 대상으로 한 촬영물·영상물 또는 음성물(이하 이 조에서 "영상물 등"이라 한다)을 영상물 등의 대상자의 의사에 반하여 성적 욕망 또는 수치심을 유발할 수 있는 형태로 편집·합성 또는 가공(이하 이 조에서 "편집 등"이라 한다)한 자는 5년 이하의 징역 또는 5천만 원 이하의 벌금에 처한다.

② 제1항에 따른 편집물·합성물·가공물(이하 이 항에서 "편집물 등"이라 한다) 또는 복제물(복제물의 복제물을 포함한다. 이하 이 항에서 같다)을 반포 등을 한 자 또는 제1항의 편집 등을 할 당시에는 영상물 등의 대상자의 의사에 반하지 아니한 경우에도 사후에 그 편집물 등 또는 복제물을 영상물 등의 대상자의 의사에 반하여 반포 등을 한 자는 5년 이하의 징역 또는 5천만 원 이하의 벌금에 처한다.

③ 영리를 목적으로 영상물 등의 대상자의 의사에 반하여 정보통신망을 이용하여 제2항의 죄를 범한 자는 7년 이하의 징역에 처한다.

④ 상습으로 제1항부터 제3항까지의 죄를 범한 때에는 그 죄에 정한 형의 2분의 1까지 가중한다.

디지털 폭우를 견디고 버티는
아이로 키워주세요

　디지털 시대는 다양한 정보가 폭우처럼 아이들에게 쏟아집니다. 피할 수 없고, 예측할 수 없으며, 언제 어떤 미디어의 영향을 받을지 모릅니다. 하루에도 몇 번씩 무한한 정보가 쉴 새 없이 아이들에게 쏟아집니다. 시간과 공간의 제약을 받지 않고 폭우처럼 우리 아이들에게 젖어듭니다. 이때, 폭우 속에 서 있는 아이에게 부모는 '왜 우산을 안 챙겼느냐?', '미리 우산을 챙기라고 했지 않았냐?', '그것 봐라. 폭우가 온다고 했는데 왜 부모의 말을 안 듣느냐?' 등 걱정을 넘어 비난이 시작됩니다.

　폭우를 탓하는 게 아니라 '아이 탓'으로 돌리며 '내 아이니까', '사랑해서', '잘 되라고'라는 말로 아이에게 훈계하고 혼을 냅니다. 그리고 후회합니다. 막상 폭우에 젖은 아이를 보면 속상해서 혼을 내는 것입니다. 하지만 우리 아이는 폭우를 또 만날 것입니다.

　부모도 이 폭우가 불안하고 걱정됩니다. 아이들은 폭우 속에 서 있습니다. 어떤 아이로 자라게 해야 할까요? 어떤 부모는 직접 비를 맞고 자신이 쓰던 우산을 아이에게 건네기도 하고, 어떤 부모는 아이와 함께 비를 맞고 가기도 합니다. 어떤 부모는 우산 사용하는 방법을 매번 가르치기도 합니다. 어떤 부모는 폭우를 피하고 잠시 몸을 피하는 방법을 알려줍니다. 어떤 부모는 비바람을 맞고, 폭우를 견디는 아이로 키웁니다. 제각각 그렇게 폭우를 견디며 폭우와 살아가는 방법을 알려주는 부모들의 모습입니다.

어떤 부모가 되어주고 있나요? 폭우처럼 쏟아지는 미디어 환경에서 현명하게 정보를 선별하고, 익숙하게 이용하는 아이로 키우기 위해 함께 경험하고, 디지털 시대에 누구보다 중요한 소통법을 가르치고, 위험한 것을 피하도록 알려주어야 합니다. 또 디지털 폭력과 범죄에서 벗어나 부당함에 맞서도록 하며, 디지털 기술 발전 속에 순기능을 이용해 더욱 편리한 혜택을 누리게 하고, 급격한 변화에 민감하게 적응하는 아이로 키워야 합니다. 미디어 세상의 리더가 되는 아이로 다양한 정보, 지식, 학습 능력을 갖춘 아이로 키워야 합니다. 이는 디지털 세상의 주인공으로 우리 아이가 성장하길 바라는 모든 부모의 마음이 아닐까요?

폭우를 견디며 살아가는 아이로 바라듯이 우리 아이들이 거친 디지털 세상에서 불안한 환경을 넘어 견디고 올바르게 살아가는 아이가 되길 바랄 것입니다. N번방 사건을 지나며 우리는 지독하게 바뀐 디지털 폭우를 만나고 있습니다. 버티고 견디는 것이 아니라 극복해야 할 폭우를 만난 것입니다.

포스트 코로나는 어떤 세계일지 아무도 예상할 수 없습니다. 하지만 다음 세대에 더욱 요구되는 것은 건강한 성 의식을 갖춘 인재일 것입니다. 이제 대한민국은 더욱 품격 있는 인성을 갖춘 성인의 모습을 기대합니다. 디지털 시대에 건강한 성 의식을 갖춘 리더가 필요합니다. 올바른 성 의식의 공동체를 꿈꾸고, 성이 안전한 사회, 성이 평등한 제도, 공정한 성교육을 바랄 것입니다.

첫째, 디지털 속 위험을 인식하고 성이 안전해야 한다는 의식의 마스크를 써야 합니다. 우리 사회는 모든 사람이 안전하고 자유롭게 살아갈 수 있는 곳이 되어야 합니다. 우리는 모두 일체의 폭력에서 보호받아야 하며, 안전하고 자유로운 곳에서 살아갈 권리와 의무를 갖고 있습니다. 그래서 나와 너를 위한 방역의 마스크를 쓰듯 성 인권 교육과 디지털 성범죄 예방 교육에 힘을 기울여야 합니다.

둘째, 우리는 함께 배우고 익히는 학습 공동체의 구성원이며, 관계를 통해 서로를 존중합니다. 관계를 혐오하고 파괴하는 것에 사회적 거리를 두어야 합니다. 모든 학습 환경은 일체의 차별이나 폭력, 학대에서 안전해야 합니다. 우리는 안전하고 평등한 디지털 세상에서 학습 공동체를 만들기 위해 함께 노력해야 합니다. 온라인에서 타인을 배려하는 마음을 배우고, 존중하고 협력하는 방법을 익혀야 합니다. 그래서 건강한 관계성을 가진 아이로 키워야 합니다. 디지털 공간은 가상의 공간이 아니라 인간과 인간이 함께 교류하는 생활공간입니다. 인권 감수성을 통해 기준을 바로 세우고, 건강한 관계를 형성하듯 관계를 기르고 혐오와 갈라치기하는 것들을 구분해야 합니다. 가짜뉴스를 구별하는 안목을 키우고, 성에 대한 왜곡된 시각을 비판할 수 있으며, 성평등에 대해 민감하게 반응할 수 있는 성인지 감수성을 기르는 노력이 필요합니다. 특히 집단적으로 괴롭히고 따돌리는 디지털 문화와 성 착취 범죄의 채팅 공간에서 엄격한 처벌과 보호가 필요합니다. 최고 단계의 거리두기를 해야 합니다.

셋째, 아이들 스스로 위험을 인식하고 대처하며, 디지털 성범죄에 대응하는 데 꼭 필요한 백신 같은 교육이 바로 '미디어 리터러시 활용 교육'입니다. 바이러스를 막아내는 항체처럼 백신이 되는 예방 교육이 되는 것입니다. 디지털 성 문화 속에서 올바른 자각과 바른 기준이 세워질 것입니다. 위험의 경계를 배우고, 미디어를 정확히 이해하고, 바르게 해석하는 능력을 기르는 것입니다. 이것을 토대로 성범죄와 성폭력에 대한 대응력이 생길 것입니다. 가정에서 디지털 문화에 대해 지속적인 대화가 이루어져야 합니다. 그 속에서 아이들이 시행착오를 겪고 보완하도록 도와줍니다. 디지털 환경의 위험성을 알려주고 실질적인 대처법과 분별력을 갖고 대응하도록 도와주어야 합니다. 디지털 주권자로서 정당한 권리를 행사할 수 있게 하는 것입니다. 디지털 세계에서 건강한 관계성을 가진 아이로 키워야 합니다. 나만의 건강한 기준이 있어야 생활공간에서 건강한 관계를 만들어갈 수 있습니다. 모두가 알 수 있는 공익성과 위험에서 벗어나는 공동체 의식으로 공교육 속에 자연스러운 관계를 배우는 성교육이 자리 잡혀야 합니다. 디지털 시대를 안전하게 만드는 새 시대의 공익적인 성교육이 필요한 것입니다.

새 시대의 성교육은 차가운 액정 화면에서 말하는 인공지능이나 알고리즘에 의한 유튜버들의 이야기가 아닙니다. 정보와 지식은 머리를 채워주지만 가슴을 채워주지 못합니다. 진정으로 디지털 시대의 성교육은 따뜻한 부모의 감성으로 배우는 감동이 될 것입니다. '네가 내 아이라서 행복하단다', '네가 있어서 얼마나 마음이 좋은지 몰라'. 그것은 존재로서 채워주는 행복입니다. 존재가 채워진 아이들은 폭우를 견디며 살아갈 수 있습니다.

『탈무드』에 나오는 이야기입니다. 한 남자가 어두운 골목에서 등불을 들고 걸어가고 있었습니다. 그 골목을 지나가던 사람이 지켜보니 등불을 든 사람은 앞을 볼 수 없는 시각장애인이었습니다. 앞이 보이지 않는 그가 왜 등불을 들고 다니는지 의아해서 잠시 그를 붙잡고 물어보았습니다. "저기요. 앞을 보지 못하는데 등불이 왜 필요합니까?" 그러자 그는 등불을 자기 얼굴에 가까이 대고 미소를 지으며 대답했습니다. "저에게는 등불이 필요없습니다. 그러나 제가 등불을 들고 있으면 다른 사람이 저를 보고 부딪치지 않고 잘 피해갈 수 있지 않겠습니까?"

폭우처럼 내리는 디지털 홍수 속에 금쪽 같은 우리 아이들의 안전도 이렇게 지켜야 합니다. 스스로 자신을 지킬 수 있도록 디지털 메타버스 공간에 등불을 들고 걸을 수 있어야 합니다. 위험을 미리 인지해 예방하는 것, 요즘 시대 이타적인 디지털 시민의 성숙한 모습일 것입니다. 자, 준비되셨나요? 이렇게 성교육하세요. 자녀를 포기하지 않는 부모라는 존재가 빛나도록! 당신은 할 수 있습니다.

오늘부터 디지털 부모가 세워야 할 실천 사항

① 스마트폰 사용을 늦춰야 할 만 2세 이전의 아이는 보호하며 보여주지 않도록 노력합니다.

② 스마트폰을 사주어야 할 아이라면(유아나 초등학교 저학년) 보호 받을 연령으로 간주해서 인터넷 제한 기능이 포함된 기기를 선택합니다.

③ 스마트폰 사용 연령(초등학교 고학년 시기)부터는 반드시 모바일 펜스, 패밀리 링크 등 차단앱을 설치합니다(부모 연동: 사용 시간, 타임라인, 게임, SNS, 위치, 활성화 앱 관리).

④ 게임이나 콘텐츠 이용 시 결제하거나 새로운 앱 설치 등 부모에게 알리고 논의하면 설치를 도와줍니다. 다른 유저들과 돈 거래나 아이템 거래를 하지 않습니다.

⑤ 스마트폰 사용 동의서 : 스마트폰 사용 동의서는 자녀가 안전하고 즐겁게 사용하기 위한 약속이며 안전 규칙을 확인하는 것입니다. 실천할 수 있어야 사용할 준비가 된 것입니다.

  1) 몸이나 얼굴 사진과 동영상을 다른 사람에게 보내주지 않습니다.

  2) 인터넷으로 알게 된 사람은 직접 만나지 않습니다(만나자고 하는 사람을 부모에게 말합니다).

  3) 모르는 사람에게 개인 정보(주소, 아이디, 전화번호, 이름, 프로필 사진, 학교)를 알려주지 않습니다.

  4) 나의 안전을 위해 부모님이 요청할 경우, 스마트폰을 볼 수 있도록 협조합니다.

성교육 추천 도서

유아 자녀와 함께 보는 도서

『구성애와 뽀로로가 함께하는 유아 성교육 그림책』(전7권), 구성애·조선학, 올리브M&B.

『그만 그만! 내 몸은 소중해』, 장보금, 삼성출판사.

『나는 사랑의 씨앗이에요』, 파스칼 퇴라드, 다섯수레.

『내 동생이 태어났어』, 정지영·정혜영, 비룡소.

『내 아기를 더 잘 이해하기 위한 심리실험 100』, 세르주 시코티, 궁리.

『너랑 나랑 뭐가 다르지?』, 빅토리아 파시니, 비룡소.

『쉿! 엄마 뱃속에 동생이 들었어요』, 넬레 모스트, 대원씨아이.

『시작하겠습니다, 디지털 육아』, 정현선, 우리학교.

『아가야, 안녕?』, 제니 오버렌드, 사계절.

『아기를 기다리며』, 윌리엄 시어스 외, 아이콤출판사.

『엄마 난 어떻게 태어났어요?』, 김미순, 금잔디.

『엄마 배가 커졌어요』, 토마스 스벤손, 책고르기.

『엄마 배꼽 내 배꼽』, 야마모토 니오히데, 은하수미디어.

『엄마 뱃속에 악어가 들어 있어』, 장 피어리, 영교.

『엄마가 알을 낳았대!』, 배빗 콜, 보림.

『엄마와 함께 보는 성교육 그림책 10권』, 믹 매닝 외, 차일드365기획.

『우린 모두 아기였다』, 스즈키 마모루, 베틀북.

『우린 모두 이렇게 태어났어요』, 케스 그레이, 베틀북.

『좋은 느낌 싫은 느낌』, 안도 유기, 언어세상.

사춘기 자녀에게 추천하는 도서

『그러니까, 존중 성교육』 김혜경, 성안북스.

『나, 열세 살 여자』 양해경, 파란자전거.

『뉴 초딩 아우성』 구성애, 올리브M&B.

『두근두근 핑크 노트』(전2권), 이명화·신혜선·이영민, 가나출판사.

『맨박스』 토니 포터, 한빛비즈.

『메이크 러브(Make Love)』 앤−마를레네 헨닝·티나 브레머−올제브스키, 예문.

『미디어 리터러시』 W. 제임스 포터, 소통.

『버자이너 모놀로그』 이브 엔슬러, 북하우스.

『사춘기 소녀』 수산 모브세시안, 걷다.

『사춘기 소년』 제프 프라이스, 걷다.

『사춘기 엄마가 모르는 아이의 비밀』 김영화, 경향에듀.

『성교육 상식 사전』 다카야나기 미치코, 길벗스쿨.

『성교육을 부탁해』 이영란, 풀과바람.

『성폭력 뒤집기』 한국성폭력상담소, 이매진.

『소년의 성(性) 보이툰』 최황·홍승우, 동아일보사.

『시크릿 가족』 이충민, 올리브M&B.

『십대들의 성교육』 김미숙, 이비락.

『10대의 섹스, 유쾌한 섹슈얼리티』 유쾌한섹슈얼리티인권센터, 동녘.

『아우성 빨간책 : 남자 청소년 편』 푸른아우성, 올리브M&B.

『아우성 빨간책 : 여자 청소년 편』 푸른아우성, 올리브M&B.

『아주 특별한 용기』 에렌 베스·로라 데이비스, 동녘.

『아홉 살 성교육 사전 : 남자아이 세트』(전2권), 손경이, 다산에듀.

『아홉 살 성교육 사전 : 여자아이 세트』(전2권), 손경이, 다산에듀.

『Why? 사춘기와 성』 전지은, 예림당.

『우리 아이 게임 절제력』 권장희, 마더북스.

『질 좋은 책』 정수연, 위즈덤하우스.

『초등 자존감의 힘』, 김선호·박우란, 길벗.

『초딩 아우성』(전2권), 구성애, 올리브M&B.

『최고 남자 되기』, 미셸 로엠, 글수레.

『최고 여자 되기』, 미셸 로엠, 글수레.

『푸른이와 우성이의 성(性)장 일기』, 푸른아우성, 올리브M&B.

학부모에게 추천하는 도서

『거침없는 아이 난감한 어른』, 김백애라·정정희, 문학동네.

『그것은 썸도 데이트도 섹스도 아니다』, 로빈 월쇼, 일다.

『남자도 모르는 남성에 대하여』, 모리오카 마사히로, 행성B.

『내 아이를 위한 감정 코칭』, 존 가트맨·최성애·조벽, 한국경제신문사.

『내 친구가 산부인과 의사라면 이렇게 물어볼 텐데』, 류지원, 김영사.

『니 잘못이 아니야…』, 구성애, 올리브M&B.

『메타버스』, 김상균, 플랜비디자인.

『미디어 리터러시 교육의 이해』, 김아미, 커뮤니케이션북스.

『부모와 아이 사이』, 하임 G. 기너트, 양철북.

『빨라지는 사춘기』, 김영훈, 시드페이퍼.

『스마트 러브』, 마사 하이네만 피퍼·윌리엄 J. 피퍼, 나무와숲.

『아들아, 콘돔 쓰렴』, 이은용, 씽크스마트.

『아이는 사춘기 엄마는 성장기』, 이윤정, 한겨레에듀.

『아이와 싸우지 않는 디지털 습관 적기 교육』, 알다 T. 울스, 코리아닷컴.

『알리 알리 알라셩』, 오세비·김경헌, 비전CNF.

『양성평등 자녀 교육법』, 멜리타 발터, 바이북스.

『어떻게 말해줘야 할까』, 오은영, 김영사.

『우리 아이 성조숙증 거뜬히 이겨내기』, 폴 카플로비츠, 꿈꿀자유.

『질의 응답』, 니나 브로크만·엘렌 스퇴켄 달, 열린책들.

『청소년기의 뇌 이야기』, S. 페인스타인, 지식의날개.

『포경 유감』, 포경수술 바로알기 연구회, 여문각.

『포경은 없다』, 김대식·방명걸, 올리브M&B.

『화내지 않고 내 아이 키우기』, 신철희, 경향에듀.

성교육 추천 영화

유아 자녀를 위한 영화

〈고장난 론〉, 〈늑대소년〉, 〈라이언 킹〉, 〈마당을 나온 암탉〉, 〈벼랑 위의 포뇨〉, 〈빅 히어로〉, 〈사운드 오브 뮤직〉, 〈센과 치히로의 행방불명〉, 〈소울〉, 〈아이언 자이언트〉, 〈언더독〉, 〈엄마 까투리〉, 〈업〉, 〈월-E〉, 〈이웃집 토토로〉, 〈인사이드 아웃〉, 〈주토피아〉, 〈코코〉, 〈피노키오〉, 〈하울의 움직이는 성〉

초등학생 자녀를 위한 영화

〈굿바이 마이 프렌드〉, 〈블라인드 사이드〉, 〈비밀〉, 〈시간을 달리는 소녀〉, 〈아이 엠 샘〉, 〈엔칸토〉, 〈울학교 이티〉, 〈원더〉, 〈이터널 선샤인〉, 〈인생은 아름다워〉, 〈주먹왕 랄프〉, 〈줄무늬 파자마를 입은 소년〉, 〈집으로〉, 〈7번방의 선물〉, 〈클라우스〉, 〈하모니〉, 〈헬로우 고스트〉

사춘기 자녀를 위한 영화

〈귀여운 반항아〉, 〈나의 특별한 사랑 이야기〉, 〈너무 밝히는 소녀 알마〉, 〈단지 그대가 여자라는 이유만으로〉, 〈도가니〉, 〈라스트 크리스마스〉, 〈로드 무비〉, 〈맘마 미아!〉, 〈미 비포 유〉, 〈배드 지니어스〉, 〈번지 점프를 하다〉, 〈보이후드〉, 〈볼륨을 높여라〉, 〈사이버 지옥〉(넷플릭스), 〈서양골동양과자점 앤티크〉, 〈셀레브레이션〉, 〈소년심판〉(넷플릭스), 〈숏 컷〉, 〈스파이더맨 홈커밍〉, 〈16세의 사운드트랙〉, 〈싱 스트리트〉, 〈안토니아스 라인〉, 〈어제 일은 모두 괜찮아〉, 〈우리들의 행복한 시간〉, 〈우아한 거짓말〉, 〈위왓치유〉, 〈월 플라워〉, 〈오티스의 비밀 상담소〉(넷플릭스), 〈제니, 주노〉, 〈주노〉, 〈줄무늬 파자마를 입은 소년〉, 〈지랄발광 17세〉, 〈천하장사 마돈나〉, 〈취향존중〉, 〈코다〉, 〈퀸카로 살아남는 법〉, 〈토이 스토리 4〉, 〈파수꾼〉, 〈피의 연대기〉, 〈헬로우 마이 러브〉, 〈후회하지 않아〉

성교육 기타 추천 기관

팟캐스트(귀로 듣는 성교육)

구성애의 아우성(https://www.podbbang.com/channels/4969)

성교육(딸바) 라디오(https://podbbang.page.link/oXEBmB9n6xYD4YPU6)

성교육 관련 웹툰 및 영상

네이버 〈아기 낳는 만화〉(https://comic.naver.com/webtoon/list?titleId=703837)

〈아이 엠 비너스(I am Venus)〉(충북MBC)

AMAZE(미국 성교육 사이트, https://www.youtube.com/c/amazeorg)

AMAZE(한국어/딸바TV, https://bit.ly/2ZuLkPE)

포경수술에 관한 정보

포경수술 바로알기 연구회(https://cafe.naver.com/nocircum)

포경수술과 성병 예방의 영상(https://youtu.be/5hrNIJ58C9U)

월경컵(생리컵)에 대한 정보

모여라 월경컵(https://cups.kr/cups)

월경컵 입문자(http://lunacup.co.kr/book)

도움이 필요할 때 함께하는 기관

사랑과 생명의 성문화 연구회(http://llsc.kr/)

서울여성장애인 성폭력 상담소(http://www.kdawu.org/counsel/intro.php)

아하!시립청소년성문화센터(https://ahacenter.kr/)

청소년 성소수자 위기지원센터 띵동(www.ddingdong.kr)

탁틴내일 아동청소년성폭력상담소(http://www.tacteen.net/sub040101)

푸른아우성 안내

푸른아우성 온라인(무료) 상담실 : https://aoosung.com/page/p_1100.php

푸른아우성 전화 상담 예약 : https://aoosung.com/page/p_1300.php

푸른아우성 면접 상담 예약 : https://aoosung.com/page/p_1200.php

푸른아우성 맞춤(남/녀) 성교육 신청 : https://aoosung.com/page/p_2400.php

푸른아우성 일반교육(학교/기관) 신청 : https://aoosung.com/page/p_2200.php

아우성 1채널(아우성TV 유튜브) : https://www.youtube.com/user/aoosung

아우성 2채널(딸바TV 유튜브) : https://bit.ly/36hzA4B

아우성 3채널(성교육TV 유튜브) : https://bit.ly/3e0nkbb

네이버TV(성교육 강사TV) : https://bit.ly/2LHlpwd

네이버TV(딸바TV) : https://bit.ly/36hzA4B

디지털 환경에서 우리 아이를 지키는 올바른 성 이야기

성교육 어떻게 할까

초판 1쇄 발행 2022년 7월 15일

지 은 이 이충민
발 행 인 서재필
기   획 비엠컴퍼니

펴 낸 곳 마인드빌딩
출판신고 2018년 1월 11일 제395-2018-000009호
전   화 02)3153-1330
이 메 일 mindbuilders@naver.com

ISBN 979-11-90015-90-5(03190)

마인드빌딩에서는 여러분의 투고 원고를 기다리고 있습니다. 출판하고 싶은 원고가 있는 분은
mindbuilders@naver.com으로 간단한 개요를 연락처와 함께 보내 주시기 바랍니다.